张健◎著

读书

让力量植入心灵

北京师范大学出版集团
BEIJING NORMAL UNIVERSITY PUBLISHING GROUP
北京师范大学出版社

图书在版编目(CIP)数据

读书：让力量植入心灵 / 张健著. —北京：北京师范
大学出版社，2018.11(2021.1 重印)
（中国好老师·励耘书系）
ISBN 978-7-303-24110-1

Ⅰ. ①读… Ⅱ. ①张… Ⅲ. ①读书方法 Ⅳ. ①G792

中国版本图书馆 CIP 数据核字(2018)第 188747 号

营 销 中 心 电 话 010-58802135 010-58802786
北师大出版社教师教育分社微信公众号 京师教师教育

出版发行：北京师范大学出版社 www.bnupg.com
　　　　　北京市西城区新街口外大街 12-3 号
　　　　　邮政编码：100088
印　　刷：北京虎彩文化传播有限公司
经　　销：全国新华书店
开　　本：710 mm×1000 mm　1/16
印　　张：19.5
字　　数：297 千字
版　　次：2018 年 11 月第 1 版
印　　次：2021 年 1 月第 2 次印刷
定　　价：66.00 元

策划编辑：姚贵平　　　　　　　　责任编辑：周　鹏
美术编辑：焦　丽　　　　　　　　装帧设计：焦　丽
责任校对：段立超　陈　民　　　　责任印制：马　洁

序

做重要的事情总是有时间的

朱永新

三年前，张健教授给我发来一本他关于读书的书稿，希望我撰写序言。看了书稿的提纲和部分样稿，我觉得应该支持。这些年来，除了为新教育学校的老师撰写序言外，关于阅读的著作，我总是格外看重。因为我觉得需要有更多的人，为阅读鼓与呼。

张健教授是职业教育方面的专家，担任过滁州职业技术学院副院长、职教研究所所长和《滁州职业技术学院学报》主编，也是教育部职业技术教育中心研究所特聘研究员和安徽省职业与成人教育学会学术委员，先后获得过中国职业技术教育学会第三届"职业技术教育科学研究成果奖"一等奖等多个奖项，出版有《职业教育的追问与视界》《职业教育的凝思与创新》《高等职业教育整合论》《职业教育的澄明与守望》等著作。阅读，是他关注的另一个重要领域。他说，因为读书成就了自己，所以他对阅读一往情深。

三年来，张健先生一直惦记着这本书的序言，但是他没有催促，我也就没有急着写。手头的文债实在太多，本职工作又非常忙碌，只能是哪位债主催得紧，就先还谁的债。前不久，张健来信说，书稿已经下厂，只等序言了。我知道这是拖不得的事情，耽误了人家出书，是不小的罪过。所以，出差时行李箱装了书稿，陆陆续续看完了书稿。

这是一本逻辑严密、内容丰富的读书论，解决了为什么要读书，读什么书，如何读书的关键问题。关于读书的价值，他说阅读就是寻找自己的过程，阅读能够赋予我们更多的自由和可能，阅读能够放大我们的"心量"。他把阅读做了许多美好的比喻。他把阅读喻为一眼快乐的泉，一架登高的梯，一扇远眺的窗，一副治愚的药，一把启智的钥，一首生命的歌和一盏启明的灯。关于读什么样的书，他主张阅读经典，要读适合自己的书，读不太懂的书，向有水的地方伸展自己读书的"根"。关于如何读书，他提出要和读书"死磕"，静心方可深读，将书的桑叶吐成生命的丝，把读书与写作结合起来等。

关于读书时间从何而来的论述，颇为新颖、周详而实用。他的观点是："读书的时间是读出来的，让读书赢回时间。"他从人占有时间的量，把读书人分为三类：时间多的人、时间少的人、基本没时间的人。一般来说，这三类人的读书量应该是由多到少递减的。即时间多的人多读，时间少的人少读，基本没时间的人基本不读，但现实的情形往往并非如此。有时间读书的人，恰恰经常最不待见读书。他们的时间都用于闲聊、上网、喝酒、打牌、娱乐去了，哪里还有时间读书？而那些基本没时间读书的人，按说应该是最忙的，因为会议、讲话、报告、接待、处理各类问题等，可以说整天忙得连轴转，但他们并不比前两类人读书少。如海尔集团总裁张瑞敏，虽然年事已高，仍然以每周阅读两本书，一年一百多本书的速度学习着。所以他提出了三条"秘方"：一是以提高工作效率赢回时间，二是以增长实践智慧赢回时间，三是以养成自觉习惯赢回时间。其实，在一定程度上，我们可以说，有没有时间读书是一个伪问题，因为做重要的事情总是有时间的。正如作者在书中说的那样："进入到视读书为呼吸空气和吃饭一样自然和必要，成为生活的第一选择，生命的第一需要。这时读书还存在没有时间的问题吗？"

这本书的特点是：第一，善抓创意。著者行文很注重创意凝练，总是找到"最值得一思、最值得一写"的创意点才动笔。第二，自悟自得。每篇文章都是著者深思感悟、参透自得的产物和结晶。第三，方法指引。无论是选题的确定还是内容的提点，许多篇目都内蕴方法的智慧和精髓，给人以启迪。此外，本书还有两个看点：一是关于教师读书问题，二是关于古代读书诗的解读。前者是从一个教师的视角讨论教师应该靠什么行以致远，讲述了一个好教师的"三书"（读书、教书、写书）人生，以及走向说写平衡等问题；后者则对朱熹、陆九渊、陆游、陶渊明等人的读书观进行了解读评论，多有发见。

张健说，读到悟处皆是妙。我们不妨也走进他的书，领悟其中的奥妙吧。

朱永新

2018 年 5 月 20 日

目　录

古代读书诗文解读

读书的价值

　　读书的价值，是属于"阅读动力学"的范畴。人类是根据理由来行动的存在者，此行为可称为"理由响应"。理由是事物的价值所系，也是行动的逻辑依据。只有有价值的事物，才值得人们去追问、去践行。读书无疑是最能彰显人的本质和价值的事物。对读书的价值追问视角不一，可以呈现多元化的意义格局。本专题所收的 11 篇文章，有从比喻角度的诗化诠释，如《关于读书价值的比喻解读》；有从哲学视野的理性把握，如《阅读就是寻找自己的过程》《让读书赋予我们更多的自由和可能》；有从精神的、思想的、发展的"形而上"的高位审视读书的功能的，如《读书：放大你的心量》《我读故我在》《读书：带着自己的阳光上路》《这个时代，我们用什么抵拒浮躁》；也有对读书价值的直接追问，如《读书的价值追问》《怎样读书最有价值》《读书：最美的化妆》《让读书赢回时间》。读书的价值，怎么强调也不过分。我们应该在读书过程中追寻自己价值的存在和存在的价值。

阅读就是寻找自己的过程

　　每个人一生读的书是各不相同的，这是因为：从发展需要看，人的需求、目标、职业发展取向不同；从心理层面看，人的兴趣、喜好、心性不同，必然会有不同的选择取向；从价值层面看，人的眼光、追求、层级、境界等不同。这些不同的叠加，必然会使每个人锁定不同的读物，构建自己一生不同于他人的阅读系统。但若要将这些不同统摄起来，用一个统一度更高的、内在深刻的理由概括，那就是阅读是一个寻找自己的过程。所有的阅读不同的区隔和分野，都是由寻找自己(我是谁？我从哪里来？要到哪里去？)这个根本的哲学追问或逻辑因由决定的。

　　人的一生，其实就是发现、寻找和成就自己的过程。这个过程绝对不能没有阅读。没有阅读的人生是蒙昧的人生；是浅俗的人生；是只有生命的存活、存在，没有精神享受、心灵丰盈的人生。人的生命的存在不是为了活着而活着的懵懂的存在，它是需要精神指引的，而精神指引是由阅读来承载和赋予的。离开了阅读，我们不可能发现自己、认识自己：我的才华、能力、禀赋、特长是什么？应该锁定哪一条人生的路径往前走，而抵达成功？这些都将成为生命的"黑箱"和"盲区"，不思考，人就会成为失去方向的迷途者、精神枯萎的干涸者。这样走完一辈子的人，我们说他枉活一生、白来一世，真的一点也不为过。

　　如何在阅读中寻找自己呢？

　　阅读是为了找到自己生命的定向

　　人从"十五而有志于学"，今后会选择怎样的职业道路，发展到什么样的程度，在哪方面更适合自己，更容易走向成功，完全是不确定的变数。成功的人都是能准确定位，找到最适合自己发展方向事业的人。而大多数人可能终其一生都是在"幽幽暗暗反反复复中追寻"，却并没有得其门而入，只能在错位或无奈中度过此生。寻找生命的航标和定位，离不开读书。书能让我们发现和筛选自己的喜好、志趣、能力倾向，赋予我们选择的眼光、能力、本领、智慧甚或机遇。许多人都是靠书的指引，找到自己的心灵方向和生命定向的。

阅读是为了在书籍中照见自己

在书中看到自己、看出自己，是发现阅读的真谛。阅读好比照镜子，借助书籍这面镜子，我们可以照见自己的内心、灵魂，可以照出自己的妍媸、美丑，亦可以照出我们的水平和才学。当我们在与文字的意义颉颃、与思想共舞的过程中，我们的思想获得穿越，我们的理解融入其中。它说明我们与书中的内容产生了思想共鸣、情感共振、价值共赢；它说明我们被书中深湛的思想折服，被人物的言行打动，被美好的情感净化。这就是我们通过读书得到的教育感化，反观自身，类比认同，找到了可仿效的人生坐标、生命的价值尺度。在阅读中照见自己，关键是要将自己的精神因素和思想力量揳入书中，用自己的心灵作为手段和尺度去类比、领会、体悟他人的思想和用意。华东师范大学江绪林博士说，做一个好的学者、一个出色的市民、一个有品位的人，能在书籍中找到自己的乐趣，在自己的能力范围内，理解那些伟大的人物在人类复杂的状况中对人类知性、美好生活及其限度、生命意义的探讨并予以汲取和实践，是一件何其美妙的事情。叔本华说："阅读时，一个人本身的思想是在被别人的思想牵引管束。""只有自己本身的思想才具有真理和生命力。因为只有这些才是一个人能真正、完全理解的。"否则，恰如布迪厄的文化资本理论所认为的，知识与修养没有与个体的精神与身体融为一体，那么就只能流于表面，成为一种装点门面的临时性知识，就无从在书中照见和发现自己。

阅读是为了让自己心里洒满阳光

阅读是为了在自己的心灵种下太阳，让阳光透过知识的窗棂照进我们的心田，在我们的心中洒满阳光，温润我们的生命。这是读书的目的所在，也是生命追求的应然境界。读书是与美好的一次次邂逅，它给予我们知识、思想、自信、美善……满满的都是正能量。即便你在心灵的阴影下、悲观的泥淖中、迷茫的纠结里、困境的无奈中，读书所汲取的知识的阳光都可以照耀你、救赎你、温暖你、打开你、超度你，犹如为干渴的旅人奉上甘泉，为迷途的行者指明方向，这就是读书给予我们的正能量。当我们一次次在先哲们辉煌的思辨与精湛的匠艺面前顶礼膜拜时，一次次在无与伦比的语言搭配之下惊诧向往时，一次次在充满感恩的阅读中踌躇满志时，我们都会感到知识阳光的温暖、智慧人生的惬意。我们享受阅读带给我们的生命暖意和心灵阳光，我们感到了人与书合一的那种大快乐、真幸福和高境界。

阅读是为了突破生命的限囿束缚

浩浩穹宇、渺渺人寰，更何况渺小如水滴、沙砾的个体的人。卢梭有言，人是生而自由的，但无往而不在枷锁中。人都是自我生命的"井蛙"，人活着都是为了突破生命的限囿束缚，使自己能看到更大的天、更多的天的过程。而突破和超越(从"井"中跳出)的最佳手段，唯有阅读。林语堂说："没有读书习惯的人，是受他眼前的世界禁锢的。"赫尔岑也说，不读书就没有真正的教养，也不可能有什么鉴别力。那样我们就只能永远被锁定在"井蛙"层面，不可能跳出来，成为"河蛙""陆蛙"或更大空间的"蛙"。换言之，人如果不能突破外在的层层束缚和局限，怎么能够发现一个充满潜质和能量的真正的自我？好比剥笋，只有一层层地剥去外在的裹缚，才能抵达和毕现生命的核心和真髓。阅读就是一个帮助我们剥开生命之"笋"，打开生命，与世界对话，发现、突破和超越生命的过程。

阅读是为了实现自己的目标

读书是发现自己的过程。只有发现和找到自己的阅读才是真正的阅读。发现自己的最高境界是实现自己。实现自己才是真正地找到自己。发现只是手段，实现才是目的。当然，发现本身也具有一定的实现的意义和价值，或者说是实现的有机组成部分，发现本身就内在地蕴含着实现的意蕴。它是目的和手段的统一。实现自己就是在一定程度上达成自己读书的目的。发现、寻找与实现是潜移默化地渐进过程，是持续一生的建构。杨绛老人说过："读书是为了遇见更好的自己。"人生没有最好，只有更好。"更好的自己"就是实现了的自己。每一个人都应该通过终身阅读去寻找、发现与实现这个更好的自己，让自己视野更加开阔，精神更加葱茏，思想更加充盈，生命更加蓬勃，使自己的心灵更澄明、胸怀更豁达，拥有存在的价值感、成就感和幸福感。

关于读书价值的比喻解读

读书的价值是一个抽象的哲学话题，但我们宁可用形象的比喻方式来概括其意义和效用。因为比喻不仅是一种妙笔生花的描述手段，而且是一种无所不在的思维方式，它充斥在我们的语言和思维中。人类的概念体系往往是以比喻为根基的，比喻不仅能折射人类诗性智慧的光辉，而且能揭示出人类认识世界和改造世界的睿智。它是一个哲学文化学的问题，所以，我们将借比喻来概括、揭示、彰显读书的价值。

读书是一眼快乐的泉

阅读快乐吗？让我们看一看古今文人学者的逸事和观点。陶渊明隐居之时，除了农桑稼穑之外，就是"时还读我书"。他在《读山海经》中写道："泛览周王传，流观山海图。俯仰终宇宙，不乐复何如！"这就是读书的境界和快乐的写照。宋代苏舜钦以读书为下酒菜的故事更是家喻户晓，足见此中有足乐。林语堂也说过："读书是至乐之事。"当今时代，一些学者更是视读书为一件幸福的事。北大陈平原教授说："有时间、有精力、有心境'自由自在'地读书，确实是很幸福的事。"高万祥校长则认为："优秀教师一辈子就做两件事：读书和教书。读书是利己的，教书是利人的，而教师这个职业的幸福就在于这两者是完全一致的。"试想，读书可以使我们与先贤圣哲交流，与文学大师对话，与科学巨匠亲近，这样的交流、对话、亲近无疑是分享精神盛宴的过程，能不快乐吗？而且只要你愿意读，读书的快乐是取之不尽、用之不竭的。它是快乐的泉眼，始终流淌着具有补给功能的"源头活水"，它是教师的生命之泉、发展之泉。

读书是一架登高的梯

高尔基说："书籍是人类进步的阶梯。"读书就是借梯登高的过程。"梯"就是书，登高超越是读书的目的。荀子说："吾尝跂而望矣，不如登高之博见也。登高而招，臂非加长也，而见者远；顺风而呼，声非加疾也，而闻者彰。"读书登高也是为了取得荀子所描述的这种"博见""见远"和"闻彰"的效应。借梯登高须以"借梯"为手段，"登高"为目的，而不是以读书本身为目的、为旨归。读书最大的价值在于实现自我发现、自我超越，在于读出自己的东西后的那种创造快感。它能使我们拾级而上，登上思想的巅峰。读书的目的就是成全人的发展和进步，使人观念不断开悟，精神不断丰盈，不断超越自我。借梯登高是一种渐变的过程。别指望通过读书一下子就能提高多少，也不应有太多直接的功利念头。如读书进仕、读书评职称等，这种杂念太多的读书不符合渐变提高的规律，很可能会在希望越大、失望越多的巨大落差面前，击碎功利梦想，使读书落入"短命"的陷阱。

读书是一扇远眺的窗

人不仅要追求站得高，还要追求看得远。站得高是基础和立足点与众不同；看得远则是洞察、预见比别人超前、准确。读书就是拓展我们眼界的一扇窗口。人是需要拓展眼界的。因为眼界即边界，世界的大小均在我们的眼界之内；眼界决定境界，它成就我们思想上所达及的深度和高度。不读书，就难有足够的视野和足够的视域看事物、看问题，就会寡见少闻、目光短浅、视野窄陋，更遑论境界。而多读书，则可以"思接千载，视通万里"，从书中汲取知识、智慧、力量，看问题全面、高远、准确。这就要求我们在人生的旅途中多读书。要不断扩大自己的知识层面，丰富自己的头脑，积蓄自己的才气，夯实自己的根基，超越自我的边界，提高自己的思想水平，使自己成为一个眼光高远的人、视野开阔的人、有远见卓识的人。

读书是一副医愚的药

人类由愚昧颠顸走向文明开化，靠的就是读书学习。汉代刘向说过："书犹药也，善读之可以医愚。"人类渴望知识，因为知识充满力量。它能改变人们的生活方式和生存方式，这一点即便是那些最"草根"的人群也能认识到。他们知道读书可以使人有文化，可以改变贫困、劳碌的命运，改变愚昧无知的状态，使人变得更加聪明、智慧，适应现代生活方式。人类是万物的灵长、宇宙的精华，需要通过读书告别愚昧无知、粗鄙浅俗，需要通过文化的濡染来启迪智慧和灵性，认识世界和人生，陶冶情趣和德行，获得思想上的教益和内在精神的满足，使我们成为一个"腹有诗书气自华"的文明人、现代人。

读书是一把启智的钥匙

读书使人明智。原本不明的东西，通过读书可以明白；原本缺乏理性和智慧的主体，通过读书可以变得理性、智慧。读书是一把开启人的智慧和理性的钥匙。智慧是什么？英国剑桥在线词典的解释是："利用知识经验做出好的、善的决策和判断的能力。"知识经验是"源"，智慧是"流"，离开了知识和经验，智慧就会成为无源之水、无本之木。书之所以能启迪和开发人类智慧，是因为它是思想的结晶、文化的载体、智慧的凝练、精神的营养。我们要用好读书这把启智的密钥，通过读书吸纳知识精华、充盈思想内涵、提升心灵境界，让生命充满智慧的灵光。

读书是一首生命的歌

生命如歌，是对美好生命的一种憧憬和赞美。但如歌的生命并非无一例外地眷顾人生，生命中也有非歌、非诗，而如怨、如泣的人生。杨澜劝人拼搏时说："辛辛苦苦过舒舒服服的日子，舒舒服服过辛辛苦苦的日子。"但她还漏失了"辛辛苦苦过辛辛苦苦的日子"的组合群体。这类人就是那些没有文化或没有机会读书的最底层的人，他们只能靠出卖苦力来艰窘谋生。所以倘不读书，生命之歌就会暗哑，人生琴弦就难奏响。只有读书，才能塑造生命、改变人生，才能赋予生命知识的旋律、智慧的音符，奏出人生的岁月之歌、生命交响。

读书是一盏启明的灯

作家张文质说过，阅读是一种自我启明，是在"不停地寻找一盏灯"。人不能生活在黑暗的危机中，人应该打开自己的"天灵盖"，与天光、万物相融，与知识相遇，与阅读相拥。这样我们才能完成脱离黑暗的自我救赎，窥见既是在我们身上又始终召唤着我们前行的未来的远处的光明。作家哈扎拉尔说，有些拯救只在阅读中产生，这是人类最好的宿命之一，他必须学习，要不然只能日渐粗鄙和怯懦。只有通过阅读，他们的世界才能敞亮和通达。人生最大的努力就是不停地寻找这样一盏照亮自己的灯。"这不仅是为了获得确切的依赖，而是这样的寻找本身就是至大的快乐。"

让读书赋予我们更多的自由和可能

迄今为止，这个世界恐怕没有什么能如读书带给人们以自由。人类文明进化的历程就是不断得到解放和自由的过程。这个过程与文明的形成、文化的传递呈正相关，甚至简直就是融为一体的。庄子的《逍遥游》是庄子自由观的灵魂，也是庄子哲学的最高境界。逍遥就是庄子憧憬和追求的自由之精神、解放之境界。人类的文明进化创造了书这种保存和延传人类精神成果和文明财富的最重要的载体，并凭借读书，使人类精神文化嗣响不绝、传承不息，使人类获得了思想解放、心灵澄明、精神自由，助力人类在不断超越、创新发展的道路上，无限地抵近自由与解放的终极境界，创造着越来越美好的梦想世界。

然而，总体向好的规律与趋势，并不能代表个体已然摆脱现实的遮蔽与束缚。孔子在《论语·阳货》中指出："好仁不好学，其蔽也愚。好知不好学，其蔽也荡。好信不好学，其蔽也贼。好直不好学，其蔽也绞。好勇不好学，其蔽也乱。好刚不好学，其蔽也狂。"孔子所说的"六蔽"就是人的被遮蔽而不自由的状态。现实中，更是有许多人深陷不自由的泥淖和局限中难以自拔。比如，对权、钱、色的追逐与贪婪，使人深陷权力场、铜臭圈、温柔乡的争斗、享受与迷失之中，他们放弃了读书对物质迷恋的精神抵抗，以及"非物质的文化喂养"对强心健体的根本滋养，最后，贪执什么，什么就成为生命的枷锁，走上了完全失去自由的不归路。

屠格涅夫说过："知识比任何东西都能给人以自由。"但倘若不读书，自由就无由实现。一如孔子所说，即便是出于良善、正确的动机或目的(如仁、知、信、直、勇、刚)，如果不好学读书，都会走向反面。所以人必须通过

"好学"来抵抗"愚"（愚蠢）、"荡"（放荡）、"贼"（危害）、"绞"（说话尖刻）、"乱"（闯祸）、"狂"（狂妄）"六蔽"的惑乱。

读书与自由的关系在于：一是读以解蔽。读书在本质上是一种解蔽的活动，解认知之蔽、心灵之蔽、思想之蔽、观念之蔽。它是一种"形而上"的追求。换言之，人的自由、人的超越性是读书明理赋予的。二是读以修身。儒家注重好学"进德"来修身，追求达道于天下、达惠于民、达德于身的修为境界。因为只有这样，才能摆脱桎梏人的生命枷锁，达到不以物喜、不为物役、不为蔽惑的崇高、超脱的自由境界。三是读以增智。读书可以增加人的智慧，智慧是人迅速、灵活、正确处置、决断、解决问题的能力。它是哲学的终极关切。人通过读书获知增智，就能获得一种更高的视野、更远的前瞻性、更大的能力，从而实现心灵和实践上的解放。

再看读书赋予我们的可能性。

读书赋予我们可能，这种可能可以是功利目的、名利之心、追求的愿望，但并不一定能够实现，也不一定就不能实现。好比等待一个没说好一定赴约的情人，它具有可能性。而且很多时候，这种可能性的实现是不可预期的、说不准的。比如，我们读某书，并不知道它对我们具体的用处和功能，但我们确信它可能的用处。这种用处是储存式的、备用性的，它的作用可能不显现于当下，但必然有用于未来。我们不知道在什么事、什么点上，曾读过的书会发挥什么作用，会帮到我们。一切皆有可能。可能性永远是阅读带给我们的最好礼物，是阅读最大的内驱力。

可能是没有实现的或然性，现实是实现了的可能性，二者之间的矛盾张力和对立转换的必然性，是人们读书的最大理由。当然，读书并没有我们所期许的那么强大的功效，古人还讲"百无一用是书生"，它不是点石成金的那个手指，不是"颜如玉""黄金屋""千钟粟"什么都有、读之即来的灵符。否则，不待劝学，人们自会趋之若鹜；无须励读，人们必然争先恐后。但没有疑义的是，读书赋予了我们潜在的各种可能，而且使我们确信读书，也只有读书，能够给我们带来更多可能。而不读书，人的期许、愿望、设想、目标等，就根本不可能。所以在模糊的可能和明确的不可能之间，我们还能有其他的选择吗？没有。只有选择读书去博这种可能，去博更多的可能。它会带给我们"东方不亮西方亮，亮后还须显身手"的选择的勇气和成功的底气。

人的发展的可能不是线性的，不是每投入一分心力就取得一分进展，看得见、摸得着这么简单，这么直接。读书与人的发展可能是非线性的关系，付出并不直接马上有回报。它是迟滞性的、不确定性的。整个读书的过程，你可能被浸泡在一个了无成就的困境之中，除了困惑和徒劳，什么也没有。事实的真相当然不会是这样，它在考验我们的耐心，它在等待一个由量变到质变的契机，它在期冀一个突破的关节点，好比水幻成汽的 100℃和凝成冰的 0℃。有的人经不住这样的考验，在行程接近终点或成功的"半九十"处退缩了，放弃了，发展的可能便被定格为自认为聪明收手的不可能。

为着实现可能的读书，必须坚信"是金子总会发光"。读书就是把自己锻造成"金子"的过程，就是把自己磨砺成有本事的人的过程。机遇不光偏爱那些有准备的头脑，机遇也是"发光的金子"的召唤，是对"发光的金子"的发现。你若是"金子"，它就会找上门来。所以首要是你是不是"金子"，是"金子"，才一切皆有可能。为着实现可能的读书，还需要坚持。这就是人们常说的要耐得住寂寞，挺得住孤独。也许，你只要再努力坚持一下，就会迎来柳暗花明的那一刻，就会看见你想要的、追求的东西清晰、明白地站在那"灯火阑珊处"。让我们通过读书去创造各种可能，拥抱各种可能！

读书：放大你的心量

人不仅要有力量，更要有心量。心量，即心的能量，精神能量，它是人的整个能力的本源和主宰。力量是彰显于外的，心量是内隐于里的。心量决定力量。正如欧阳修所说："万事以心为本，未有心至而力不能者。"吴兢说："心为万事之主。"司马承祯说："夫心者，一身之主，百神之帅。"

心量表现为人的胸襟气度、精神境界和观念目标。

第一，胸襟气度。北宋著名思想家、文学家范仲淹苦读及第，"大通六经之旨，慨然有志于天下"，常自诵曰："士当先天下之忧而忧，后天下之乐而乐。"这就是读书人忧乐家国天下的胸襟气度。朱熹、陆九渊是宋代理学和心学的两大掌门，曾在鹅湖寺进行过一场为时三天的"格物穷理"还是"心即是理"的激辩，最后谁也说服不了谁，不欢而散。但在白鹿洞书院重张之初，朱熹还是邀请"宿敌"陆九渊前来讲学。陆九渊讲的题目是"君子喻于义，小人喻于利"。讲到深处，朱熹感动得泪流满面，令人记下内容，刻石铭记，于是，书院留下了陆九渊的《白鹿洞书堂讲义》。这就是一代宗师的胸怀，其视野和气度已超越了俗世间孰是孰非的狭隘争执，这才是读书人应有的心量和襟怀。

第二，精神境界。温州人做生意为什么成功，因为他们有强大的心量。这种心量体现为他们的"四千精神"，即历尽千辛万苦，说尽千言万语，走遍千山万水，想尽千方百计。正是心量赋予了他们强大的能量，使其上升为一种品格、一种境界，他们才能取得成功。

第三，观念目标。心量是人高远的观念目标。万事取决于心，取决于观念。邓亚萍的条件、资质并不好，但她的目标明、心量大，照样可以成为雄霸世界乒坛的第一人。读书学习也是如此。有第一等襟抱的人，才有第一等学识。襟抱决定学识，学识支撑襟抱。有读书大目标的人，才能"独上高楼，望尽天涯路"，取得"会当凌绝顶，一览众山小"的辉煌业绩。

雨果说："世界上最宽阔的是海洋，比海洋更宽阔的是天空，比天空更宽阔的是人的心灵。"从这个意义上说，人的心量是世界上最伟大的载体，它是无限的。但事实上，我们对人的心量的开发和利用是有限的。心量的开发和打开需要通过读书来放大和扩张，尤其是对那些天生就气量狭小、眼界逼窄的人。读书何以能放大人的心量？首先，读书可以使人的眼界层层打开。读书可以借助别人的眼睛和智慧看世界，使我们突破时空和个人的局限，纾解困惑，凝聚智慧，使我们的眼界层层打开，视野无极限。其次，读书可以反观自身，省思完善。人可以通过读书，反观自身的缺陷和不足，明了自己的渺小与浅薄，发现自己视野上、知识上、性格上的局限迷失等，从而汲取书中的知识和智慧来补偏纠弊、长善救失、完善自我。比如，孔子的"毋意，毋必，毋故，毋我"，点醒人们破除自身的主观臆测、固执己见、故步自封、一意孤行的缺陷，修正自我。最后，读书可以充盈人的生命的内涵。人的年龄、体重、身高等，都是生命的外延性存在，它是自然成长的，而人的精神、气量、思想、品格，这些内涵性指标的提高，唯有通过读书才能造就。读书可以使人成为内涵丰富、心能强大、富有内在精神力量的人。

如何开发人的心量呢？

读书要走心

唐甄说："心，灵物也；不用则常存，小用之则小成，大用之则大成，变用之则至神。"读书尤其要用"心"这一"灵物"。即心要常用，书要常读。比如，"意思"的"意"，心音之谓也，即它是你听到的，听明白的心音。要了解"意"，不能光听到或看到（书本），还要明白才行。明白就要用心之"灵物"去思，没有思是不可能听明白或看明白的。许多问题都想明白了，透彻了，看开了，人的心量可不就大了？所以读书要多思，要"走心"，因为读书本身就是一种心理的、脑力的和精神的活动。如不走心，只如酒肉穿肠而过，不留心痕，那有什么用？

学养要深厚

学养深厚的人，心量就大，寿命就长。北大哲学系楼宇烈教授在《文明之旅》中讲述"三理养生"，即生理养生、心理养生和哲理养生。其中，哲理养生是明理的问题。北大哲学系是著名的长寿系。90 岁以上的 7 人，其中过世的 3 人：冯友兰 95 岁、张岱年 95 岁、周辅成 98 岁，还有 4 人健在。80 岁以上的 23 人。哲理养生在于哲学人明白事理，心智打开，通达悟道，心态平和。我们常说，心态不好，实则源于心太小了。心态的"态"字，拆开来看，就是心大一点。心大一点，心态能不好吗？心大一点，就是心量的问题。而学哲学的人都是"爱智慧"、明事理、大心量的人，其长寿之道，实乃情理之中。

行得万里路

读书是为了充实自己的精神世界并参悟宇宙人生的真谛。它已经不是为了一种单纯的求知，而是为了一种智慧的富足。拥有这种境界的人，像鲲鹏一样逍遥于天地之间，大千世界皆可阅览，人间万象莫不为书。清代张潮在其《幽梦影》中说得好："善读书者，无之而非书：山水亦书也，棋酒亦书也，花月亦书也。善游山水者，无之而非山水：书史亦山水也，诗酒亦山水也，花月亦山水也。""文章是案头之山水，山水是地上之文章。"或者说，生活是原生态的书本，书本是结晶化的生活。法国女作家杜拉斯也说："生活本身就是一种阅读，是事物的智慧。"所以放大人的心量，不能只读书本，还要读山川风物，行万里路。朱永新教授说："人类有两种风景：自然风景和精神风景。'行万里路'，是为了看自然风景；'读万卷书'，是为了看精神风景。"看自然风景，也要像读书一样"走心"。不走心地行走，算不上真正地行走，只能如匆匆流水一泻而过。行走不是为了证明人到过许多地方，增加向别人炫耀自己到过的地方多的资本，而是要有益于自己的成长，而只有"走心"地行走，才是能助益于成长的行走，才是能放大人心量的行走。

读书的价值追问

价值是事物的意义和效用的彰显。读书的价值是人们依据对读书的意义和效用的认知而做出的一种评价和判断。它构成人们读书的理由，属于"阅读动力学"的范畴。

中国古来就是一个崇尚读书的国度，有"耕读传家"的传统，对读书的价值追问由来已久，但早期的价值属意偏重于做官显达、摆脱稼穑之苦、生活条件改善的物质生活层面。如孔子的"学而优则仕"；《吕氏春秋》载："宁越，中牟之鄙人也，苦耕稼之劳。谓其友曰：'何为而可以免此苦也?'其友曰：'莫如学'。"最典型的莫过于宋真宗赵恒的劝学诗："富家不用买良田，书中自有千钟粟。安居不用架高堂，书中自有黄金屋。娶妻莫恨无良媒，书中有女颜如玉。出门莫恨无随人，书中车马多如簇。男儿欲遂平生志，六经勤向窗前读。"这样低俗的读书价值观，虽然格调不高，视野窄陋，但以诗传导，形象生动，通俗上口，广为流传，很是忽悠或激励了一些人。尤其是在当时生产力和物质生活水平还相对低下的年代，应当说，这一观念代表了主流的读书价值观。它是特定历史时期，中国传统文化价值观的重要组成部分，其在历史上产生的励读劝学和在推进中国文化发展进程中的影响和效应不可低估。

读书的价值观当然不能局限在"千钟粟""黄金屋""颜如玉""车如簇"物质享受的层面，这不免太矮化和窄化了读书的价值和品位。否则，"独善其身""兼济天下""齐家、治国、平天下"的功能如何实现？责任谁来担当？黄山谷感喟不读书，"照镜觉面目可憎，向人亦语言无味"，何曾与物质的实益相干。再看，王夫之诗云："医俗无别方，惟有读书是。"张维屏诗曰："读书何所求，将以通事理。"张之洞谈及读书的价值曾言："田谷之利，不及什一；商贾之利，止于三倍；典籍之利，淑身兴宗，化愚为贤，子孙永保，酌之不竭。一卷之书，有益天下，此其为利，不可胜言。"颜之推在《颜氏家训》中也说过："积财万千，无过读书。"约略概举，即不难看出，读书的价值岂是物质一端所能涵括的？它的价值是多元的和不可限量的。

读书应追求远效价值

读书当然要追求当下的现实价值，如生存保证、职业安顿等，但这仅是读书的低端或基础性价值，读书更应追求的是人的发展的远效价值。远效价值是面向未来的人的发展的终极价值。阅读是为着构建人的职业能力和人文素养相互结合而又充满张力的支撑系统，为着让生命更加深邃和精彩。这就需要通过读书获取人的发展的精神底蕴，这样的底蕴是实现人的发展的远效价值的心灵之香、知性之媚、智慧之光的源泉，是人不可或缺的生命的图腾。

读书应追求精神价值

没有阅读就没有人的心灵成长，没有人的精神发育。精神价值是建立于物欲价值之上的高端价值，如升腾理想、开发智力、树立道德、陶冶情操、萌生创造、修身弘道等。读书是人精神的漫游，心灵的旅行。林语堂在论述读书的意义时就曾指出，读书可以"开茅塞，除鄙见，得新知，增学问，广识见，养性灵"。此六端，无一不是精神价值。央视著名主持白岩松的读书广告词是："在书中，不仅有眼前，更有诗和远方。"诗和远方，就是人更应追求的精神价值，它才是人的真正的本质所在、属性所系、生命所本。

读书应追求超越价值

人如果不能超越自我，就只能被锁定于生物学意义上的存在。这是很可悲的。而"阅读能帮助我们看到一个立体的世界，做一个丰富的人。在这个世界里，我们读李白、杜甫，背诵屈原、陆游，走进'红楼'，探访'聊斋'，和鲁迅一同'呐喊''彷徨'，与茅盾一起苦熬'子夜'"。正是这样的读书，深化了人的内涵，优化了人的气质，美化了人的心灵，强化了人的自信，广化了人的视野，开化了人的智慧，使人超越了旧有的自我，实现了生命的质变和飞跃。是的，人读书读到一定程度，自然会超越现实生活的欲求，超越本我的局限，而升华到一种更高的境界——精神的境界、无我的境界、超越的境界。

我读故我在

　　法国哲学家笛卡儿说过："我思故我在。"他认为思考是一切知识最牢靠的基础，只有经由思考获得的知识才是清晰可靠的、鲜活真实的、人类特有的。笛卡儿作为唯理论的代表人物，他所推崇和强调的"在"的内涵是人的精神层面的"在"、思想层面的"在"、人的特有属性的"在"，目的在于弘扬人的理性精神和思考的力量。这种"在"与"我读故我在"的意涵是类同的、相通的。读书与思考是互补互动的。从互动的发生看，读书是思考的前提，即先有读书而后思考（虽然思考不局限于读书），读书应是先在的，或与思考相伴生的一种活动。从互补关系看，中国社会科学院哲学研究所赵汀阳研究员指出："'我思'也有力所不及的地方，'我思'所能够确实解释的事情局限于现在完成时的存在，而对作为未来的存在无话可说，于是，'我思'的问题幅度小于存在的问题幅度。"而"我读"获取的是间接的知识，它可以超越时空，大大拓展人的思考的界域。

　　其反命题，我不读，我还"在"吗？当然在，只是"在"与"在"不同，所以我们还需要追问，我"在"哪，我"在"的层次问题，我"在"的价值问题。"在"是海德格尔哲学的一个重要范畴。不读书的人的"在"是一种物质层面的"在"，是一种"活着""谋生"层面的"在"，是马斯洛"需求层次论"所论及的人的吃、喝、穿、住、性最低的生理需求，即生存层面的"在"。这种"在"的位置和层次都是极低的，所以停留在这种"在"的层面的人往往被比喻为"草根族"。这里丝毫没有贬损和看不起这些人的意思，但这种低端的存在确实需要提升。黑格尔说过："无知者是不自由的，因为和他对立的是一个陌生的世界。"

　　读书人的"在"除了物质的存在外，还是一种精神的存在、文化的存在。

这种"在"是人的一种高级的存在，类似于马斯洛"需求层次论"的第四层次尊重的需求和第五层次自我实现的需求。正如存在主义大师萨特指出的："人实现自己多少，他就有多少存在。"可见，"在"是分层次的，是以实现自己的程度来衡量的。不同的"在"，表征不同层级，体现不同价值，彰显不同境界。

读书是人类精神和思想存在的表现形式和人类特有的神圣权利，是人类社会发展至今留存的最重要的文明形态和活动方式。人类如果不读书，就绝不会有今天的发展进步。换言之，小到一个不读书的人，大到一个读书人少的国家，在今天这个时代和世界绝不会有存在感。岂止没有存在感，诺贝尔文学奖获得者布罗茨基在获奖演说中说过，有一种比许多罪过更为深重的罪过："这就是鄙视书，不读书。由于这一罪过，一个人将终身受到惩罚；如果这一罪过是整个民族犯下的话，这一民族就要因此受到历史的惩罚。"

我读故我在，这种在，究竟是一种什么样的"在"？

读书的存在，是一种精神的存在

哲学上有物质和精神这对基本范畴，相应的，人也分为物质的和精神的两种不同存在。相对于金钱、权力、美色等外在的物质追求存在，读书的存在是一种内在的精神存在。外在的物质的存在是身外的、异己的，是可以被剥夺而丧失的；而读书获取的知识则是内在的、属己的，是别人拿不走、夺不去、偷不了的。所以对人而言，内在的精神存在才是更为重要的、本质的存在，是人之为人的底蕴和根本。因为它能赋予我们精神内涵、博雅素养和学识胸襟，使人趋向完美，实现"高大上"。

读书的存在，是一种发展的存在

发展是人的一种本质要求，人的发展有外延式发展和内涵式发展两种范式。人从童年到成人，体重、身高、年龄不断增长，这是外延式发展；人通过读书学习，身心、品格、能力等内在机能发生变化，这是内涵式发展。读书的存在，隶属内涵式发展。人必须依靠读书而成长、而发展，读书是人的文明基因、精神奠基。人通过读书，获得人类优秀文化的哺育和滋养，其精神、思想、思维、人格等，就会不断发育、成长以至成熟。人在读书中存在，读书成就人的发展。所以白岩松说："在书中，不仅有眼前，更有诗和远方。"

　　读书的存在，是一种高端的存在

　　人在生活实践中也能发展自我，但这是一种低端的、形而下的存在。它是感性化的、经验式的、物质性的存在。读书的存在是一种高端的、形而上的存在。它是理性化的、知识式的、精神性的存在。人应该追求这种高端的、顶级的存在。列宁说过，鹰有时飞得比鸡还低，但鸡永远达不到鹰的高度。人应该追求鹰的飞翔高度。这就需要通过读书，站在巨人的肩上，与古今中外的伟人及伟大的思想对话，熔铸自己的思想，实现超越的梦想。读书的高端性存在，还在于它远比不读书者实现自己的程度要高，可能性要大。因为读书者的格调、胸次、境界、智慧、能力等，必然会随着读书而不断提高。他们所追求的目标、所要求自己的层级，也会不断提高，从而为实现高端化存在打下坚实的基础。

　　让我们追求这种由读书带给我们的精神的、发展的、高端的存在吧！

怎样读书最有价值

北大陈平原教授指出:"有的人读了一辈子书,勤勤恳恳,但收获不大,连一点'书卷气'都显示不出来。为什么?原因很多,最大的可能性是方法不对。"德国哲学家叔本华也提出过类似的判断:"有许多学者就是这样,因读书太多而变得愚蠢。"这样的情形和事实使我们不得不追索怎样读书才能避免上述情形的发生,才是最有效、最有价值的读书?

深思地读书

读思结合是读书的一条永恒法则。明清之际哲学家、教育家王夫之就提出过"学思相资"的观点。他认为:"学则不恃己之聪明,而一唯先觉之是效。思则不徇古人之陈迹,而任吾警悟之灵。乃二者不可偏废,而必相资以功也。"王安石认为:"古人之观于天地、山川、草木、鸟兽、虫鱼往往有得,以其求思之深而无不在也。"读书何尝不是?比之对自然风物的观察,读书更是直接诉诸人的思考的一种艰苦的脑力劳动。读书倘若不"过脑",不"心到",那还叫读书吗?而且浅思、泛思还不行,必须"求思之深",才能"往往有得"。考察那些读书多而低效甚至无效的人,大抵因其读而无思或思之不深所致。叔本华就认为:"如果不加思考,只一味地读,和经常骑马坐车而步行能力必定减弱的人一样,将会失去独立思考的能力。"郑板桥也批评这种读书:"眼中了了,心下匆匆……一眼即过,与我何益也。"这正是读书人中有的有成就、有出息,而有的一事无成的原因。试想,思之不深,事物的本质能浮现吗?精妙的思想能光临吗?创新的成果能诞生吗?思之不深,书中深邃的意蕴能理解吗?创意的联想能光顾吗?书中的精华提炼得出吗?深思的读书或读书的深思是一种沉潜的运思,是一种追求思考的深度和质量的思考,是一种"内在超越之思"。这种思考不是对书的内容的浅层次的呼应、即兴式的应答，而是深入底里的探究、激活潜能的追索，故而能最大限度地扩大思想的边界，占领精神的高地。显然，这样的读书才是优化的、最有价值的读书。

致用地读书

毛泽东同志指出："读书是学习，使用也是学习，而且是更重要的学习。"读书应以"致用"为目标、为旨归。以"致用"为目的的读书不能盲目追求数量。"多而乱"的读书者，头脑如马蹄杂沓，或如同一个被动的容器，不加选择地装进了许多乱七八糟的东西，杂乱无序，混沌一团，梳不清，理还乱，这样的读书即便当时"稍有印象，也浅薄而不生根，大抵不久就会淡忘丧失"，能有多少价值和效果呢？所以读书不在多而在有用，在于追求"少而精"的书。"少而精"的书是指那些能够确认为好的、高层次的、读有所获的书，是指那些与自己的研究和写作有密切联系的书。读这样的书，有明确的"致用"目的和阅读期待，自然会"入乎其内"并"用心"去读；自然会披沙拣金，认真去读。这样的读书犹如深山探宝并发现宝贝的人一样，幸福而沉醉，又好比"在榛莽乱石中开辟出一条山朗水润、令人神清气爽的精神小径，沿着它走下去，你会走进那奥妙无穷的世界"。

超越地读书

超越地读书是一种不"死于言下"，能"读出自己的东西"地读书，是指受到文本的启发，激活了自己的思维和联想，产生了自己的思想和见解，完成了自己的写作创新。这是一种源于读书而又高于读书的超越境界。超越地读书，一不要"尽信书"。要以批判、挑剔、审视的眼光读书，既不被"开卷有益"的"忠告"忽悠，也不被平庸无益的书俘获，而要优选最好的书来读。二要善于从书中淘金。读书就是"淘金"的过程。会读书的人，善于从书中提炼出其中最精华的东西滋养自我。最精华的东西因人而异，但一定是你所需要的正在寻找的东西。读到这样的东西，你会两眼放光，倍感喜悦，它会助力你完成"读出自己的东西"而超越的梦想。三要善于联想思考。超越地读书，可以是带着问题和目的地读，也可以是漫无目的地开卷，但一定要善于将阅读切入自己研究的问题域，或与自己当下的写作任务、可能形成的写作选题联系起来，迁想妙得，要善于抓住富有创意的灵思、感悟、意念的闪现，及时地将其定格并结构化，为"读出自己的东西"，超越书而奠定坚实的基础。四要勤于动笔。"读出自己的东西"地读书，是基于写作的。它是一个渐进的过程，不是受到阅读文本启发，写出一两篇文章就能奏效的。它是一种长期坚持、久久为功的建树，是一种量变积累达到一定程度的质变的飞跃。它没有休止和终点，是需要终身为之才能练就的一种境界。人一旦进入这样一种自觉模式，其读书就会成为一种习惯，写作就会成为一种爱好，"读出自己的东西"的创新超越就会成为一种常态、一种幸福、一种快乐！

深思、致用、超越地读书就是最有价值地读书。

读书：最美的化妆

有人喜欢在"化妆"前冠以"精神"一词限制，其实，这是窄化了读书的功效。读书当然是一种精神化妆，但又不全然、不尽然。读书对非精神的，譬如，人的身体、相貌就没有化妆功能和效果吗？答案是否定的。

人的容貌是父母的 DNA 遗传密码先赋给定的，有的人相貌堂堂、英俊酷帅，有的人天生丽质、貌美惊人，但也有人尖嘴猴腮、相貌丑陋，这是两个极端。大部分人还是介于二者之间，属中性的、可接受的范畴。

但人总希望自己在已有的基础上更美貌一点，更俊俏一点，所谓爱美之心，人皆有之。这就牵扯出了人对自己容颜的修饰、装扮的化妆问题。尤其是在经济发展、生活富足及科技进步的基础上，越来越多的人具备了在自己的面相上用功的条件和资本，于是保养、美容、润肤、增白，甚至整容，兴盛不已。但人们在对自己容貌化妆的同时，忽略了读书带给人的真正的化妆、最美的化妆。

读书是内在的化妆，与外在的涂脂抹粉、保养美容相比，它是更为根本的化妆。外在的化妆只是容颜的修饰、装扮，它也许可以掩盖一些人的长相的缺陷和不足，使人容光焕发、神采奕奕，但这都是敷、抹、涂、搽等外在手段的干预而产生的装扮效应，并不能产生多少实质性的改变。一些明星上妆照和卸妆照对比的巨大反差就充分说明了这一点。而读书带给人的化妆所产生的改变是真实的和永恒的。因为这种化妆是由内而外产生的质变，是内容上的改变引起的形式上的变化，不像容颜上的化妆仅仅是外在的装饰性、表面化的改变，是形式上的、现象上的改变，而非内容上的、本质性的改变。正如陈道明所说：韶光易逝，刹那芳华。皮相给人的充其量是数年的光鲜，但除此之外，人更需要的是一生中都能源源不断地带来优雅和安宁的力量。不少演员费尽周折地美化自己的样子，我却宁可花更多的时间来涵养自己的才情。所以，人应更加重视读书这种内在的、心灵的化妆。

读书是人的精神化妆容易理解，但为何也会产生容颜化妆的连带效应，值得一说。

古人强调"相由心生""容由神贯"。林肯说：一个人 35 岁以前的脸是父母决定的，但 35 岁以后的脸应是自己决定的。一个人要对自己 35 岁以后的长相负责。这说明人的相貌容颜，是与人的心灵、精神相连通的，是可以改变的。正如宋人陈希夷说："心者，貌之根。"相为何由心而生？容为何由神而贯？源于"相"和"容"皆是由心之"根"生长出来的东西。心理学认为，一个人的个性、心思、行为，是可以通过面部特征表现出来的。医学理论也认为，心理变化会影响人的神经递质。著名作家毕淑敏说过：一年几年一辈子地读下去。"书就像微波，从内向外震荡着我们的心，徐徐地加热，精神分子的结构就改变了，成熟了，书的效力凸显出来。"这种持续阅读的状态会形成人的面相，赋予人永不凋谢的别样美丽。

读书可以改变人粗俗的相貌

读书，尤其是长期读书，作用于人的精神和心理，必然会改变人的相貌。恰如曾国藩所说：读书为的是养得胸中一种恬静书味，"书味深者，面自粹润"。我们常说，景是养眼的，书是润心的，心滋润了，面相能不改变吗？不读书的人，心灵是粗糙的，内心是枯涩的，情感是苍白的。表现出来，就是生硬、粗糙的相貌，粗俗、失当的举止等。而那些读书多的人，知识作用于内心，书香浸润于心灵，变得丰博而充盈，就会容由神贯，就会神贯而容随，而容变，脸上就显出了书卷气、灵秀气、儒雅气。深圳特级教师张云鹰校长说过，"读书的女人最美"，并告诫自己"40 岁以前的容貌是父母给的，40 岁以后要用书籍装扮自己"。读书能丰盈自己，美丽自己。是的，女人要善于在读书中"烹饪"自己的秀色，让自己秀色可餐、可心、可爱。

读书可以赋予人高贵的气质

气质是人由内而外流露出来的一种内在涵养和修为的东西，它是指人稳定的个性特征，亦指人的风度、气度、模样，是属于精气神层面的存在。曾国藩说，人之气质，由于天生，本难改变，唯读书则可变化气质。宋代理学大师张载也说过："为学大益，在自求变化气质。"气质不是靠人的长相赢得的，更不是靠华丽的服饰包装出来的。气质是人的一种内在魅力的外在显露，它不事张扬，却令人印象深刻；不刻意表现，却与众不同。这就是气质赋予人的高端的境界和魅力。气质的培养靠的是读书。如苏轼诗曰："腹有诗书气自华。"我国古代知识分子靠诗词立身，看重诗文书画之益，认为可消粗犷之气，助变化之功，此优雅最为直观的修养。马一浮的《尔雅台答问续编》便曰："作诗写字，皆可变化气质，但须习久，始能得力。躁者可使静，薄者可使敦，隘者可使扩，驳者可使醇，俗者可使雅，浅者可使深。"风行水上，自然成纹。纹者，文采也。虚堂留烛，照亮内心，此修养最为关键。这就是读书改变气质、提升修养的最好注脚。

读书是全方位的生命优化与建构

读书不仅是生命最美的化妆，而且"最是书香能致远"。它能使人的生命变得敞亮、豁达而生动，丰富、润泽而儒雅，是一种全方位的建构和优化。有道是：假如你不漂亮，你要有知识；假如你没有知识，那你应该有能力；假如你没有能力，你应该有善良吧！如果你一无是处、一无所有，就不该埋怨生活亏待了你，命运亏欠了你。读书是可以使自己漂亮，使自己致知，使自己强能，使自己生命臻善的最好选择。选择读书这种人生最美的化妆吧！与形式上用功的、低级的面相上的化妆相比，它是致雅尚本的高级化妆，是生命的、全方位的优化与建构。

读书：带着自己的阳光上路

　　阳光是什么？阳光是指温暖我们身心的，能带给人正能量的那种存在。它可以是自然界的太阳带给我们的光亮和照耀；也可以是精神上的、心灵上的那种使人自信、向上的能源和力量。我们这里所讲的主要是指基于前者的比喻义而延伸出来的后者。再具体一点让它落地，其所对应的实在物就是我想说的读书。读书是阳光吗？当然。读书是人类所能获取的最重要的精神能源，是心灵的阳光。按照巴尔扎克的说法，它是人生最美的主旨。书中的知识，给了我们摆脱愚昧的光明，照亮了人类进化之路；书中的力量，给了人类征服和改造自然的伟力，开辟了发展之路；书中的思想，给了人类精神的照耀，实现了文化的传承；书中的智慧，给了人类心智的启明，使人类的认知更加聪睿，实践更为有效；书中"高大上"的人物，温暖、感动着我们，使我们有了方向和标杆。

　　需要追问的是，我们有自己的"阳光"吗？有点，但还很不够。人类演化至今，从来没有像今天这样更加明了和知晓教育的重要，更加懂得读书和人的生存境况、发展前景休戚相关。总体认知的向好趋势，并不能代表个体读书状况的改善。相反，在拜金主义、享乐主义、实用主义的驱动下，人们日益远离读书。著名作家、全国政协委员赵丽宏指出："我们的国民年平均读书的数量，只有欧美发达国家的几十分之一。阅读如今在很多人心目中不是一件要紧的事，因为读书和游戏享乐、赚钱升官没有关系，何必浪费时间？"这就是当下人们的价值观。读书在这一价值排序中根本没有地位，能叨陪末座就算不错的了。而一个如此轻慢和疏远读书的民族是没有希望的。温家宝总理曾经说过："读书关系到一个人的思想境界和修养，关系到一个民族的素质，关系到一个国家的兴旺发达。一个不读书的人是没有前途的，一个不读书的民族也是没有前途的。"随着我国经济的快速发展，物质日益富裕，但精神富裕的进程倘若不能同步跟进，失去了精神阳光的照耀，物质富裕的光环就会黯然失色，而且难有可持续性。

上哪里去找自己的精神阳光，该找怎样的精神阳光，并带着它上路，陪伴我们一路走好呢？

自信的阳光

人是需要有点自信的，当然也不能过度，过度了就可能走向反面，演变成自大，甚至狂妄。自信是支撑人进步发展的精神能源、心灵阳光。一个没有自信的人，失却前行动能，没有向上的追求，只能卑微、低俗地活着。好比玻璃窗内的苍蝇有光明，没前途。自信从何而来？从读书中来。一个喜好读书的人，是充满知识底蕴的。这样的底蕴，使他感到很踏实，很有底气。他自信知识带给自己的力量和价值，能够应对职业岗位上的挑战和实践领域的难题，彰显自己的本领和才华；他自信自己是"发光的金子"，能召唤机遇的光顾、成功的来临。因此，他沉稳大气，看淡得失，静待花开。自信催化了他们的成功，而成功又使他们倍增了自信，形成良性循环。反之，不读书，内在空虚，视野窄陋，思想缺席，能力低下，又何来自信？只能深陷自卑的泥潭。

心态的阳光

心态是人的心灵状态，是一种心理倾向。我们通常说，这人很阳光，其实就是说这个人开朗、乐观、自信、心态好。心态好的人倾向于用积极、肯定的眼光看世界，即便遇到悲观至极的事，也不绝望。他们会说，天塌下来有高个子顶着，或者更放达一点，"天塌下来当被盖"。这就是心态好的人的自我调节和救赎。心态不好的人倾向于以否定的眼光看世界，即便遇到算不上什么的困难、挫折，也会悲观失望，心绪败坏，被悲观主义的冰雪覆盖，一蹶不振。所以，人需要好的心态、阳光的心态来应对现实中的舛逆或不顺，而好的心态的培育和养成，源于读书和人的历练。读书可以修炼人的心性。

心性是人的性情或性格，它是人的内在修为所决定的。禅宗上讲明心见性。"明心"，不读书，行吗？不读书，心中装满浅俗，心灵被愚昧遮蔽，志卑气弱，度量浅狭，心性能好得了吗？读书可以放大人的心志。心志指人的心气和志向。心态不好，源于心太小了。林语堂认为："读书的意义是使人较虚心，较通达，不固陋，不偏执。"又说读书可以"开茅塞，除鄙见，得新知，增学问，广识见，养性灵"。读书有如许正向功能，当然能放大人的心志，使人的心态更阳光。

智慧的阳光

读书可以将知识的力量植入心灵，使人的心中充满智慧的阳光。人生需要生活智慧。人都生活在自我生命的局限中，但人能够读书学习，认识生命的局限、误区，并加以规避，这就是智慧。如孔子所说的"毋意，毋必，毋固，毋我"，即不要主观臆断，不要刻意强求，不要固执己见，不要自以为是。这就是一种人生智慧——体认自己与世界之间关系的能力和智慧。人生倘能做到这"四毋"，必然多一点从容，少一点烦忧；多一点平和，少一点固执；多一点谦仁，少一点自傲；多一点淡定，少一点焦虑。这样排除了如许负面遭际的人生，自然是智慧的、超脱的，充满阳光和快乐的。人生亦需要思想智慧。思想智慧更是直接产生于读书与思考的。有思考或思想的人，对这个世界的认知、理解，对人生的思考、把握是清晰的、自觉的。正如周国平所说："有智慧的人，他的心是明白、欢欣、宁静的；没有智慧的人，他的心是糊涂、烦恼、躁动的。"人只有通过读书，带着心灵的智慧和阳光上路，才能活得明白、欢欣、宁静，活得坦荡、从容、美好。

这个时代，我们用什么抵拒浮躁

　　浮躁，是指人心绪不宁，静不下来，做事不沉稳，无常性等。浮躁是信息时代最大的精神症患。这年头，娱乐太多，诱惑太多，社交太多，压力太多，信息太多，欲望太多，谁都不比谁轻松多少，谁都不比谁沉稳到哪儿去，谁都难免会染上点浮躁症。更有一些重症浮躁者，浮躁得像风中止不住的幡，像水中按不下去的葫芦，像鞭下停不住的陀螺，难以把持，不能自已。以读书为例，当下，我们已浮躁到只能碎片化阅读，抱着手机刷屏读群、看段子、在微薄里溜达……北京大学图书馆副馆长肖珑曾表示，2014 年北京大学图书馆书籍借阅总数为 62 万本，是最近 10 年的最低数量，而在 2006 年，这个数字是 107 万本。《中国教育报》2016 年 4 月 23 日的《校园阅读：如何读出"深"味儿》一文指出："学生每天花费很多时间浏览网页、微信、微博等新媒体，碎片化的浅层次阅读冲击传统的深层次阅读，阅读内容也更趋实用化、消遣化，这已然成为高等教育领域和大学校园中不可回避的问题。"有人说，只要读就行，读就比不读强。言下之意，碎片化的读也是读，比不读还是好很多。可关键是这样的阅读算是读书吗？能定性为读书吗？白岩松说，当你的孩子抱着手机乐此不疲、乐不可支地看，你认为他是在读书吗？当一个人一年都不读一本书，还心安理得地认为自己天天都在看东西，认同只要看东西就算是一种读书，这不是一件很危险的事吗？

　　我们所能开出的疗救浮躁的药方，还是传统配伍的老三味药：读书、思考、写作。

　　读书

　　真正的读书是需要远离浮躁的，同时是对一个人浮躁与否的检验。你有足够的心境和学识去读一本稍稍枯燥或者说有一点理论深度的书吗？这基本上可以成为衡量一个人浮躁与否的试金石。而没有读书浸润的生命，是容易被风干、脆折的。所以，站在公交站牌下等车，能读得进哲学书的人，算是远离浮躁的人。读书是人追求精神层面、高层次东西的活动，它是需要仰视和用心的。高层次的东西或追求总是比较费力、枯燥、孤寂的，人们往往喜欢平视或俯视的东西，轻松、不费力、热闹。这就是高层次的东西追随者少，它的机制常常是关闭的，而低层次的东西是打开的原因。它既是产生浮躁的机理，也是抵拒浮躁的因由。不抵拒浮躁，读书时心里跟猫抓似的、长草似的，你读得进去吗？能入乎其中吗？所以，真正静下心来的读书是具有磨性子、治浮躁之功效的。它能练就人的沉潜、静专、淡泊的性格，成就人的钻研、深思、善悟的品质。这样的人，你让他碎片化、浅表化地阅读，是不解渴、不过瘾。央视著名主持白岩松在一档节目中自曝，到现在他也没有微信。这就是一个坚守传统阅读、抵拒碎片化、真心读书、远离浮躁的人，我们应该给他点赞。

思考

思考是和读书相伴生的。德国哲学家叔本华指出："只有通过自己独立思考获得的知识，才能融入我们的思想体系，成为整个思维体系的一个鲜活部分，并与整体保持一种完整的、坚实的联系。""只有那些经过深思熟虑的东西才能成为他的真知。"如果一个人拥有大量的知识，却未经过自己头脑的独立思考而加以吸收，那么，这些学识就远不如那些虽所知不多但经过认真思考的知识有价值。阅读是把外来的、异质的思想强加于头脑的过程。"阅读时，一个人本身的思想是在被别人的思想牵引管束。"但能否被接受，需要思考的过滤和筛选。思考是一个过脑走心的过程，而浮躁式的阅读关键是没有入脑，只是在信息表面滑行。著名作家张抗抗强调，电子阅读的"这些信息很浪费我们的时间和生命，我们变成了知道得最多而思考得最少的人"。人离开了思考，还能剩下什么？恐怕内涵的东西、深刻的东西都要被剥离，剩下的只能是一些物欲的、浅薄的、外延的东西。所以，我们需要思考的明矾沉淀浮躁，以保有人之为人的本质、依据。

写作

教育学者张文质认为，在浮躁的生活中，唯有写能够使浮躁消减，使不安的灵魂得到"宽慰"，而靠这种"非物质的自我喂养"，竟然可以使内心的伤感得到缓解，于是，他每天离不开写，不管是勾画自己的灵魂，还是对他人的解读。可见，写作是浮躁的解药，是浮躁的"缓释胶囊"。这种功能是由写作的特性和要求成就的。写作是一种自静其心、弃绝浮躁，而又要求思维健旺、建构思想的过程。写作者要能从混沌歧乱的思维丛林中梳理出一条清晰的逻辑路径，要能在行文设计上搭建出一个完善的结构框架。这可不是一件容易的事。那么多闹哄哄的涌现脑际想要表达的内容，你能搞定吗？如许乱而缠杂的事物和语义之间的关系，你能厘清吗？这是对人"去掉大理石上不是脸的部分"，确定核心内容的一种检验；这是对人有序组织事物和语义关系的逻辑思维能力的一种考量。倘若你本身内心纷扰躁乱，面对"剪不断、理还乱"的内容，你只能乱上加乱，一字无成。真正能写、善写的人，都是有沉稳个性、宁静定力、丰富内涵和远离浮躁的人。他们可能也有许多繁杂的琐务，但一旦进入写作，想静就能静得下来，入得进去，写得出来。这就是写作练就的一种素养和能力，一种修为和品质。它是当下人应当着力追求和培育的一种稀缺素养和品质。

总之，浮躁和静专是一对矛盾，或者说是一种博弈关系。当我们沉下心来专静地读书、思考、写作的时候，浮躁即远去了、消遁了。人应当学会和运用这样的方法抵拒浮躁，彰显生命的定力和华彩。

让读书赢回时间

　　读书的时间从何而来？不同的人会有不同的见解和主张。这里我们愿就这一话题标一新论、立一异说：读书的时间是读出来的，让读书赢回时间。

　　也许，有人会质疑或感到奇怪：读书是耗时间的活计，人们也普遍抱怨没有时间或时间不够而无法读书，怎么还能生出时间？诚然，我们说的不是绝对意义上的时间。绝对的时间一天 24 小时，没有任何人能使它增加哪怕一分一秒。我们说的是相对的时间，它是一个涉及时间管理和利用的话题。诚如作家刘湛秋指出的："生命的过程就是时间消费的过程。在时间面前，最伟大的人也无逆转之力：我们无法买进，也无法售出，我们只有选择、利用。"

　　从人占有时间的量来给读书人分类，大致有三：时间多的人、时间少的人、基本没时间的人。常态和常规情况下，这三类人的读书应该是由多而少递减的。即时间多的人多读，时间少的人少读，基本没时间的人基本不读。而现实的情形往往并非如此。

　　按照"二八"理论来分析，任何单位、团体或组织，其人员都是由 20％的重要的少数和 80％的平庸的多数构成的。这 80％的人由于在组织机构中，干事少、担当小、闲暇多，是属于那种有时间读书的人，但恰恰是这部分人，最不待见读书。他们虽然不忙，但可以说自己很忙，当然，他们也确实是忙着闲聊、上网、喝酒、打牌去了，哪里还有时间读书。再看 20％的人，他们是组织机构中的骨干和中坚，比之 80％的那些有大量余裕时间而没有用到正地、任意挥霍的人，他们确实忙了许多。比如，那些课多的骨干教师，那些忙于写材料、开会、接待、迎来送往等大量琐务的行政管理人员，他们的时间确实因工作而受到一定程度的挤压，但为了干好工作，或者说保住自己在组织中受到器重的"重要的少数"的地位，他们还是会看一些书的。但他们有时也会为自己的苦和累叫屈，也会以80％的那帮人为参照系横比，认为自己读书的时间太少，心理失衡而削减了自己的读书量。第三类基本没时间读书的人，是20％群体里面的领军人物，或为团队的优秀领导，或为科研的突出表率，或为专业卓异的领军专家、一流学者等。总之，都是一些拔尖创新人才。这些人按说是最忙的，会议、讲话、报告、接待、处理其他各类问题等，可以说整天忙得连轴转，但他们并不比前两类人读书少。例如，海尔集团总裁张瑞敏，年近七十，很多人赞叹这位共和国同龄人的敏捷思维和博学多才，却不知道他直到今天，都以每周阅读2本书，一年100多本书的速度学习着。以上三类人时间越多，读书越少；时间越少，读书越多。而其所成就的人的贡献、地位、被看重的程度等也迥然有别，这足以从另一个侧面证明读书的重要性。

再回到时间上来，基本没时间的人为什么会成为读书最多的人，他们的时间从何而来？当然可以从挤中来，但仅靠挤恐怕还是有限的。张瑞敏"每周阅读2本书，一年100多本书"的阅读量，就是专门做学问的人恐怕也难出其右，靠挤恐怕是不够的，而且凭他著名企业家的身份，管理着一个"全球家电第一品牌"的著名企业，又能挤出多少时间？所以，最根本有效的还不在于充分利用上的被动的"挤"，那样仍不免小家子气，而在于有效地"读"所赢回的时间、开发出来的更多的时间。

提高工作效率，赢回时间

真正顶级的一流的人才、大师，都是凭借读书获得了高屋建瓴的视野、举重若轻的能力、应付裕如的本领，因而面对纷繁的琐务，哪怕是复杂的困局，他们都能从容应对、指挥若定。别人耗时伤神、困扰无解的难题，他只在随意的吩咐指示之间，就能化解和处理得当，工作效率成倍地高于他人，因而赢得了读书的时间。这些人不是"把别人喝咖啡的时间用来读书"，而是"把别人工作的时间"而自己不用工作的时间用来读书，比前者实在高出一头、胜出一筹，完全是两种不同的格局和境界。

增长实践智慧，赢回时间

智慧是读书与实践相结合的产物。智慧是基于行动的，因而一般被称为实践智慧。知识是智慧的基础，是生成智慧的要素。当两个人的职业实践相同或为常量时，决定人的智慧的变量因素就是读书。比如，两个教同样学科的教师，他们的实践基本是相同的，因而实践所能赋予他们的实践智慧、经验智慧，理论上说是可以等量齐观的，这时他们所能比拼的就是读书多少与智慧增长的程度。读书多的人，教学智慧就高；读书少的人，教学智慧就低。而实践智慧高的人，教学运作驾轻就熟、得心应手。良好的教学效率不仅为他们赢得了更多的读书时间，而且减轻了学生苦学逼做的负担。

养成自觉习惯，赢回时间

读书的时间靠"挤"是有限的，靠"逼"、靠"压"，虽然有点用，但也是被动的、不太靠谱的。因为这会使读书的人感到这是别人强加给他的额外负担和苦役，而非自己的需要和兴趣。唯有靠读、靠多读，体悟到读书的好处、作用、价值，才能进到"我要读"的自觉境界。比如，教师通过多读书，提高了教学效率和质量，受到学生的尊敬和爱戴，自己也获得了成就感，他就会打心底感恩读书、爱上读书。这时，读书就会转换为他的一种内在需求，他就会视读书为乐趣、为使命，自奋其力、自勤其读，就会完全化解"读书没时间"的问题，进入视读书为呼吸空气和吃饭一样自然和必要的境界，使读书成为生活的第一选择、生命的第一需要。这时，读书还存在没有时间的问题吗？

读书的境界

  境界是事物所达到的程度和状况，亦指人的思想认识、行为方式所达到的高度和深度。读书的境界是人在读书过程中所达臻的自觉的程度和牵挂的状态。本专题类聚的 13 篇文章，从不同角度和侧面对读书的境界进行勾画，力图全方位地展示读书境界的真谛和魅力。如《读书：把人带向远方》，说的是目标境界；《读书的三重境界》，讲的是读书的过程境界；《当读书成为一种牵挂》《让读书成为一种生活方式》《书痴者文必工》，写的是读书的自觉忘我境界；《读书：放大你职业和心灵的半径》，讲的是读书的功能境界；《读书，这么好的事》《静好地读书与读书的静好》，讲的是读书的价值境界；《书能香我亦须花》《期待读书成为"最炫民族风"》，期冀的是读书成为全民风尚和最美的风景线的理想境界。

读书：把人带向远方

　　书是什么？莎士比亚说，书籍是全世界的营养品，生活里没有书籍就好像没有阳光，智慧里没有书籍就好像鸟儿没有翅膀。狄金森说，没有一艘船能像一本书，也没有一匹马能像一页跳跃的诗行，把人带向远方。每一本书都是一个可能的世界，一个不随时间殒没的世界。这样的世界是具有不朽特质的。而物质的东西、身外的东西，总是眼前的、当下的，是你生不带来、死不带去的。唯有精神的东西，是融入你血脉、深入你骨髓，无法被剥夺的。它们将与你俱在，也与你俱去，是指向未来，行之久远的东西。而没有被读书浸润的生命，是容易被风干和脆折的，更别说走向远方。

　　央视著名主持白岩松在阅读的公益广告词中说："在书中，不仅有眼前，更有诗和远方。"读书当然可以为了眼前和当下，但不能仅为了眼前和当下，而没有"诗和远方"。同样是名主持的张越也说："过日子也要放飞灵魂，读书与后者有关。"问题是，我们通过读书追求"诗和远方""放飞灵魂"了吗？值得打个问号。也许"诗和远方"太过高雅和虚远，没有物质的浪漫、现实的享受来得实在、具体，于是我们关闭了最能震撼我们的仰望层次，关闭了读书追远的精神层次，打开了平视或俯视的低级层次，打开了物欲、逐利、享乐和快感的凡庸层次。这就是周国平所说的，精神的浪漫憋屈委顿，物质的浪漫大行其道。也许你感到这样的生活"自在飞花轻似梦"，惬意、舒适、潇洒，但倘若灵魂没有重量，精神无处安顿，活得轻飘飘的，没有价值依托、精神依附，恐怕未必真的快乐、幸福。所以需要追问：我们放飞灵魂了吗？还是以"过日子"挤兑了自己的灵魂，囚禁了自己的灵魂？不读书的灵魂只能如无星月之暗夜、无泉水之荒漠，陷入无边的黑暗和枯涸。而读书如饮甘泉，它是滋润灵魂的；如沐时雨，它是润物无声的；如坐春风，它是快乐享受的。

人需要非物质的文化喂养。物质的食物、水等的喂养，只能保障人的生命存活，不能赋予人的发展，把人带向远方。生命的意义绝不仅仅是为了存活，否则就真的与动物无异。能够给人带来生命意义、精神发展的是非物质的文化喂养，也就是读书。如果说人世间男女结合孕育了新的生命，那么精神世界的创生，则是读者与作者的作品相互作用、读者的心灵与作者的心灵相互结合的产物。它是"形而上"的思想、"高大上"的精神再生的过程，是人的新的灵魂再生的过程。

读书为何或者说怎样把人带向远方呢？

读书是求"道"铸魂的过程

道是什么？"道"字，一个"首"，加一"走之"，是脑袋或思想的行走，是朝向远方和真理的行走。当我们行走在路上的时候，书就是我们最好的行囊、最棒的"行头"。朱永新教授指出："阅读是一个民族涵养精神元气的根本所在。这是一种唤醒的力量，唤醒麻木的灵魂；也是一种催生的力量，催生蛰伏的智慧；更是一种支撑的力量，支撑不倒的信仰。"中华民族凭借读书求"道"的优良传统，形成了自己核心的文化观、价值观，铸就了自己"自强不息、厚德载物"的坚韧的灵魂，自立于世界民族之林。

读书是追"远"立根的过程

读书不是汲汲于富贵、耿耿于名利或戚戚于贫贱的过程，它本质上是超越这些"形而下"的羁绊，而追远立根，以获得"形而上"的存在的过程。这一过程是艰辛的，往往需要付出一生的努力。康德喜欢读书，固执地在书房里浸泡了一辈子，深居简出，终身未娶，但他把自己的思想带给了全世界；孔子钻研《周易》，韦编三绝；司马光学习宋朝前史，编纂《资治通鉴》，隐居洛阳独乐园 19 年；王夫之遍治群典，著作等身，隐居衡阳石船山下，长达 32 年。这些顶级学者大师都是凭借读书致远的深厚功力，成就了自己伟大的思想。他们的思想是穿越时空、行之久远、立根不朽的。一如葛洪《抱朴子·勖学》中评述："故能盛德大业，冠于当世；清芳令问，播于罔极也。"

读书是见"贤"思齐的过程

尼采说："读书，是在别人的知识与心灵中散步。"这个"别人"当然是指那些贤者、先哲、大师、巨匠之类的，给人类留下不朽的精神财富的人。我们读《论语》，感动于孔子为中华民族文化奠基的仁爱、进德之心；我们读《庄子》，逍遥于庄子的遵道无为、保真洞达的思想天地中，汲取人生的感悟和哲学的智慧；我们读《孟子》，为孟子的"民贵君轻""威武不能屈、富贵不能淫、贫贱不能移"的民本思想和浩然之气所震撼、所折服。当我们在书中读出这样的人格、这样的境界、这样的精神时，我们怎能不为之骄傲，怎能不顿生思齐向往之心、崇敬仰慕之意？

读书是创"新"超越的过程

读书之所以能把人、把人类文化带向远方，是因为它是一个在文化传承过程中不断创新、不断超越的过程。读书绝不是拿着张旧船票，登上先人思想的客船，让它载着我们去观赏、转悠。读书是有着传承、创新的责任和担当的。它需要我们凭借自己的思想重新言说而超越旧有的文化建构，否则，高飞的思想风筝将会断线，人类的文化洪钟将会停摆。所以，为着创新、超越的读书，一定要有"为天地立心，为生民立命，为往圣继绝学，为万世开太平"的宏愿和理想。让读书引领我们的国家和人民走上抵达心灵远方的追梦之路！

读书：放大你职业和心灵的半径

心灵的半径是怎样构成的？心灵的半径是由生命的半径构成的，是生命半径的组成部分。生命的半径是一个圈层扩展结构。核心层是人的生命本身的保有，即人的存在。它是指物质的人的生命的半径。生命的半径是比较容易实现的，只要有基本的吃、喝、穿、住条件，就可以得到保障，就能在时间顺延中得以实现。但这是一种很短的半径，因为它只有活着或为了种的延续一个维度，世间所有存在的动物都保有这种半径，它是动物性的、活着的、存在的半径，无法延伸和拓展到生命以外的其他领地和空间。人的生命半径的第二圈是职业的半径。人是社会化的动物，按马克思的说法，是社会关系的总和。人要存在于这个世界，就必须和特定的社会及社会中的人结成一定的关系。这就是人不同于动物之处，动物的存在是一种本能的存在，人则是社会的存在。人的社会存在是以社会的人的职业为凭恃，服务社会、融入社会的。它是人的社会存在的一个逻辑基点和本质空间。没有这样的一截加长半径，人就无法立足社会、在世生存。生命半径的第三圈是心灵的半径，或称之为精神的半径。这是人区别于动物的独特的半径，也是帮助人行之久远，可以无限放大、延展的半径。这就是上帝所言"我们的身体无法达于彼岸，我们的精神却可以超度"的意思。

在人的生命涟漪式结构的"三圈"半径中，除了人的生命的半径是父母给的以外，人的职业的半径和心灵的半径都是要靠人后天自己去延长或放大的。而延长和放大的最基本、最有效的方式就是读书。

读书能放大你职业的半径

社会上的人，谁不想拥有一份薪资高的、体面的、受人尊敬的职业，但好的职业不是你想要就有的，而是要靠本领、实力、才干、能力争取来的。这些谋职制胜的要素，固然离不开实践的打拼和历练，但读书致知无疑是人赢取好的职业的重要的本钱和筹码。现实中，一个不读书、没有知识的人，为什么只能从事粗笨的、拼体力的、价值含量低的工作（这里绝无看不起这类人的意思），因为他没有知识的底蕴，职业半径短，属于缺乏生长空间的"草根族"。任何知识半径、能力半径高一点的人，都会压他一头，挤占他们的职业空间。这与公平无关，却与竞争紧密相关。他们吃的就是不读书、职业半径太短的亏，只能从事一般人不愿干的苦、脏、累的活儿，没有选择的余地。读书的人就不一样了，他的眼界、智慧高人一筹，他的本领、能力胜人一头。他们并不害怕竞争，也不担心找不到好的工作，因为他们知道自己是有真才实学的人。成语"待价而沽"，并不是因为"待"而有"价"，而是因为有"价"才有"待"的资格。人说"机遇只偏爱有准备的头脑"，当然没错，但我还要说，机遇是"发光金子"的一种召唤。你是金子，你是人才，而且货真价实，机遇就一定会找上门来，好的职业就会任你挑选，因为我们这个社会本质上还是一个人才匮乏的社会，真正的职业半径长的人才，是充满机遇和被争夺的幸福的。

读书能放大你心灵的半径

职业的半径是务实的半径，它是基础性和保障性的。马克思说，人类首先必须吃、喝、穿、住，然后才能从事政治、科学、艺术、宗教等工作。职业半径就是物质保障半径，但人不能停留在物质需求的无限追逐层面，人还需要在此基础上，再上台阶，拓展自己心灵的地盘、精神的半径。而拓展和放大这一半径的手段，就是读书。换言之，心灵的半径是靠读书和思考的程度给定的和丈量的。第一，读书决定人的生命辐射半径。人的生命的辐射，主要不是依靠外在的物质的东西，如金钱、权力、地位等，这些身外的东西都不具有永恒性，而且很容易被剥夺，唯有读书赋予人的知识底蕴、精神品格、思想成果、心灵财富，才是可以享誉未来、留存后世、行之久远的东西。因为这些东西能够进入我们心中驻留不去，成为我们自身的一部分。而只有这些充满精神力量、财富和能源的人，他的生命的辐射半径才能达到最大值。

第二，读书决定人心灵发展的半径。生命的发展主要不是指人的身体的生理演化过程，而是指人的精神成长、心灵丰实的过程，实质上是指人的生命格局的放大。读书是醇厚你心灵的酒浆，是决定你心灵半径的要素。亚伯拉罕·林肯曾赞美阅读："妙就妙在它帮助我们挣脱了时空的重重枷锁，得以与逝者神交，与远方谈心，与未来对话。"法国著名哲学家笛卡儿说过："遍读好书，有如走访著名的古代前贤，同他们促膝谈心，而且是一种精湛的交谈，古人向我们谈出的只是他们最精粹的思想。"有了这样的神交、谈心、对话的心灵进补和精神灌浆，人的气量、胸襟、格局还小得了吗？人的心灵的半径还愁放不大吗？相反，不读书的人，注定要成为思想和精神的侏儒，又何来心灵半径的放大？

读书，这么好的事

这个题目来源于复旦大学张新颖老师写的一本书的名字——《读书这么好的事》。"这么"，是一个指代性的虚词，与"好"组成词组，形成一个虚化、模糊、不确定的所指，构成了一个安放意义的空筐、放飞想象的留白和包容思想的所在。其所给予人的能指的张力是巨大的，空间是广阔的，故而能够承载一本书的内容铺陈和展开幅度的需要。

但我借此题行文，受篇幅所限，只能直接回应"怎么好"的核心意涵，追问和阐释读书好的意义所在和价值所归。

读书是一种积淀

读书是一个积淀的过程。它向内吸收，转化为生命的营养，滋养人，成全人。它可以使人知识充盈、书香浸润，具有知识涵养。好比春园之草，不见其长，日有所增。坚持读书的人往往会觉得，读着读着就发现自己越来越有悟性，越来越有问题意识，越来越有自己的思想，越来越有自信和底气。这就是读书的魅力，这就是积淀的功效。

读书是一种向往

树木的生长是为了伸展枝干，去窥探一个泥土里不曾有过的世界，追寻绿叶，追寻繁华，追寻孕育着未来的丰硕的果实。这就是向往的品质。向往是生命存在的形式。而读书不仅表明你是一个有向往的人，还有实现向往的手段。一个读书的人，就是一个不满现状，有理想、有追求的人，而一个人一旦停止了读书学习，就意味着他的进取之心消泯了，生长之树枯败了，生命之翼折损了。这是屡试不爽的试金石。

读书是一种超越

人是超越性的存在。读书，就是追寻精神超越的方式和手段。它可以使我们超越对物质的依赖和满足，找到精神支撑，追寻生命意义，提高自身修养，寻求灵魂慰藉。它可以使我们将感性经验上升为理性认知，将局限性的经验上升为普适性的理论，扩大心灵半径和生命格局。

读书是一种悟道

读书是一个思考和悟道的过程。"悟"是一个会意字，是"心中见我"之意；"道"字是一个"首"，加一个"走之"，是脑袋或思想的行走。清代陆世仪《思辨录》有云："悟处皆出于思，不思无由得悟；思处皆缘于学，不学则无可思。学者，所以求悟也；悟者，思而得通也。故孔子曰：'学而不思则罔，思而不学则殆。'孟子亦曰：'心之官则思。'古来圣贤未有不重思者，思只是穷理二字。""穷理"就是"悟道"，是人与道相结合的过程。

读书是一种升华

人类由愚昧颠顷走向文明开化，靠的就是读书学习。汉代刘向说过："书犹药也，善读之可以医愚。"知识是人类文明的基因。读书是文明基因的传承与复制，在这一过程中，人看到了自己与文明的接近、形肖和演变。人是文明化的存在，是万物的灵长、宇宙的精华，需要通过读书告别愚昧无知、粗鄙浅俗，需要通过文化的濡染来启迪智慧和灵性，认识世界和人生，陶冶情趣和德行，获得思想和精神的升华，使自己成为一个"腹有诗书气自华"的文明人、现代人。

读书吧！只有读书，才能使它的"好"由潜在的可能性转化为显在的现实性，才能给你带来充实的快乐、进步的喜悦和发展的实利。

（注：此文系作者为《语文世界》杂志写的卷首。）

静好地读书与读书的静好

和"不忘初心"这个词差不多，"静好"这个词，也是新近才频繁出现的，我很喜欢这个词。安静而美好，一个很有意境并充满想象张力的词，它代表一种围上身来的静谧的氛围，一种恬静而舒悦的意境，一种安详而又美好的情愫。

"静好"是和读书很搭的一个词。看到这个词，你好像能感受到读书人沉浸在静的氛围、环境中读书的那种忘我、投入，那种和谐、美好，真的是一幅画、一首诗、一种景，令人心仪、心动而向往之。"读书"与"静好"的搭配还可做更深层次的理性解读：读书是需要静好心态和环境保证的。在这个意义上，静好是手段层面的存在。反过来，读书又成就了生命的静好，静好又成了目的。这就叫手段与目的的统一。一件事情的目的和手段完美地统一于一个美好事物或者说情境之上，真的是够奇妙而且不多见的。

静好地读书

读书需要静好，这是由读书这件事本身的性质决定的。读书是心智投入、思想浸没的精神活动，要求人能"入得进"，方能"悟得出"。这就对读书的环境、心态和过程提出了要求：第一，环境的静美。这样的环境才有利于人排除干扰，思维集中，顺利地进入书的意境或思想天地之中。唐代刘禹锡的书房，名为陋室，实则"苔痕上阶绿，草色入帘青"，幽雅得很；而且在"阅金经"之时，还可以"调素琴"，美妙得很。如此静美的环境当然能助益读书。这也是历来文人都很重视书房的缘故。第二，心态的静定。读书必须有一个静定的心态。要静得下心来，安得下神来，心态平和，气定神闲，方能读得进。设若你读书时，心里跟猫抓似的、长草似的，能读得进书吗？即便伏在案头做读书状，也是不知所读何意，自欺欺人。第三，过程的静专。读书的整个过程都要求做到专静纯一。宋代大儒程颐当年在岳麓书院讲学时就要求学子读书忌"躁妄"，贵"静专"，做到用心不杂，沉潜其中，心静理明，入乎其内，渐见意味，读有所获。倘若心神不专，分心旁骛，或心气浮躁，目观于书，神游其外，怎么能领略书的旨趣和美妙？

读书的静好

读书的静好是指读书所成全的生命境界和成就。世间事物的静好都有一个过程。花朵不经历生长，不会绽放；果实没有成熟的过程，不会甘甜。生命没有蛰伏，哪有腾越；思想不经由"爬坡"，岂可登顶。读书给生命带来的静好也是这样一个过程。这样的静好体现在：一是给予人精神成长的能源。人的成长不仅有生理的，还有精神的。精神的成长高于生理的成长，它是人的本质力量的体现。而精神成长最重要的能源就是书的精神滋养和知识灌浆。有了书的思想打底、精神铺垫，心灵才有家，生命才有路。二是修养人的心性。心性的修养是需要书香濡染的。在静美的读书中，在独处的成长中，在精神和思想修炼的皈依中，书会帮助人"开茅塞，除鄙见，得新知，增学问，广识见，养性灵"，使人变得高贵而有涵养，包容而有情怀，平易而又亲和，儒雅而有修养。这些都是因了读书赋予人幽雅和安宁的力量，升华了人的心性。三是赋予人自信的力量。真正的读书人，因为底蕴丰厚，知识丰盈，都有一种内在的自信和静定的力量。他们无须趋附他人，也无意众声喧哗，往往不慕时风，独具我思，不和众嚣，独具我见。这就是"独立之精神，自由之思想"的自信风采和生命高度。生命静好、人格独立的超越境界，令人崇敬和追慕。

（注：此文系作者为《语文世界》杂志写的卷首。）

当读书成为一种牵挂

"牵挂"的本义是：因心里放不下而挂念。李清照词"此情无计可消除，才下眉头，却上心头"可算是对牵挂的优美诠释。人活在这个世上，可以牵挂的东西很多，可以是恋人、双亲、朋友，也可以是牵挂升职、牵挂股票的涨跌、牵挂某种方式的玩乐等，但唯有读书的牵挂是一种最具有成长性和精神内涵的牵挂。

读书的牵挂是人的一种心向，心灵向往，灵魂眷顾。读书的牵挂是一种执着，挥之不去，拂之还来。读书的牵挂是一种情结，放不下、丢不开、忘不掉，是围上身来的一种精神期待，一种向着幸福的出发。

牵挂读书自有牵挂的理由。理由是行动的逻辑依据，人类是根据理由来行动的存在者。这种行动可称为"理由响应"。

读书是人的精神层面的"充电"，是人间大美之事

"蹉跎莫遣韶光老，人生唯有读书好。"陶渊明述读书之乐："泛览周王传，流观山海图。俯仰终宇宙，不乐复何如。"苏轼诠读书之效："粗缯大布裹生涯，腹有诗书气自华。"读书带给人的那种挡不住的内在美的气质、雅韵，是人最根本的精神气象的彰显，远比容貌之美更具魅力。明代于谦诗曰："书卷多情似故人，晨昏忧乐每相亲。眼前直下三千字，胸次全无一点尘。"古人对读书的精神化妆、心灵净化之用，对读书的亲恋牵挂、忧乐相守之情溢于言表。

读书是人宁静致远的根本之道

面对喧嚣、折腾的外在世界，我们的生命要能在纷繁浮躁的世界中找到一个宁静的准则，用内心生命静好的能量抗衡外界诱惑，不逐时风，独立思

考，不和众嚣，独具我见，就需要有坐得住书桌的宁静的定力。在这种宁静中，我们能辨得明事物，看得见未来，看得清远方，即所谓"宁静致远"。读书的人知道，这种致远的心灵能量，这种闹中取静的恬淡自得，是书给予我们的。

牵挂读书是一种境界

境界是事物所达到的程度和状况，亦指人的思想认识所达到的高度和深度。对读书人而言，这种境界可以解析为敬畏的境界、自觉的境界、享受的境界。

第一，敬畏的境界。读书有功利性，但并无直接的功利性。它是一种精神铺垫、思想蓄能的过程，其功利性也许一辈子都不能兑现。但牵挂读书的人并不是为着功利而读，他们是最知书、懂书、爱书的人，深切地感知读书给自己内心带来的温暖与充实。他们把读书当成生命托付之重的神圣高雅之事，相爱至诚，相敬如神，牵挂于斯，相守一生。

第二，自觉的境界。这种境界指的是读书已成为一种需要、一种习惯，如同每天必须吃饭、喝水一样，一天不读书，就感到欠缺和不安，惶惶然而若有所失而浑身不得劲。如宋代诗人黄庭坚所言："三日不读书，便觉语言无味，面目可憎。"清代萧抡谓说："一日不读书，胸臆无佳想。一月不读书，耳目失精爽。"这就是一种自觉，一种把读书作为生存方式而不离不弃的境界。

第三，享受的境界。湖南作协主席李元洛有文《上有天堂　下有书房》，他写自己在书房中与书对话，向书请益，"让自己的灵魂，在烦嚣中得到解脱，在扰攘里得到净化，在贫瘠时得到滋养，在低下处得到提升"，认为在书房读书，超过视听之娱，远甚口腹之欲及官场升迁之喜。这就是读书人的价值取向，这就是书已成为一种生命牵挂，读书已成为一种难以离弃的享受的典型表现。

如何培养人们牵挂读书的境界呢？这是居功至伟、善莫大焉的诉求，绝非一日之功、一蹴可就。但既然我们认定它是方向性的，就应该始终行走在追求这一境界的路上，哪怕终其一生也没有达到这一境界也不要紧。因为这是令人仰止的大家的境界。只要我们不断努力趋近这一目标，就不枉活一生。正如泰戈尔诗曰："天空虽然没有留下鸟的翅膀，但我已经飞过。"

对读书的牵挂是一种心理情感机制及其升华

心理机制是指人对读书的认知，情感机制是指人对读书的兴趣和爱好，升华则是指人伴随认知情感的深化而达到的执意亲恋、牵挂难舍的程度。此三者应该成为培养人们牵挂读书境界的逻辑路径。

第一，认知：牵挂的起点。对读书的牵挂是建立于对读书价值深刻认知基础上的。它是牵挂的逻辑起点。其认知途径主要是对外部灌输的认同和接纳。这样的灌输甚或可以说是说教，之所以能够被相信和接受，源于它是来自古圣先贤的箴言规训、殷殷教诲，名流大家的成功示范和现身说法。如高尔基说："读书，实际上是人的心灵和古今中外一切民族的伟大智慧相结合的过程。"此话说得非常精准到位。还有我们钦佩的当代成功的大家周国平、陈平原、于丹、余秋雨等，他们对读书的经验感悟、精辟洞见，都是我们对读书价值深刻认知与肯定的影响因素，其中的逻辑机理就是"亲其师、信其道"的心理认同和心灵契合。

第二，情感：牵挂的深化。读书，仅有理性认知的牵挂没有情感因素的渗透介入，是无法深化的。这是因为牵挂本身就是一种情感机制。它是在读书的过程中，在与书的磨合接触中不断培养起来的。好比男女相识、相悦、相恋、相爱，首先需要接触相识，其次还要找到相悦的感觉，然后才能产生相恋、相爱的情感深化。同理，对读书的感情和爱恋也是在读的过程中培养起来的。书读得越多，越能体会到读书的好处，感思读书的魅力，对书的情感才会越来越深，割舍不掉，真正产生对读书的兴趣、爱好，形成忘不掉、丢不开、放不下的情感牵挂。

第三，升华：牵挂的完型。对读书牵挂的境界是在阅读成功的砥砺中最终完成的。如果说情感的牵挂能使我们的读书之树常绿，那么，基于成功砥砺的读书才是永葆读书之树常绿的根。成功砥砺的读书是给个人成长带来切实助益的读书，如认识的提高、思想的丰富、成果的厚重、实践的突破、能力的增强、评价的提升等。它使读书者在读的过程中切身感受到读书的好处和作用，找到成功的感觉。这样的读书才是有"根"的、行之久远的读书，才能使读书者养成一种欲罢不能的自觉、日读不辍的习惯，并将读书升华到生命不息、牵挂不已的境界。

有一首歌叫《牵挂你的人是我》，牵挂的对象是人，设使对象换成书，我们还能深情而又毫无愧色地唱出这样的词吗？如果能，那这人一定是名副其实的读书人，是书香沁润、儒雅有加的人，是精神卓异、思想出彩的中国人。愿更多的人成为"牵挂读书"的人！

让读书成为一种生活方式

生活方式是生活的方法和式样。它是人的存在方式，包括人们的衣、食、住、行，以及闲暇时间利用的样法。动物的生活方式是各种生活习性的总和，如栖息方式、摄食方式、繁殖方式等。人的生活方式有与动物的生活方式类似的一面，如生理的和物质的需要，但人的精神生活需求是其他任何动物难以企及的。哲学家贺麟认为，人的存在是一个哲学概念，包括物质的生命存在和精神的思想存在。前者是包括自然界所有生物的泛在的存在，后者则是人类所独有的存在。它是划分人类与禽兽的界限，也是划分文明人与野蛮人的界限。这种独特的、具有划分功能的存在就包括了读书。读书并非人的存在的必然选项，像吃、喝、穿、住、性需要那样须臾难离，但人一旦把它当成生命中不可或缺的组成，当成人类依赖于斯、乐为于斯，即生存必需的吃、喝、穿、住那样须臾难分的生活方式时，他就进入了一种境界。

追求物质生活的必需和保障是人的生存本能，而能像追求生存必需一样地追求精神存在——如读书，就显得十分难能可贵。它的价值意涵体现在以下几个方面。

读书成为一种生活方式，是一种生命自觉

生命自觉，即人活着不是盲目的、昏聩地活着，而是有自觉追求，并把这一追求融入生命的一种理性觉识。江苏省特级教师吴非说过：如果不看书，我不知道早晨起来该干什么，我不知道怎样活下去。记者采访吴非："教师读书需要坚守，您坚守的力量来自哪里？"吴非回答说："我不认为自己是在'坚守'，'坚守'给人的感觉是一种痛苦的忍受，很悲壮，何乐之有？其实读书的时候，我很快乐。读书之于我，像吃饭一样是一种需要，一种精神需要。"这就是一种"不乐复何如"的生命自觉。江苏省语文特级教师于永正也说自己："没有书，晚上睡不着觉，这么多年一直都这样。我的专业成长之路就是伴着阅读、思考与实践一路摸索，并没有其他的秘密。"不看书就"不知道怎样活下去"，不看书就"晚上睡不着觉"，把看书当作"像吃饭一样是一种需要"，这是一种怎样的自觉！正是有了这样的自觉，他们才成为名师大家。

读书成为一种生活方式，是一种境界的超越

读书成为一种生活方式，更体现为一种境界的超越。20世纪70年代，大学者钱锺书和妻子杨绛被下放到河南的一个地方劳动。有一天，杨绛指着窝棚说："给咱们这样一个窝棚，咱们就住下，行吗？"钱锺书认真想了一下，说："没有书。"物质享受可以不要，住窝棚也不打紧，但没有书，就不好过日子。这就是爱书的人，把书作为不可或缺的生命存在的人最关心的。人活着，过日子，读书是其中多么自然而然的事情，就像生活中享受阳光一样自然，而一旦缺少了这自然的事情，活着其实是不一样地活着，过日子也是不一样地过日子。这就是一种超越境界，可以不要物质享受，可以过苦难生活，这些都不足挂齿，但不能没有书，不能没有精神食粮。换言之，对于读书已成为生活方式的人，没有书读才是真正的无法忍受的痛苦和灾难。

读书成为一种生活方式，是一种最高雅的嗜好

人的嗜好多元，甚至千奇百怪。有喜好"砌长城"的，有喜欢泡歌厅迪吧的，有热爱体育健身的，还有好色、嗜赌、嗜毒的，不一而足。读书无疑是人的一种最高雅的嗜好。它是一种充满正能量的嗜好，修身、养性、怡情、增智、长才、促思等。人应当学会提升自己的生存状态，应该选择读书这一最高雅的嗜好。爱书的人，翻开书页就从表面的、平淡的、实体的物理空间、生活空间，进入一个人独有的与书对话交流的深层空间、心灵空间、精神空间。在这种隐秘的深层空间里，他和书交互作用，彼此对话，相与为一，灵魂交融，他的自我也就在这个过程中不断地发生着微妙的变化，正向地提升。读书和人的成长是重叠融合的。你读的书哪怕你已全部忘记，它也会在你身上留下痕迹。比如，书香濡染留驻的雅韵，"腹有诗书"生成的气质，修为谈

吐带来的改变等。三毛说:"书读多了,容颜自然改变,很多时候,自己可能以为许多看过的书籍都成为过眼烟云,不复记忆,其实它们仍是潜在的,在气质里,在谈吐上,在胸襟的无涯,当然也可能显露在生活和文字中。"一个社会这样的人多了,文明程度、素养格局、道德层级才会提高,一个国家的竞争实力、创新能力、民族地位才会受世人瞩目。

我们的社会需要这样以读书为生活方式的人,以读书为生命自觉的人,以读书为高雅嗜好的人。这样的人多了,我们的社会就能多一点书香,少一点铜臭;多一点儒雅,少一点粗俗;多一点操守,少一点腐败;多一点向上的正能量,少一点拖累的负能量。百年中国梦的实现才能来得更快一点,更早一点。

让我们共同追求,让读书成为自己的一种生活方式!

书痴者文必工

此言出自蒲松龄《聊斋志异·阿宝》。著者在讲述完痴人孙子楚和阿宝的爱情故事后，议论道："异史氏曰：'性痴则其志凝，故书痴者文必工，艺痴者技必良。'"虽然蒲松龄只是借此言总结性痴、情痴的孙子楚与富家女阿宝历经坎坷而终成眷属，同时又科场高中、功成名就的故事，但"书痴者文必工"，却是他自己人生感悟的写照，道出了普遍的哲理和读书与写作之间的内在规律。我愿就此展开，援笔为文。

所谓书痴，即痴迷读书的人。这些人对书的感情不是一般性迷恋，而是以书为友，嗜书如命，有的甚至如醉如痴，似狂若癫。清代的萧抡谓、袁枚是典型的书迷，他们一旦书不在手，便心中空空，百无聊赖，甚至有负疚之感，所谓"一日不读书，如做负心事"。黄山谷也说自己，一日不读书，对镜觉面目可憎，向人亦语言无味。陆游也是典型的书痴，他十三四岁时，"偶尔见藤床上有陶渊明诗，因取读之，欣然会心。日且暮，家人呼食，读诗方乐，至夜，卒不就食"。宋代杨万里"不是老夫朝不食，半山绝句当早餐"，把读王安石的绝句当成了早餐。现代著名文学家郁达夫一生爱书，忠贞不贰，曾赋诗曰："来生缘分如能结，烛影刀声又若何。"

书痴者为何文必工呢？这是因为读与写是内在关联、有机生成的。写需要读内化吸收，不然，就无从可写；读是一种内化的过程，为外化的写做好倾吐应用的积淀和准备。也有人将读比作"吸"（积淀），将写（创生）比作"呼"，读写的奥妙全在"呼吸"之间。但读书的人多了去了，未必能达到"文必工"的境界，这就关涉"痴"和读的多少及程度的问题。

从程度上看，痴者，读得透者也

这些人之所以如此嗜书，是因为他们"入乎其里"，读出了味道，读懂了真谛。他们读书"用志不分，乃凝于神"，故能"就其深"。曹雪芹说："都云作者痴，谁解其中味。"在读而不解其味的群体中，书痴的人是不在其列的。恰恰相反，他们都是因其"解味"，才痴迷投入、欲罢不能的。

从数量上看，痴者，读得多者也

书痴者，废寝忘食，把别人吃饭睡觉的时间都拿来读书，自然比别人读得多。而多，博观厚积就能构成写的资源，形成"薄发"优势和"愈佳"之效，这就是古人所说的"积多则神"的道理。积累一多，眼界的宽度、透视的远度、知识的广度、超越的气度就不一样了。写作起来，就能得心应手，取之左右而逢其源。

从效能上看，痴者，读有所悟者也

既读得多，又读得深，有比较，有感悟，人自然就有了写作表达的欲望和需要，有了一种强烈的外化冲动，如同水满则溢那样自然。读得既多且深又熟，文章的文法、路子了然于胸，烂熟于心，必然走笔从容，行文老道。如清人唐彪所言："读之至熟，阅之至细，则彼之气机，皆我之气机，彼之句调，皆我之句调，笔一举而皆趋赴矣。"这就是"文必工"的道理所在。

文工者读愈痴。写作是一种创造性的活动，它是比读书更让人痴迷的一种技能性、智慧性劳动。读书为写作奠基，写作升华了读书。特级教师窦桂梅说："语言是开出来的、看得见的心灵之花。"写作是挖掘自己的心灵，静待花开的过程。文章是由文字的花瓣组合而成的，写作就是让灵魂之花绽放的过程。当书痴者写出自己的文章，他们会有一种创造的快感，一种自恃的骄矜自得。那种创造的愉悦充盈全身，令人喜不自胜。因为那是他们自己思想孕育的成果，心灵绽放的花朵。但他们懂得感恩读书，他们明白：是书中的知识滋养了他们，书中的思想成全了他们，书中的营养哺育了他们，才使他们读出了自己的东西。这样的认知会使他们对读书更加神往、青睐、热爱，更加投入、痴迷、专一，从而形成读与写的良性循环。

期待读书成为"最炫民族风"

我曾到过俄罗斯，看到地铁里读书看报的人很多，虽不敢说多于我们现在公交车上的"低头族"，但也相差无几。这对于从未看到过这种情景的我来说，真的十分惊讶和钦佩。看那些读书人气定神闲、蹙眉深思、专注阅读的模样，我觉得这才是一道最美的风景线。

书，是人精神生命的图腾；书，是民族文化的胎记和基因。人类的文化传承是靠读书传递和延续的。这一传递是壮丽的，也是伟大的。它是人类智慧得以生生不息、嗣响不绝的保障，是人类文明得以千年传承的根基，也是一个民族立足世界之林、文明之巅，攀缘上升的台阶。苏州大学博士生导师、教授朱永新作为近年来推广阅读的第一人，提出了"一个民族的精神境界取决于这个民族的阅读水平""一个书香充盈的城市才会是一个美丽的城市""一个没有阅读的学校永远不可能有真正的教育"等一系列观点和命题。这些观点充满正能量，正逐渐织入人们思想的经纬，成为全社会的普遍共识。

中国是世界上四大文明古国中唯一有文字留存的国家，而正是文字的存在，使得中国古代文明的精髓得以延传保留、根脉未断，成为历史最悠久、文化最富全的国家。然而，我国公民的阅读状况令人担忧。联合国教科文组织的一项调查显示：全世界每年阅读书籍量排名第一的是犹太人，450万人的以色列有1000个图书馆，平均4500人就有1个图书馆，年均阅读量每人64本，他们在孩子稍稍懂事时就严肃地告诉他，书里藏着智慧，这比金钱和钻石贵重得多，而智慧是任何人都抢不走的。读书成为他们最重要的价值观。韩国年均阅读量为11本，法国约为8.4本，日本为8.4～8.5本。而拥有13亿人口的中国，扣除教科书，平均每人一年读书1本都不到，实在堪忧。我们不禁要问：这个发明了造纸术、印刷术的国度到底怎么了？为什么在读书上沦落到这种境地？商务印书馆于殿利研究员指出："一个不读书的民族注定要沦为智力、思想和文化方面的侏儒，不会有任何竞争力，更不会为人类文明的发展做出自己引以为傲的贡献。"

所以，我们期待读书成为"最炫民族风"。做到这一点，任重道远，还须全力推动、积极践行、努力作为。

把全民阅读上升为国家战略，设立国家阅读节

朱永新教授在提交的两会议案中，多次呼吁把阅读作为国家战略，设立国家阅读节。他说："我一直认为，相对于环境、资源等国家战略而言，阅读显得有点'软'，但它是影响更为深远持久的大问题。人的资源是第一资源，人的素质是第一品质，把全民阅读作为国家战略，提升国民素质，是中国当下和未来最重要的事情。"为此，他建议将每年的 9 月 28 日设立为国家阅读节。理由是：这一天在学生这个特别需要阅读的主力军开学不久后，而且全国将要国庆放假，将为他们节庆阅读提供更多的时间；更重要的是，9 月 28 日是孔子诞辰的纪念日。"孔子已是民族文化的标杆性人物，以孔子诞辰切入，能更好地激发人们对优秀中华传统文化的阅读与认识，激发人们进一步发展和创造中华文明的决心。"显然，这样的载体和战略对推进阅读成为"最炫民族风"，意义重大。

做好阅读的宣传和普及工作

人类最重要的知识、最伟大的智慧、最伟大的思想，深藏在那些最伟大的书籍之中，因此，知识就是力量。这也意味着书籍拥有力量，意味着通过读书激活这种力量，人们可将力量植入心灵。而现今，全国的阅读率仍然低迷，这就需要做好阅读的普及工作，从教育入手，抓好下一代对读书的热爱、喜好工作，培养他们的阅读兴趣，使他们成为阅读的生力军。从全民阅读率和人均阅读率两项指标入手，狠抓指标提升，改变我们在全世界阅读率落后的形象，提升全民阅读普及程度。在宣传上，要利用各种媒体和平台，创新各种手段和形式，加大对阅读的宣传。如做好优秀图书推介工作，引导人们

阅读；开展丰富多彩的读书活动，像读书沙龙、读书知识竞赛、读书演讲比赛、"我的读书故事"征文比赛、读书报告会、中华经典阅读大赛等活动，还可以开展各种阅读评比活动，如"全国阅读十佳"城市、城市"读书十佳"先进、"学习之家"评选、书香家庭、书香社区、书香校园等，以此营造读书的氛围与环境。更重要的是，要利用央视媒体推出重量级的品牌节目。我们推出了《舌尖上的中国》系列节目，宣传了中国的食文化，非常成功，那是否可以考虑什么时候比照这一节目，推出《书香里的中国》呢？我想，这一给人们提供精神盛宴的节目，其价值恐怕远甚于口腹之欲的节目，这是我们所期待的。最近，央视推出的读书节目《朗读者》，受到关注好评，获得了很高的收视率，说明人们的内心是崇尚读书的，只是需要好的方式和手段将其激发出来，《朗读者》就是一次成功的尝试。

做好阅读的基础性和法规性保障工作

要加强全国各级图书馆、城乡图书室，以及学校教育机构的阅读基地和馆所建设，如果我们一方面强调读书的普及性，另一方面，馆所机构跟不上，想读书的人没着落、没处去，那岂不是号召与落实"两张皮"，虚以委应？要尽快推出《全民阅读促进条例》(已发布——编著注)，用法律保障全民阅读的战略地位和国家阅读节的合法性，在全社会营造更好的阅读氛围和环境。

一个有力量的民族，一个有着自己文化根脉，能炫出自己精神华彩的民族，一定是一个读书的民族。中华民族有着自己悠久的文化历史、读书传统，一定能在新的历史条件下，在实现中国梦的伟大征程中，复兴读书风尚，使读书成为"最炫民族风"。

读书的三重境界

境界是人的修为、追求所达及的层次和程度。中国古代论及境界这一概念，主要与诗文创作有关。例如，王昌龄提出："诗有三境：一曰物境，二曰情境，三曰意境。"诗人潘德兴则提出"学诗三境"。"诗有三境。学诗亦有三境。先取清通，次宜警炼，终尚自然，诗之三境也。"此外还有一些概念，如气韵、风骨、格调，这些与境界内涵相近的概念也都与文论或诗论有关。

什么是读书的境界？不同的视角有不同的解读和答案。如有人从读书的方法视角概括读书的三重境界为：吞、嚼、品。泛读"吞"之，精读"嚼"之，细悟"品"之。"吞"是生吞活剥、囫囵吞枣、不求甚解地读书。"嚼"是咀嚼消化、汲取吸收阶段的读书，是在"吞"的基础上的知性提高，是将死的知识化为活的血肉的过程。"品"是玩味、领悟、含玩式地读书，是在"嚼"的基础上的悟性升华，是读书方法的最高境界。书读到"品"的份上，往往将"吞""嚼""品"相继并用，"吞"文字，"嚼"新意，"品"韵致。"吞"至其博，"嚼"至其深，"品"至其灵。

江苏省特级教师吴非从读书的效用功能角度概括读书的三境界。"读书有三重境界：一为读知识，长学问，从而高雅；二为读智慧，把知识变为觉悟、动力、谋略；三为读人品，就是古人所说的修身养性。"

香港散文家董桥则从读书的过程入手，用毛泽东的三段词来比喻读书三境界。一曰："此行何去？赣江风雪弥漫处。命令昨颁，十万工农下吉安。"喻学海苍茫，自感不足，目标明确，决心读书，气势浩荡。二曰："四海翻腾云水怒，五洲震荡风雷激。要扫除一切害人虫，全无敌。"表现读书不畏艰险、斩关夺隘、所向无敌之豪情。三曰："往事越千年，魏武挥鞭，东临碣石有遗篇。萧瑟秋风今又是，换了人间。"比喻读书后知识大长，知古博今，通晓人间正道。

最著名的读书三境（也有人称为"治学三境"）当数国学大师王国维的概括。他用晏殊、柳永、辛弃疾三位词人的词句表征这三种境界，即"昨夜西风凋碧树，独上高楼，望尽天涯路""衣带渐宽终不悔，为伊消得人憔悴""众里寻他千百度，蓦然回首，那人却在灯火阑珊处"。一为"知"的境界，强调立志高远，确立读书和人生的目标；二为"行"的境界，要求为实现目标锲而不舍地奋斗；三为"得"的境界，即功夫不负有心人，最后一定能取得成功。

湖北松滋教研室王世发仿王国维用现成古诗来概述读书三境。一是柳宗元的"孤舟蓑笠翁，独钓寒江雪"。此乃读书的情境，讲的是读书要静下心来，耐得住寂寞，甘于孤独，专心致志，心无旁骛。二是陶渊明的"采菊东篱下，悠然见南山"。此表读书的心境，即读书要有一种超凡脱俗的心境，不仅要坐得下来，还要读得进去。这样才能沉醉其中，欣然忘食，进入人书合一、物我两忘的境界。三是杜甫的"会当凌绝顶，一览众山小"。此为读书的胜境。读书读到一定程度，人的眼界、胸襟和思想犹如登临绝顶，会达到很高的境界，看事物更为清透、深刻，心胸更加开阔、宽宏，思想更加澄明、无碍；看人生、世相、事物凌空取势，更加了然、洞明，许多不得而知的困惑、百思不解的难题都豁然开朗，如"一览众山小"。

这里我们还想借宋代禅宗大师青原行思讲的"禅悟"三境，即始境"见山是山，见水是水"，又境"见山不是山，见水不是水"，终境"见山还是山，见水还是水"来概括和解读读书的三重境界。

"见山是山，见水是水"

这是指读书人停留在意义表面，只能读出文字的表层含义，而不能悟及象外之意、味外之旨、韵外之致，不能做"由此及彼、由表及里、由末及本"的思考加工，只能为书中的内容所左右、所牵掣，书中说啥就是啥，跳不出来，心随书走，了无定见，没有自己的思想。这是一种浅表的"看热闹"式的读书。

"见山不是山，见水不是水"

书是读的对象、悟的对象，读书不能停留在对象之上，被书牵着鼻子走，而应该读出书中的意味，读出书中的精髓，读出书中的内蕴，并拿来为我所用，这是此境界的要求。在这一境界中，主体思想介入，情感介入，意趣介入，找到了自己的关注点，在读书时有了自己的理解、思考、见地、看法。或者说，"阅读时读者从文本的思想中认出了他自己，文本的思想变成了读者的个人所有物"，此其一。其二，以批判思维的方式，找出文本的问题与不足，并形成了自己与读物不同的见解和主张，跳出了文本的框束和限围。这是一种"看门道"式的读书。

"见山还是山，见水还是水"

这是一种自由超脱的读书的境界和层次。它悟到了读书的真谛，回归到读书的本真，认识到书是服务于人的精神工具，是提高人的生命境界的凭借。它不是"敲门砖"，不是为了博取精英符号的行为，也不是为了拥有向别人讨价还价的资本，读书就是读书，不能太功利，不能有太多杂念、太多利欲，而应向读书本身回归。如林语堂先生在《读书的艺术》中所说："什么叫作真正的读书呢？这个问题很简单，一句话，兴之所至，兴趣盎然，兴味到时，拿起书来就读，乐在其中了。"或如钱谷融先生所说、所做的那样：我喜欢自由自在地、漫无目的的读书。像《论语》《庄子》《世说新语》《陶渊明集》《红楼梦》《三国演义》《鲁迅全集》等，都是我爱读的。书是人类经验最好的保存方式，读书明理，读书要善于设身处地，反求诸己，于心有得，再推己及人，反复思考，以此知人论世。这样读书，一方面，自己感到有所增益；另一方面，开阔视野，内心世界得到陶冶，是一件让人十分愉快的事。这样的境界就是回归到"见山还是山，见水还是水"地读书的本真境界。还有清人张潮说："善读书者，无之而非书；山水亦书也，棋酒亦书也，花月亦书也。"此亦符合此境界，并有所拓展，给人以启发。

总之，"见山是山，见水是水"，是表象性阅读；"见山不是山，见水不是水"，是本质性阅读；"见山还是山，见水还是水"，是回归性阅读。表面上看，第三阶段是重新回到第一阶段，实际上是一种否定之否定后的更高层级的回归，是认清规律后的一种洞达，一种透视，一种"一览众山小"的全面俯察，一种"柳暗花明"的再发现、再认识的升华，绝非第一阶段所能同日而语的。

读书：追求丰富的安静

一次，在飞机上翻看航空公司画册，无意中看到了这个词——丰富的安静。它是周国平先生的一篇散文的标题。我很喜欢这个偏正短语，看似对立，内蕴和谐，近乎矛盾中暗寓统一，充满辩证色彩，故愿借此为题，说说读书。

读书是一个追求安静的丰富、丰富的安静的过程。"安静的丰富"重在强调丰富的前提是安静，即人是在安静读书中逐渐丰富起来的。"丰富的安静"意在突出安静的目的是丰富，即人在丰富后才能实现真正的安静。

安静的丰富

我们身处的这个世界是一个喧嚣的、缺乏安静的世界。周国平认为，我们存在的这个世界永远不缺热闹，缺少了，也会有不甘寂寞的人把它制造出来。而安静不是制造出来的，制造了也没用。安静是"世不静人人自静"的一种把持和安顿，是一种主观自求的境界。这种境界不能带来轰动、聚焦和闹腾，在某种意义上就是寂寞的别名。但这正是安静者追求的甘于寂寞、静水深流的境界，一种"满瓶不响"、宁静致远的境界。

这是因为安静者懂得：丰富源于安静，安静是丰富的逻辑前提。宋代大儒程颐就要求书院学子忌"躁妄"，倡"静专"。周国平说，安静是为了摆脱外界虚名浮利的诱惑。没有安静，仅有浮躁、喧哗、骚动，断然难有丰富，只能制造浅薄、简陋、寒碜，甚或低俗。试想如果你是一个喜欢热闹的人，一个扎堆凑趣的人，一个贪恋酒桌、牌桌的人，能坐下来安静地读书以致"富"吗？

人需要在安静中才能获得升华。看那自然界的花木，向下扎根，是为了向上开花，而且根扎得愈深，花开得愈美。"向下扎根"就是安静蓄能的过程，为的是"向上开花"的升华。古人说："静生明。"宁静致远。其所以然者何？盖因宁静是一种蓄能、一种准备、一种等待、一种趋向质变的量的渐变的过程。所以，心静是一种生产力。周国平把自己定位于"安静的位置"上，所以成就了著作等身的学术成就。

安静的丰富应重在追求内在的、心灵的丰富。周国平先生认为，缺乏精神追求的外部活动，"不管表面多么轰轰烈烈，有声有色，本质上必然是贫乏空虚的"。外在的、身外的东西，如权力、金钱、美色等，都是异己的，是"烟云"或"昙花"一类的东西，而只有内在的、心灵的东西，才是属己的，是别人拿不走、夺不去、相伴一生的东西。

安静是读书致富的一种境界。读书是一种静的活动。因为唯有安静，人的心神才能安定，才能凝思澄虑，恰如古人所云："静而后能安，安而后能虑。"宋代大儒朱熹也说："心不定，故见理不得。今且要读书，须先定其心，使之如止水，如明镜。暗镜如何照物。"又说："读书须将心贴在书册上……大凡学者须是收拾此心，令专静纯一。"清人唐彪在《读书作文谱》中亦云："心非静不能明，性非静不能养，静之为功大矣哉！灯动则不能照物，水动则不能鉴物，静则万物毕现矣。惟心亦然，动则万理皆昏，静则万理皆彻。"

丰富的安静

丰富的安静强调丰富之于安静的意涵和关系。"丰富"的所指当然是多义的，可以是物质的、外在的，也可以是精神的、内在的。读书所言丰富，主要是指后者，指一个人通过读书拥有了丰富的知识和思想，拥有了充实、丰盈的内在精神世界。这种精神的丰富是一种不依附于物质生活的尊严和骄傲，是人的生命的支撑系统，是我们面向未来的心灵依据。它使我想起了那些丰富博学的著名学者深居书房、安静著述的情形。是的，人只有丰富了，才能享有真正的安静。那是摆脱竞争焦虑后的气定神闲，那是超然于外物所役的从容不迫，那是心灵充实丰富后的一种沉稳、自信和大气。人常说，心安理得。"理得"是丰富的一种体现。心安，才是真正的安静，而不仅仅是外在的静止。这种安静是精神的宁静、心态的平静、思想的沉静和自适的娴静。所以，人一定要通过读书追求这种"智者不惑、仁者不忧"的内在的安静，追求这种知识富足、思想丰盈的丰富的安静。这样，人才能进入一种不为应酬吃喝所累、声色犬马所迷、身外之物所惑、人情世故所困的生存状态，进入一种生命的成熟、从容、智慧的境界。

热闹是浮躁者的目的，安静是丰富者的理由。《庄子》里有一句话："水静犹明，而况精神！"就是说，水只有在安静的时候才能映照万物，何况人的精神世界！它也只有在宁静的时候才能反观自身。于丹说："人生最大的悲哀，就是我们被急速的时代、飞快的节奏裹挟，匆匆忙忙，来不及停顿，来不及思考。"人生固然需要蓬勃进取，需要饱胀的生命力的奔突，但亦需要宁静，需要从容，需要走向精神化。让我们远离浮躁，在安静的读书中丰富自己，在丰富自适中安静悠然，诗意地栖居！

真正的读书

真正的读书不是阅读定义所界定的那种读书，它与读书的性质无关，而是与读书的特点和境界相关的那种纯粹的阅读，即自觉地读书，去功利化地读书，爱并快乐着地读书。

真正的读书是自觉地读书

真正的读书不是出于强迫和无法选择的读书。比如，大学学习需要读的课本、教材，那些都是出于强制性的任务，是为了获得文凭，谋得涉世立身的职业而不得已的读书。这种读书是手段性的、工具性的，算不上真正的读书。还有纯职业化的读书，如教师读教科书、备课资料等，这种为了满足职业角色需要的读书，也不是真正的读书。真正的读书是读书人自觉选择地读书。它不是出于职业动机和外在强制，而是读书必须是由他自己选定的，是由他的精神欲望发动的，是自由地、自为地读书。这样的读书才能乐此不疲，欲罢不能。自觉地读书是一种拓展式的、扩散型的读书。人的知识永远是不完备的，尤其是教师，很容易受到专业局限而视野窄陋、眼界逼仄，成为局限于自身专业的"井蛙"。自觉地读书一定是为着突破这一局限和遮蔽的发散型读书。如教师围绕教育教学的需要，要多读一些教育学方面的书，以掌握教育规律；读心理学方面的书，以了解人的认知心理；读课程论方面的书，以指导课程改革实践；读哲学方面的书，以获得方法论视野。这样的读书才是本于职业而又高于职业的，有利于教师专业成长和发展的自觉地、理性地读书。自觉地读书是一种可持续的、一辈子喜欢的读书。或者说它是终身学习、终身为之的一种行为，是人一生的守望，是人终身养成的一种习惯和行为方式。这样的读书才是自觉读书的最高境界。

真正的读书是去功利化地读书

真正的读书一定是去功利化地读书。它不是直接为着某种目的而读书。读书虽然倡导目的性，但那是指向读书本身的目的，为的是更好地理解、记忆，汲取书中的营养，而不是读书之外的利益目的，例如，评职称。有的人在评职称期间认真读书，查资料、借图书、写论文，包括托关系发论文等，忙得不亦乐乎。然而，这些都是功利驱动的结果。一旦职称过关，他们就对读书敬而远之。这些人根本没有读书的虔敬之心，有的只是利益的算计、考量，利己的拼争付出。真正的读书若是这样的，就真的辱没了读书，亵玩了读书。再如，读书能使你升官吗？不一定，甚至可能相反。倘若为着升官而读书，一旦升不了官，就会因失望而放弃，不会具有可持续性。倘若我们为着提高人生境界、人生品位、人生格调而读书，有了生命的底蕴、气质、学养、素质，管理上更加柔性、智慧、以人为本，做人上更具有亲和力，没准升官的祥云就会卷过你的天空，提拔的机遇就会敲响你的门环。所以，真正的读书虽不拒斥外在的功利，但绝不褫夺、强求，而是顺其自然。比如，中国社会科学院哲学研究所研究员周国平先生，一生专注于读书写作，坚决不写不屑放进自己精神仓库的东西，"不管它们能给我换来怎样的外在利益"。他又说："我只是埋头写作，写作本身已经使我感到满足，占据了我的主要心思，对于我来说，挣钱是一件简单的事情，因为它只是写作的副产品，我用不着专门为它花功夫。"这种去功利化的读书写作观，才是读书的应然态度和境界。

真正的读书是爱并快乐着地读书

宋朝学者翁森诗云："蹉跎莫遣韶光老，人生唯有读书好。"汉代包咸曰："学问，知之者不如好之者笃，好之者不如乐之者深。"可见，乐读是读书的一种最高境界。读书本是枯燥乏味之事，须耐得住寂寞，抗得住诱惑，坐得住冷板凳才行。一般人很难过得了真正读书的这一门槛，当然也就难以达及读书之爱、读书之乐的境界。换言之，如果不是书读到一定份上的人，绝不会生成这种癖好和乐趣。反之，把读书当作爱并快乐的人，盖因读书使他们读有所得、所获，如春雨润物、春蚕食桑、蜜蜂采花那样，酿就了读书人的一份得之欣然的阅读快意，所以才有"读书之乐乐何如，绿满窗前草不除；读书之乐乐无穷，拨琴一弄来熏风；读书之乐乐陶陶，起弄明月霜天高；读书之乐何处寻？数点梅花天地心"的诗意描述；才有陶渊明"不乐复何如""欣然忘食"的动情表达。著名剧作家、词作家阎肃老师做客《文明之旅》节目时说过："书里有大自在，有真快乐，而且读了以后是你的。"这话说得非常朴实到位。只有当读书达到这种喜爱、痴迷的状态和境界，才是真正的读书。进而言之，读书达到这一境界者，不仅因为他们把读书当成生命的一种牵系，而且因为读书使他们具有读书人的眼光，确保能淘出好书来读，并从中获益良多，所以才读得有滋有味，兴味悠长。但这还不够，真正可持续地读书，是必须读出自己的东西来，是读写结合，借别人之梯，登上自己创造的高点。这才是爱好与快乐的根本源泉。而我们有的人读书，只限于读，获取的知识也只是作为浅薄的、炫耀才学的谈资，不具备创造的属性和乐趣。毕淑敏说："我们把自己的头脑，变成他人思想汽车驰骋的高速公路，却不给自己的思维留下一条细细的羊肠小道。"须知别人的东西再好，也是别人的，只有善于将别人的好东西转化为自己的东西，才能品尝创造的幸福和乐趣。这样的读书才是真正值得人们向往和喜爱的，才是能够行之久远的阅读。

读到悟处皆是妙

"悟"字拆开来看，就是"心中见吾"，吾是心的主体，心是吾的根本。《现代汉语词典》解释"悟"为"了解；领会；觉醒"。读书之悟，是对书的内容领悟、理解、明白的心理过程。悟的过程性，说明悟不是一下子发生的。要悟，首先要读，要接触悟的文本。读书就是一个眼观语言符号，心想语言意义，解读语言符码的过程。按照朱熹的说法，就是"眼头过，口头转，心头运"多种感官功能的交互作用过程，但"心头运"，或者说解读符码意义，不一定就能想得明白、解得清楚，这就需要悟了。所以元人吴澄说，读书"必究竟其理而有实悟"。古人云"书读百遍，其义自现"，这"百遍"之功，就是一个反复诵读而悟义的过程。读书之悟，还不独是为着读懂之悟，更是为着"读出自己的东西"的那种自得之悟、超越之悟。读书本质上就是一个不断开悟的过程，是去除认知障蔽而心灵澄明的过程。

读书必须追求读到悟处的妙境。悟处之妙在于三。

悟处是开心进学

开心是"开心意"，进学是学业进步。开心意，就是用心的载体和悟的手段把握书的意义，并将书的意义注入人的心灵，转化为人的精神的营养、心灵的财富。这时人的心意和心量就会因与书相拥而被打开，人的生命因被读书所悟的意义充塞，而变得充实、丰盈和饱满。读书邂逅的慧然颖悟，是人学业进步的根本。学业进步依赖于在读书理解的基础上产生的悟。读书倘不能悟，那大概只能算读死书，好比吃饭，食而不化，并不能转化为滋养自身的营养。所以，悟是打开人的心灵的枢机，是学业有成和进步的钥匙和标志。

悟处是深思致知

悟是深思的结果，浅思、泛思，都不足以达到悟而致知、知而益悟的境界。

浅思、深思只能是致知的预热，或达及新知质变进程中的量变过程。德国物理学家马克斯·普朗克说过："思考可以构成一座桥，让我们通向新知识。"但这样的思考一定是"深思"品质的思考。知而益悟是说，拥有知识或知识丰富的人，更有利于产生联想、顿悟，形成"思考—知识—开悟"的创新链接和良性循环。

悟处是创意自得

古人云："道本无穷，学贵自得。""自得"就是悟，就是自悟而有得。创意自得是悟之高境，是读书人孜孜以求的境界。戴震说："学者莫病于株守旧闻，而不复能造新意。"读书人倘若只能消费前人之思想，拾先人之牙慧，那是没出息的表现。真正的读书是能卓然自立的那种读书；是能自求自得、超越他人的那种读书；是通过读书，胸怀、眼量、境界被打开，读有所成的那种读书。

读到悟处的读书也是要讲究方法的，没有方法或方法不对，都会制约人的感悟的发生和涌现。悟处的生成方法可由以下几点一窥门径。

一是疑则始悟。清人魏禧曰："人不学，不知困；不疑，不能悟。"可见，疑是悟的前提和起点。明陈献章曰："前辈谓学贵知疑；小疑则小进，大疑则大进。疑者，觉悟之机也。一番觉悟，一番长进。"疑则有悟，源于人学以穷理、释疑解惑的心向。它是一种动力机制，能刺激人深思、探索、追问、求解，直揭出事物的底蕴和本真，所以千万不要小看了"疑"在"悟"的过程中的作用和功能。疑是觉悟的发端、始点、契机。所以朱熹说："读书无疑者须教有疑，有疑者却要无疑，到这里方是长进。""须教有疑"就是设置悟的问题情境，把人带入悟的过程之中；"却要无疑"是疑而后悟的一种结果，说明人已由悟而释疑，达臻无疑的境界，"方是长进"。悟疑、解疑，还要注意不要穿凿附会，而要善于分辨、明辨，恰如明代方孝孺所说："学匪疑不明，而疑恶乎凿；疑而能辨，斯为善学。"

二是思则开悟。唐彪说："读书能记，不尽在记性，在乎能解。"吾亦说，读书能悟，不全靠悟性，而在乎善思。所以，姚鼐说："欲悟亦无他法，熟读精思而已。"宋吕本中的《紫薇杂说》也指出："读书只怕寻思，盖义理精深，惟寻思用意，为可以得之。"善思开悟，是思到极致处的一种领悟。它是思"到上下四旁寻路不出"处，纠结折磨、困闷不已时的一种开悟。这时可能一句话、一个字，就能点醒你、触悟你，就能使你闻言可解，触处成悟。如庄子所云："思之思之，鬼神通之。"开悟之思的神奇功效，不可小觑。

三是创则成悟。读书需要生疑而悟、善思而悟，但更需要触发而悟。创则成悟，属于触发而悟。创即创意，它是读书思考形成的思维成果，是由感悟的形成而彰显的。成悟，即成就悟，"玉成"悟。张载《经学理窟》有言："学贵心悟，守旧无功。"死于言下，株守旧见，蹈常袭故，这还是读书吗？宋吕祖谦有言："盖疑者不安于故，而进于新者也。"创则成悟的关键在于读书不能仅仅瞻于目、诵于口、运于心，还要书于手。"书于手"，就是把悟到的成果（创意）记录下来、固定下来，形成创新。这样以眼口之感官御之，以心灵之神明运之，而又以写作之践履行之，未有不期悟而可成也。而亦只有这样，有价值的妙思感悟才能被文字定格而传之后世。

书能香我亦须花

　　读到书法大家御云斋刘广迎先生写的书法条幅——"茶能醉人何必酒，书能香我不须花"，吾心为所动。刘先生师从文怀沙先生，追忆文先生年轻时堪称"酒仙"，老来则为"茶痴"。尝云：酒能令人糊涂，茶能使人清醒。故而倡导少开酒楼而多设茶馆。此诗或为怀念恩师而作，末两句为"快意人生诗和友，而今但爱书与茶"，亦可归因自己与其师有共同的生活乐趣和嗜好而作。但我亦感到其把茶醉与酒醉对立，书香与花香取一的选择并无必要，故颠覆之，以"书能香我亦须花"为题，撰文成篇。

　　我喜欢这则雅趣盈怀的条幅，尤其是"书能香我"的命题，把书的功能界定为"香我"的一种灵魂晕染，让生命活色生香。多么富有诗意的一种愿景和境界啊，令人神往和追怀！这也是我决意写这篇文章的直接动因。

　　"书能香我"吗？当然，这是不言而喻的。"香"在这里是动词，蕴"使……香"之意。读书倘若没有这一功能，还有谁会去读书呢？"香"，作为名词，可以指人的品格、内涵、气质、卓见、智慧等。"书能香我"，就是读书使我（人）在这些方面都能有所提升、进益和完善。具体说就是：读书使人心灵生香，读书使人思想生香，读书使人精神生香。

　　读书使人心灵生香

　　读书，是给心灵着色染香的过程。人通过读书，汲取知识营养、文化内涵、文明基因。有这样的"书香"充盈于内，必然会使人的灵魂深处沁出书香雅韵。余秋雨说："没有读书浸润的生命，是容易被风干和脆折的。"因为它是空虚、荒凉和枯槁的。唯有读书，方能使人"以知润心，以德润身"，成为一个行止高雅的人，帮助自我抵达心灵的远方。

读书使人思想生香

思想生香，是指通过读书的启迪和滋养，产生超越书本和当下的卓识、见解和创新。这样的思想是最宝贵的精神财富，是自我发展、成长和进步的精神台阶。这样的读书不仅表明你读出了意味、悟出了真谛，而且表明你在读书过程中沉潜其中，深思萃取，抓住了书中的精华和精髓，形成了向着自我转化或转化为自我的一种向度，找到了超越文本的一种表达视角和展现契机，使人产生思想创生的喜悦和激奋，由内而外散逸出一种"香远溢清"的思想的芬芳、精神的馥郁。这是一种真正的"玉成自我"的读书的价值，是读书人所追求的"香我"之境。

读书使人精神生香

思想是精神的内涵，精神是思想表现出来的一种气质、素养、修行等。人的精神是一个雕塑的过程，读书就是雕刀，它能帮助我们剔除心灵的杂质、不该有的瑕疵，让还不够完美的心灵的璞玉，显示出"玉"的完美的本质。所以人的精神化妆或产生"香我"的效应，其要义还是须多读书，沐浴和沉潜书香，在书香里诗意地栖居。人的生命有了书香的涵濡浸渍，才能使自身的精神质地更加高雅，生命更加光泽亮丽。远离浮躁、功利的村俗和浅薄，成就一种免俗超凡的华贵气质和精神品格，这些都是读书带给我们的修为提升证明和精神红利。

但我不太赞成"不须花"的取舍和抉择，两个并不矛盾的事物，为什么非要人为地把它对立起来或煞风景地二取一呢？花香与书香完全是可以互补出彩、相伴而生、相携共美的，并存与同在岂不更好？看一看文学史上那些著名文人墨客与书、与花和谐共在的例子，似乎更能印证和支持我的观点。"众人皆醉我独醒"的屈原，"制芰荷以为衣兮，集芙蓉以为裳""夕餐秋菊之落英"，足见其就是一个爱花、穿花、佩花甚至吃花的花痴。"采菊东篱下，悠然见南山"的陶渊明，植菊东篱，与菊共隐，同时又不改"好读书"的嗜好。宋代理学家周敦颐"独爱莲之出淤泥而不染"，倾心的是其"花之君子"的品格。林逋种梅养鹤成癖，终身未娶，世称"梅妻鹤子"，更是传为佳话。还有李清照的"知否，知否，应是绿肥红瘦"，爱花、惜花之情溢于言表。唐代大诗人李白，除了经常闹出"醉卧花丛"的行状，还有"花间一壶酒"的佳句，直接把喝酒与赏花联系起来。与之类同的白居易，也是在"春江花朝秋月夜"这样的良辰美景之际，"往往取酒还独倾"。这些嗜书成癖、爱雅如命的文学大家，爱花的选择哪里影响了他们"书能香我"的追求和成就？应当指出的是，爱花作为一种高雅的审美活动，与读书这一旨在提升人的精神修为的活动具有内在一致性，它们相携而美、相映成趣，共同指向完善人的品格、启迪人生思考、滋养人的心灵的精神修炼目标。所以，读书与爱花是相得益彰、并行不悖的。

读书的目的

目的是人欲追求和确立的东西。读书的目的不全在眼前，更重要的是追求日后的发展远效。白岩松说："在书中，不仅有眼前，更有诗和远方。"此外，读书还为着要打开我们仰望的层次和境界。本专题萃取的 17 篇文章，有重在创新超越目的的，如《读出自己的东西来》《从死的文字中引出活的思想来》《给思想点阳光，让它灿烂》；有致力于人的心灵建构目的的，如《读书：让力量植入心灵》《让读书唤醒你的内心》《优化你生命的涵养》《抓住"心"的三个点》《"腹有"还是"富有"》《阅读以养气》《读书与养心》；有重在修能致远目的的，如《写作：静待心灵花开》《在书香里诗意地栖居》《向死而生：有关读写的拷问》《最是书香能致远》；还有直接追问读书目的的元思考的，如《读书，是为了求知吗?》《读书：为了突破经验的局限》《读书：为了遇见更好的自己》。

读书：让力量植入心灵

　　四百多年前，培根的"知识就是力量"，指引着人们在追求知识的道路上执着前行。人类必须依靠知识的武装，才能生成与世界对话的智慧，才富有力量。力量是什么？力量是人彰显出来的驾驭活动本领的大小和能力；力量是人的综合能力的外化表现；力量是事物价值实现程度的体现；力量是人左右自身命运的能量和资源。总之，力量是人由内而外彰显的改造世界的本领和能力。力量本于知识，但知识并不具有力量的上述属性，所以知识本身并没有力量，知识变成力量还必须经由一些逻辑转化的条件或环节，如与"行"的结合，与"思"的互动，与"物"的相互作用等。我们所说的力量是假设满足超出它本身的这些条件并实现了作用于现实的结果。其实，现实中存在着大量的"去行动化"，不能转化为现实的知识。这样静态存储的知识是没有力量的，充其量也只能说它是具备了转化条件的，具有现实可能性的潜隐的力量。

　　但这并不能改变知识构成力量的前提性。就是说，有了知识不一定能转化为力量，但没有知识就万万不能转化为力量。知识是"有之未必然，无之必不然"的必要条件，是生成力量必不可少的要素和逻辑前提。而当一种要素缺一不可时，"一"就是一切。所以人想要获取力量，首先必须拥有知识。这就要求我们读书。朱永新教授指出："人类最重要的知识、最伟大的智慧、最伟大的思想，深藏在那些最伟大的书籍之中。因此，知识就是力量，意味着书籍拥有力量。"人类只有读书并通过读书，才能占有和激活知识，将力量植入心灵。

　　读书，就是在心里种下力量的种子。这是一颗包含力量的胚芽、基因或元素的种子。因为书是人改造世界的经验总结和智慧结晶，是承载人类创生的并得到精心阐释的知识体系的载体。它是以文字的形态将包含在实践中的人的力量转换成符码表征的存在。这样的存在虽然被虚化成了间接的符号，但它是源于实践的，是从直接经验发源的。它是"接地气"的和"有根"的存在，所以才能如希腊神话里的海神波塞冬和大地母神盖亚之子大力士安泰一样，从大地里汲取无穷的力量。

人都是受局限的"井蛙"族，不能事事都去亲力亲为地实践以获取本领和能力，他必须借助书本去学习凝练于其中的间接的力量。这种力量虽然具有非现实的、虚化的特征，但它大大拓展了人们认知力量的视野和边界。

读书是人认识世界的窗口，知识是人认识世界的武器，认识世界是改造世界的前提，改造世界是认识世界的目的。只认识不改造是无用的认识，只改造不认识是盲目的改造，只有二者整合才是理想态的关系，才能产生力量。所以知识要想产生现实的力量，必须由"实践—认识—再实践—再认识"的循环链条上，回到"再实践"的环节和过程中去。让通过读书学到的知识反哺实践、指导实践，并在实践中发挥作用和效力，这才是力量的根本旨归。

这就需要重视"行"这一概念。"行"是一个全面做事的概念，是儒家倡导的重要哲学范畴，与马克思所重视的"实践"有着相通之处。"行"与"知"结合，才能"知"得透彻，"行"得自觉，才能在"知行合一"的应然整合中，真正将知识融入灵魂并生成力量。做到这一点，就要倡导"为着行"的读书和"行得出"的读书。

"为着行"的读书

"为着行"的读书，即以"行"为目的的读书。这样的读书不是为了读书而读书，不是读死书、死读书、读书死的读书，"三死"读书只能把人引入僵化、呆板甚至迂腐的书呆子的境地；也不是为了装门面、寻消遣、找八卦、猎新奇的读书，那种读书亦是逸出了正道而误入了旁门，背离了读书的根本旨趣。"为着行"的读书全然与这些大异其趣，它是力求读以致用、行以致远的读书，是有目标引领、任务驱动、动力支撑的读书。这样的读书带着任务和使命，倒逼自己追求读书的效果和质量，使所读能真正地读到心里去，转化为心灵的财富和力量。书籍的力量还表现在，它是我们抵御外邪入侵的一种"金钟罩"和"铁布衫"，对我们自身有一种保护机制。因为"书籍会在人的心灵里建造一个完全独立于外界的力量的王国，这个王国是被心灵完全拥有的，在这个世界里栖息着令人神往的古今中外丰富而伟大的灵魂。当一个人的心灵完全拥有这样一个王国的时候，他的灵魂的承受能力会有多么坚强！因为他完全不需要依靠任何外力来支撑他的生命"。这样有强大内心力量支撑的人，还能被外在的富贵利诱、不义误导吗？他们必然能走得稳健、行得周正。

"行得出"的读书

如果说"为着行"的读书重在强调读书目的的明确，那么，"行得出"的读书则旨在关注"做"得漂亮。现实的存在不是想出来的、看（书）出来的，而是"做"出来的，是一个由"行"而生成的世界。我行，故我在。我"行"，不是盲目地"行"、跟着感觉走地"行"，而是带着读书理性自觉地"行"，甚至掌握规律的自由地"行"。这样的"行"才是有力量的，才是真正能够"行得出"的行。颜习斋说过："读得书来，口会说，笔会做，都不济事，须是身上行出，方算学问。"这种"身上行出"的学问，才是真学问，是有力量的学问。反之，只知不行是虚知，只行不知是妄行。这种知行"两张皮"的读书，都不是真正的读书，都是没有把读书转化为心灵的力量、致用的力量的表现。

让读书唤醒你的内心

读书最重要的价值功能是什么？我认为是唤醒，对读者内心的唤醒。唤醒是一种激活，即由文本的信息激扰，使蛰伏于内心的思想、贮藏、财富被激发而活跃、而呈现，使原本心灵的资源被挖掘出来。唤醒是一种引出。书是唤醒你内心的引子。它是一个诱因，一种触媒，能唤醒我们心中本来已有却并不觉识的东西，使我们发现并认识自我，同时也将我们阅读的内在感悟、触发的思想创意引导出来。唤醒是一种视阈融合。伽达默尔指出："文本的理解是一个视界融合的过程。"人的阅读有两个视界，一个是文本的视界，一个是读者的视界。读书就是文本的意义视界与读者的经验视界互相融合的过程。阅读只有实现了这种融合，才实现了文本由外而内的心灵楔入，才会唤醒你的内心。

于丹说："什么是真正好的阅读，就是不断开悟的阅读。"不断开悟，就是对内心经常的点断式唤醒，所以内心唤醒是读书的本质。读书本来就是由外而内的认知转化、建构过程。它是必须触及灵魂的。不能唤醒内心的，不入脑、不入心的阅读，充其量只能算是一种消遣、浏览，与读书的本真旨归大异其趣。内心唤醒是读书的目的。读书并非为了读书而读书，读书的目的在于获取心灵的"鸡汤"，使自己的思想深刻、充盈，精神蓬勃生长，找到自己的精神栖息地。

读书唤醒内心的路径有四。

阅读过程的思维觉醒

阅读过程中的内心觉醒，首先依赖于思维的觉醒。思维觉醒是指与阅读相伴生的思维的积极而活跃的状态。有些人阅读，表面上在看书，实际上根本没有读进去。这是内心关闭、思维"沉睡"的表现。尤其是对那些抽象的文本，没有积极的思维、思考，你根本就读不懂。所以，思维觉醒是通向内心觉醒和获得阅读实效的门户和手段。打破阅读萎靡不振的状态，一要选择精神饱满、心气健旺的时候阅读。这时人的精神状态好，能够集中精力、激活心智、亢奋高效地阅读。二要选择需要的文本阅读。需要是一种内在驱力、一种倒逼机制，能够调动人的思维进入寻觅、发现状态，逼出你阅读的那股认真劲和阅读时的"精气神"。

阅读认知的经验觉醒

阅读是文本的意义与人的既有经验相互作用、彼此建构的认知过程。它要求唤醒阅读者的内在经验。经验是人的经历和体验在生命中的凝结和沉淀。任何阅读都不是外在的文本信息的单向输入，它同时也是阅读者内在的经验与输入信息相互整合碰撞，帮助理解文本的过程。即对文本的理解需要在经验中"落地"，需要在经验层面获得支撑，这样的阅读才是有"根"的和坐实理解的阅读。所以，阅读的过程就是对经验的唤醒并借助经验的领地安顿意义的过程。它要求在意义中有经验的活跃和支持，在经验中有意义的激活和提升。如果在阅读过程中，我们没有联想，没有与经验相拥，没有经验的抓手与书的意义勾连，一任经验在心底沉睡，这样的阅读就是漂浮的"无根"的阅读，就是"纸上得来终觉浅"的阅读，是没有唤醒我们内心的装样、作秀式的阅读。

阅读联想的创意觉醒

阅读过程中的创意觉醒是唤醒内心阅读的高境界。如果我们把阅读当成一个引子、一条线索，那么它要引出或牵出的就是我们内心创意的觉醒。正如周国平所说，我衡量一本书对于我的价值的标准是：读了它之后，我自己是否也遏止不住地想写点什么，它给予我一种氛围、一种心境，心中潜藏的种子因此发芽破土了。创意觉醒，一要注意阅读的目的性。目的是我们想要达成或确立的东西。阅读的目的可以是你着手申报的课题，意欲完成的论文，正在研究的问题等。有了目的，阅读就有了方向和定位，联想就有了坐标，迁移就有了参照。我们就知道想什么和怎么想，就知道阅读的东西哪些对我们有用，哪些是没用的。二要注意在联想中抓住写作的创意点。许多人缺乏这种意识，往往习惯于让自己的头脑成为别人思想汽车驰骋的高速路，却不给自己的思想留下一条羊肠小道。只有输入，没有输出；只有消费，没有创生。改变这一点，形成立足于写的阅读观，必须善于从阅读过程中抓创意。我的阅读就是经常受阅读文本的某一思想或某一精彩词语的启发，唤醒自己的写作创意，进而完成文章写作的。

阅读触发的写作觉醒

写作觉醒是唤醒内心阅读的"收官"环节。它是终点，是见真格、显实效的一种实践作为、一种超越之举。我始终认为，读书的最高境界是"读出自己的东西来"。读出自己的东西，就是不能光看别人的热闹，而要自己拿起笔，写成文，熔铸出自己的东西来。这是读书的大境界，是内心觉醒并超越自我的根本举措。如我读上海市浦东教育发展研究院程红兵院长的《直面教育现场——书生校长的教育反思》一书中的"觅泉"一词，心生创意，完成了《职业教育的"觅泉"》一文。我认为职业教育的泉就是教育实践，所以写了四层意思：教育实践是经验之泉，教育实践是理论之泉，教育实践是智慧之泉，教育实践是方法之泉。又如，我看毕淑敏老师的散文《蚕是被自己的丝裹住的》，受其启发，就写了一篇文章《教师：突破你生命的茧》。读到美国作家梭罗的一个比喻"水边的杨柳，一定朝着有水的方向伸展它的根"，我就写了《教师：向什么方向伸展自己的"根"》一文。这样的例子，不胜枚举，但要想真正达及这一境界，还依赖于读写者意识和能力的双重提升。

优化你生命的涵养

"涵养"是一个复合词。涵，是内涵；养，是修养。涵养是指一个人的知识、品质、道德、气质，以及对生命、生活的感悟等，是一个人经过锻炼和培养达到的内化水平。它是一种发之于内而显之于外的修养，是生命的充盈而洋溢于外的一种精神的显发。涵养是花儿散发的幽香，是冬阳辐射的暖意，是流泉弹拨的清韵，是生命透出的底蕴。人的良好内在涵养，彰显人的高贵气质、从容举止和优雅风采。所以，有涵养的人常常是令人敬重和景仰的。这一价值标杆，使涵养成为人所追求的生命的境界。虽然现实中并非所有人都能如愿以偿，但这一目标诉求令人心向往之。因为它所代表的真的是一种高端、大气、上档次的境界，是生命的精彩建构。

涵养不是与生俱来的东西，而是后天修炼和养成的。在这个意义上，涵养也可以解释为内涵与教养，就是说它与教育是密不可分的，是教育的结果和产物。家庭教育、学校教育、社会环境的形塑，这些客观外在的作用不可或缺，但主观内在的个人改造与自我修炼的顺应与配合更显重要。毕竟，外因是要通过内因才起作用的。如果主观上没有接纳教育、优化自我的意愿，油盐不进，优化涵养的意愿就会落空。何况涵养的优化不是一朝一夕的事，它是一个终身修为的过程，必须靠自己源源不断地给心灵输入正能量，给生命提供内在的精神营养。没有内在的自觉是难以维系和实现的。

涵养重在向内的养成涵纳，这是最为根本的生成之道。好比一个人，得肚里"有货"、胸中"有才"、心中"有料"，换言之，得有真才实学、真知灼见、真智颖慧，才能保证并被别人认同是一个有涵养的人。至于涵养的外在表现，那是水到渠成、无复多虑的事，好比宝剑的寒锋耀目、梅花的馨香沁脾、松柏的岁寒见性，都是自然而然的事。优化生命内涵的获致路径不外有三：一是读书致知；二是品德修为；三是人性历练。

读书致知，使人具有知识涵养

书籍是由文字组合的思想"魔方"。读书不仅可以使人知识充盈、书香浸润，更重要的还在于接受思想的陶冶和洗礼，使人的思想不断叠加，变得丰富充实，内涵深厚，"腹有诗书气自华"。程乃珊说："阅读会令男人和女人更为优雅，更添人格魅力和风度。修养风度绝对不是天生的，而是后天修养而成的。修养风度的营养，很大部分就是来自阅读。"虽说岁月无情，然而阅读有情。它能赐予我们风度、气质、魅力，使我们从容优雅、静美高贵。这就是读书致知所体现的优化人的生命涵养的效果。如果不读书，内心空虚、苍白，头脑简单，哪里会有什么涵养，能免于粗俗、鄙陋就不错了。

品德修为，使人具有品格涵养

如果说知识涵养是人进阶提升的必备阶梯，品德修为则是做人更为根本的底线。就是说，你可以没有高学历，可以是"草根"，但不能没有德行，没有人品。事实上我们许多底层的社会群体，他们虽然谈不上知书达礼，但绝对通情达理，善解人意，向善笃实，他们是值得我们信任和尊敬的社会大众。但品格涵养的养成还不能停留在这种自发的低层次上，还需要我们自觉地修行。康德说过："德行就是力量。"品德修为，可以使你修身致远；以德润身，能成就你的人格魅力。诸葛亮的《诫子篇》早就劝诫世人："夫君子之行，静以修身，俭以养德。非淡泊无以明志，非宁静无以致远。"他告诫子女："非学无以广才，非志无以成学。淫漫则不能励精，险躁则不能冶性。"这些都是品德修为应奉为座右铭的话。品德修为还应该学学自然物象的品性，例如，"水为上善是我师，竹解心虚为吾友"；蜡梅，"宁可抱香枝头老，不随黄叶舞秋风"；菊花，"荷尽已无擎雨盖，残菊犹有傲霜枝"；竹子，"未曾出土先有节，纵使凌云心乃虚"。如果我们能从师法自然的启迪中汲取滋养，砥砺品行，优化自身的品格涵养，那真是善莫大焉！

人性历练，使人具有人性涵养

人性涵养的内涵很多，悲悯情怀、宽容气度、向善本心、乐观心态等，都是高贵的人性的体现。人生之初，其实没有太大的差别，犹如一块璞玉。经过生命历程的雕琢，有的成了顽石，斑驳不堪，没有了丝毫"玉"的感觉。还有的人，明了自身既有玉质，也有杂质，便精心琢磨，时时刻刻，坚持不懈，于是杂质越来越少，玉的质感越来越强，一个人的价值就出来了。这就是人性历练的过程。古人云："天命之谓性，率性之谓道，修道之谓教。"人性的修炼，就是对人性两面性中负性一面的管控，如禅修里面讲的贪婪、私欲、嗔恚、痴愚等。人性的修炼是生命向着应然境界的出发，是人生向着本真状态的回归，是心灵向着人性光芒的迈进。它是人的涵养修炼的高端境界，是生命的大智慧的体现。

抓住"心"的三个点

"心"，象形字。《说文》解释：心，人心也。在身之中，象形。心是人体内主管血液循环的脏器。它是从受精卵发育出来的第一个器官，是伴随着生命开始和结束整个过程的唯一器官；同时，它也是引领人获得生命高度提升的灵明的载体。

"心"作为象形字，状如莲蕊。其三个点的本义，我不敢妄断，但就其分布排列看，总体呈圆弧状，有向外贲张绽出之势。这就给人留下了想象、解释的空间，令人臆测和揣度心灵希望向外拓展、张扬、开放的所指意向，不妨将此三点诠释为心灵(生命)的三个度，即拓展度、饱满度、高远度。

左边的一个"点"，我们把它界定为拓展度。拓展，既指人心的生理的生长、放大，机能的成熟、完善，也指人的见解、交际、能力、意趣、爱好、情感、胸襟、眼界等向外展现的东西的拓展和放大。它是人的心量的扩张，是心灵半径所达及的范围。一个人如果不能拓展自己生命的存在，心胸狭隘、心灵闭锁、心量局促，真的难成气候，难有作为。

右下边的一个"点"，是指心灵的饱满度。它主要指精神的内在充盈，知识的丰博，修行的圆满。它是深入人的内心的一种内在的扩张，是更为本质和决定性的东西。它虽然是隐性的，却是人的所有外显的东西的依据和根本，是决定人的发展高度和究竟能走多远的必然逻辑。

右上边的那个"点"，是最高的点，代表心灵所能达到的高度和远度，代表人的成就和建树。如马斯洛的需求层次论的最高层——自我实现的需求，这一扩张是目的层面的。它是衡量心灵拓展度、饱满度的一个价值高点，或者说，拓展度、饱满度都是支撑人达到这个点的手段。只有这个点，才是目标层面的，具有终极意义。

如何达成心灵的三个点所诉求的"三度"呢？

我们认为三个关键词很重要，即"心态""努力工作""知识"。一个英语字母数字加合测试很有意思。我们把英语的 26 个字母 A～Z，按 1～26 顺序编码，分别挑出几个自认为重要的词加合其权重数，最后得出几个词的百分比权重数由低到高分别是：好运(luck)，47％；爱情(love)，54％；金钱(money)，72％；知识(knowledge)，96％；**努力工作**(workhard)，98％；心态(attitude)，100％。我们有理由选择百分比最高的三个词，支持我们实现心灵的"三度"。

心态

心态，即心理状态。它是一种心理倾向。心态貌似很虚，但虚的东西决定实的东西，软的东西胜过硬的东西。它是处于心灵高端的东西，决定着人生的高远度。所以人们才说，心有多大，舞台就有多大。心态决定一切，心态决定命运。"海到尽头天作岸，山登绝顶我为峰。"这就是一种高远的心态。有了这种心态的人，往往能"独上高楼，望尽天涯路"而成就大事业。所以，只有先改变自己的态度，才能改变人生的高度；只有先改变自己的工作态度，才能有职业高度；只有先改变自己心灵的状态，才能有精神的高度、大成的境界。

努力工作

努力工作是属于实践层面的。努力是为了向外扩张，实现自我。读书不宜"但能言之，不能行之"。它不是为着装点门面，附庸风雅；或武装嘴巴，卖弄炫耀；又或寻章摘句，死于言下。读书是为了支撑生命，实现自我。华为老总任正非说：只有奋斗，你的资本才有价值；只有拼命，你的年轻才值得炫耀。一个人如果不想过低三下四的生活，就必须有能让自己抬头挺胸的资本。而这样的资本源自你自己努力工作的程度。有道是：苦，才是生活；累，才是工作；做，才会拥有。你不努力，哪行？人的天赋其实都是差不多的，后天发展的差异、心灵拓展的境界，完全取决于你的付出，取决于你的努力对自己潜能的开发和让生命走得更远的不懈追求。

知识

心脏收缩得越有力，泵出的血流量就越多，心脏功能就越强大。为了向外拓展，生命是需要向内敛聚的。这就是知识的吸收。知识是人类总结的精心阐释的知识体系。吸收知识的途径不外读书。书是为人的生命打底子的文化铺垫，它是一种思想资源、精神资源、素养资源，能够支撑人的心灵打开、生命拓展、精神饱满，绽放生命的馨香和精彩。读书可以使我们找到精神支撑，追寻生命意义，提高自身修养，寻求灵魂慰藉，放大生命格局。"通过读书，慢慢觉知所说的话，所飘过的念头，所行所为，一切从觉知开始。有觉知始能在黑暗中看见光，获得智慧，进而拓展视野，从全球视野到宇宙视野，最终建立灵性视野。"读书之人，如春园之草，不见其长，日有所增；不读书之人，如磨刀之石，不见其损，却日有所亏。所以，增长知识、拓展生命，必须坚持读书学习，而且要长期坚持，久久为功。

"腹有"还是"富有"

微信上看到一句话：人生的华美在于"腹有"，而不是"富有"。这触发了我的感悟，遂铺衍成文。

"腹有"与"富有"的辨析

"腹有"，通俗的理解是"肚里有货"。"腹有"是内在的精神拥有。其对象多为知识、思想、素养、修为等内在的东西，以及由此生成的彰显于外的生命的征候。"富有"，一般指对外在财富的占有，如金钱、财物，以及能够帮助你间接地获得这些的权力。

"腹有"和"富有"的特点，可通过比较来看：第一，"腹有"是内在的，是苏轼说的"腹有诗书气自华"的那种，它是内敛的、隐性的、蕴蓄的，同时又彰显为外在气质的那种本在。"富有"是外在的。它是可以通过金钱或实物计量的那种拥有。第二，"腹有"是精神的，它是通过读书学习或实践修炼的方式达及的对知识、文化、思想等具有精神属性的东西的获取，是用以滋养人的心灵的养分。"富有"是物质的。房、车、钱、名牌物件等，它是实体性存在物，彰显人的可用财富表征的身份和富有程度。第三，"腹有"是提升生命质量和精神品质的；"富有"是满足物质欲望和生活质量的。

"富有"是令人羡慕的，尤其是在人民的生活水平远未达及普遍富裕程度，为了一套房能把人逼得抓狂的情况下，富有也是人们必需的追求。人追求外在的"富有"无可厚非。能够通过自己的努力，如通过勤劳致富，使自己的生活水平更高一点，品质更好一点，活得更有尊严一点是人之常情，也是值得尊敬的。但追求富有也有一些误区需要防范。一要取之有道。倘若逸出正道而误入旁门，损人利己、非法敛财、权钱交易、贪污受贿等，就是说，靠不择手段不当致富，是令人不齿的，可能还要承担道德谴责，甚至法律追究的后果。二是不要炫富。一些浅薄的"富有"的人往往喜欢物质炫耀，奢靡斗富、张扬显摆。饕餮盛宴的饱醉，卡拉 OK 的喧嚣，声色犬马的刺激，豪奢品牌的摆阔，他们以这样的方式向世人展示他们的阔绰、奢华和他们自以为是的品位。其实往往不过是用这种炫富的方式，吸引别人眼球，彰显自己的存在而已。舍此，他们没有别的方式和路径推销自己，但这恰恰暴露了他们思想的浅薄、内在的虚无和教养的匮乏。三是不要仅仅追求富有。人是需要精神支撑的，物质的富有只是人的生存层面的需要，而人还要发展，还要有更高的审美旨趣、文化内涵以彰显精神的品位和价值。如果我们除了物质的富有就一无所有，精神贫瘠，一片荒漠，这样的人生真的不值得过，是残缺的、不完美的人生。

与物质的"富有"相比，我觉得人更应该追求精神的"腹有"。哪怕物质不一定达到富有，能达到中间水平，使人体面生活就行。但精神的"腹有"必须追求"高大上"的境界。因为富有是形而下的物质层面，甚至是动物层面的需求，而"腹有"才是形而上的精神层面的财富，是生命底蕴层面的建构，是人之为人的根本。"富有"的人充其量令人羡慕，而"腹有"的人则令人敬仰和尊重。"富有"的财富可能只是外在的临时保管的，它是你生不带来、死不带去的东西，并随时可能被剥夺(如权力)的。"腹有"则是属己的内在拥有，具有不可剥夺的特性。它是内化于心的，并融入生命之中的。

追求"富有"和"腹有"的顺序

我们认为，当然必须"富有"先行，因为按照马克思的观点"人首先必须吃喝穿住，然后才能从事政治、经济、艺术、科学等活动"，即一要生存，二要发展。还有实现路径，显然靠勤劳致富是值得尊敬的，但太浅；靠不择手段不当致富，更是令人不齿。最值得推崇的逻辑路径是，通过"腹有"而走向"富有"。人是通过自己的价值实现与社会交换的，人的价值高，能为社会创造更多、更有价值的东西，从社会中获得的利益交换就多，这是对人的价值的肯定。所以人应通过自己价值的不断升值，实现交换的增殖。而追求"腹有"就是使人价值提升而走向"富有"的最佳路径。比如，有的人的信念是我要不断地挣钱，以养家糊口，生活更好，这是"我追钱"；还有的人的信念是我要不断升值，即追求"腹有"的内涵提升、知识超越、本领增长来凸显自我的价值，其结果就会导致事情的反转，钱就会来追你。这是挣钱的更高境界。因为在任何社会，有本事、有价值的人都是稀缺资源，都是社会必须倚重的人才。你真有本事，是金子，就一定会有人来找你，给你提供"天上掉馅饼"的挣钱的机会。反之，如果你赚不到钱或挣得钱少，就要先问问自己有没有价值。要改变自己的口袋，必须先改变自己的脑袋。改变脑袋就是价值升级的过程。所以，赚不到钱，硬赚，"我要追钱"，那是赚钱的低级层次；赚钱的高级层次是看到赚钱的本质，即"我要升值"。所以通过"腹有"而走向"富有"，让自己成为一个有真才实学、真知灼见、真智实料的文化人、文明人，体面、尊贵、出彩地活着，这才是人生物质文明与精神文明双赢的高层次和大境界。

阅读以养气

气是没有一定形状、体积，充塞天地之间，能自由散布的物体。所谓"风"，是流动衍化着的气，"气"也就是静止凝聚着的风。中医认为，气是构成人体及维持生命活动的基本要素。"人之生死，全赖乎气。气聚则生，气壮则康，气衰则弱，气散则死。"中国古代哲学认为气为万物本原。王充认为："天地合气，万物自生。"气是生命的本原。《难经》曰："气者，人之根本也。"《脾胃记》曰："精神之根蒂也。"可见古人十分重视"养气"，养浩然之气，养昂扬锐气，养蓬勃朝气。这里我们说说阅读养气。

阅读是人的精神之根。生命由气而化成，但发展和成长则是由阅读所规定的。书，是人精神生命的图腾，是非物质的文化"喂养"。它与人的理性化的本质是高度相关和协调一致的。卡西尔说："人是符号的动物。"高尔基说："每一本书都好像一级台阶，我拾级而上，从动物上升为人。"人若不读书，就会失去精神之气、文化之气，而流于愚蠢和鄙陋，就会与人的符号化、理性化本质渐行渐远。唯有阅读，可以成全人之为人的根本，可以使人有底气、聚灵气、变雅气、成大气。

阅读使人越来越有底气

底气指人基本的信心和力量。人的底气源于知识、学识或本领、能力。读书是人获得生命底气或人生底蕴的源泉。法国著名神经科学家迪昂说："阅读是首要的'心灵载体'——在此基础之上，一代代的原始文字才能适应我们灵长类的脑。"阅读应该是人的一种生存方式，书读得多了、久了，会沉淀为一种素养，升华为一种视角和生命的睿智。"读着读着，你会发现自己越来越有悟性，越来越有问题意识，越来越有自己的思想，越来越有自信和底气。"

你就会感到自己是肚里有"货"、脑中有"料"、手中有"牌"的人，就会成为一个自信而有底气的人。

阅读使人越来越有灵气

灵气指人对外物的感受和理解能力，是指人的聪慧灵明、反应快捷。灵气是造化遗传所钟，而由读书求知所赋。表面上看，灵气是一种彰显于外的灵盈之气，本质上却是一种内蕴于里的智慧。它是一种秀外慧中的存在。"秀外"是爹妈给的，"慧中"则是靠读书或学问的内化成就的，它是爱智慧的产物。人依靠"慧中"的蕴蓄，有了灵气，有了与世界对话的本钱和能力。当然，人的灵气也需要艺术的陶冶。琴棋书画诗，都是涵养人灵气的手段，它会使人的生命因沾染艺术范儿而活得丰盈、滋润、有品位，使人的生命格调高雅、内涵充实而有灵韵。因为艺术与读书相通，都是教化人、陶冶人、感染人的，故能赋予人灵明之气、灵动之韵、灵慧之智。

阅读使人越来越有雅气

雅气，即高雅之气。它是人的文雅之气、书卷之气留给生命的精神痕印。雅气可以写在脸上或印在人的行为举止上，但成就它的是来自坚持不懈地读书的精神化妆。听一听古圣先贤、名家大师的观点。苏轼说："腹有诗书气自华。"曾国藩说："唯读书则可以变其气质。"英国的威·沃克说："只要用心读书，人的举止自然会一点点优雅起来。"有一种观点认为，如果说人的漂亮或俊逸在年轻时还可以凭青春容颜取胜，那么40岁以上就需要读书来保持容颜、气质和风度了。我深以为然。岁月的雕刻可以给人留下沧桑，但读书致雅给人留下的生命的雅致、精神的优雅同样是抹不去的，它是一种气质的无涯、生命的大美。

阅读使人越来越大气

大气是指人的格局和气度。格局就是一个人的眼光、胸襟、胆识、气度等心理要素的内在布局。气度指气概度量或气魄风度。人的大气是由读书成就的。清人冯班在《钝吟杂录》中说："多读书则胸次自高，出语皆与古人相应。"李沂在《秋星阁诗话》中说："诗须识高，而非读书则识不高。"读书标志着一个人精神发育所能达到的高度。它使我们汲取人类文明的精华，与逝者神交，与远方谈心，与未来对话，与知识相拥，与智慧接壤，在持续的阅读中实现拾级而上的精神攀缘。人有了这样胸藏万汇的思想铺垫、精神底蕴，自然就有了"一览众山小"的大视野和襟抱无涯的胸怀，有了"仰望星空"的高远和"独上高楼"的超越，就打开了自己的层次。人的内心就充满了诗和远方，哪里还会心似锁眼，胸如草芥，蝇营狗苟，钻营计较？这就是阅读成就的人的大气。

读书与养心

读书是人类文明进化至今而生成的最伟大的功能和特质。动物，即便经过训练也只对第一信号系统（如食物、声音、光源等）有反应，而人却可以对第二信号系统——抽象、间接的文字符号有反应，即人是具有读书能力的存在。这就是人高贵的地方，是人超越于世界上所有其他物类的独特的本质。所以，卡西尔说："人是符的动物。"养心是指人的精神需要和心灵的优化与成长。

读书与养心是人与世界精神关系的联结

读书与养心的关系可以表述为：读书是手段，养心是目的。目的靠手段生成，手段服务于目的的实现；反之，目的是手段发挥作用的指向和归宿。读书与养心是人独有的精神品位和境界。动物为了生存，可以与世界结成物质的关系，选择和获取它们生存所需的环境与食物，而人则不仅此。丰子恺先生说过，人的生活有三种境界：一是物质的境界，大致在衣、食、住、行层面；二是精神的境界，主要指文学艺术人文修养层面；三是灵魂的境界，是指人的信念、信仰、理想情怀层面。人应该追求灵魂的境界，有理性，有灵性，有诗性，有血性，有超越世俗的情怀，心灵强大而充实，灵魂美丽而高洁。这种超越物质的精神和灵魂的境界，对人而言也不是自发、自动生成的，而是需要"养"的。印度狼孩卡拉玛错失受教育的机会，从8岁开始回到人间，在辛格夫妇的悉心教育下，历经4年才学会6个单词，直到17岁死去时，智力水平只相当于3～4岁的孩子。这是一种不可逆转的"发展关闭"现象。同样，如果我们不读书养心，精神和灵魂就永远难以达到它所能达到的高度。

古人特别重视身心修养。"修"的本义是整治、提高、修饰；"养"的本义是存养、培育、抚育。有的偏重修身，那是注重激发身体潜能；有的偏于修心，那是强调增进心灵智慧。为了物质生存，人首先需要吃、喝、穿、住，需要养身，这就是董仲舒所说的"利以养体"。人只有有了谋利的本钱——身体，保衣食无忧、心气健旺，才能进到读书养心的精神层次。正如特级教师王崧舟指出的："人有三个生命：生理生命、社会生命、精神生命。生理生命主要通过吃饭和呼吸来解决；社会生命主要通过交往来解决；而精神生命主要通过读书来解决。"读书解决的是精神问题，也就是养心的问题。

读书养心的机理

书是精神食粮，是作用于人的精神的。它能把人带向心灵的远方。现在人们多有浮躁、浅薄、粗俗，由此引发了"利益在前，道德在后。金钱、地位、权力为世人追逐，道德和价值观的培育却渐渐被人遗忘"的现象。改变这些，必须依靠读书养心。读书能使人获得学养和底蕴。人一旦有了学养和底蕴，心就静了，神就宁了，就能远离浮躁；知识多了，思想深了，就能揖别浅薄，从而建立一个独立于外界力量的内在王国。这个王国里栖息着古今中外伟大的灵魂，你与他们亲近、对话，从中汲取智慧和力量，会感到生命的充实、富有和丰盈，其乐融融。人有了这样的学养和底蕴，就能拒斥物质的、声色犬马的利诱，看不上那些低俗的、谄媚的，希望依附权贵或富豪获取生命或价值施舍的人。真正的读书人绝不需要这样的外力支撑他的生命，他们思想富有、精神高贵、水平过人，他们活在自己的"此中有真意"的世界中，洒脱、自在，达到了超越的养心境界。

读书养心主要是向内向上用功

向内用功，就是通过读书反求诸己，正心诚意；就是古人讲的"养气"，养浩然之气，养昂扬锐气，养蓬勃朝气。向上用功，就是见贤思齐，超凡入圣，不断提升自己，登高望远，成大气候、大格局。梁漱溟认为，儒家为学本于人心，趋向在此心之开朗，以达于人生实践上之自主、自如。

读书养心，应当追求道德上的善

善是养心的途径和手段。荀子说："积善成德，而神明自得，圣心备焉。"

董仲舒也说过："义以养心。"这里的"义"即为善或"正义"之"义"。善被普遍认为是正义的价值标准和准则。"正义"之"正"，便具有善的意思，所以善可养心，能给人带来快乐。善也是养心的目标、境界。老子说："修之于身，其德乃真。"《中庸》提出："天命之谓性，率性之谓道，修道之谓教。"可以说，"善"是人通过读书获得的一种修为的升华，是人心灵自净、安顿自我、品味书香而获得的一种澄明与超脱。因为书中的精神营养、正能量，能够给人以教诲、砥砺、洗礼，使人获得提升、丰厚和转变，使人能力高超、心性高洁、人格高尚、修为高雅，成为"一个高尚的人，一个纯粹的人，一个有道德的人，一个脱离了低级趣味的人，一个有益于人民的人"。

读出自己的东西来

　　我虽不是什么名人、大腕，但作为一名教师，也经常读书，有些体会和感悟。我的读书箴言是："读出自己的东西来。""读出自己的东西来"，所"出"为何？当然可以是思想境界，可以是气质儒雅，可以是"独善其身"这些隐性的、内在的人格修为，但我所指的主要是"出"自己的学术成果、思想建树、道德文章等可以用符码表征和流传的东西，让这些东西彰显于外，惠及众生。像海明威读海，发现了生命是要花一辈子才会上钩的鱼；像弗洛伊德读梦，发现了一条通往潜意识的秘密通道。

　　"读出自己的东西来"是一种境界

　　黑格尔对读书的看法就是："（读书是）使一个已有的精神世界转化成我们自己的一部分，然后予以发展并提高到一个更高水平的过程。"这种境界是一种外化运用的境界，一种传承创新的境界，一种达臻目标的境界。外化运用是读书的终极境界。读书不只是为了内化吸收，更是为了外化运用。前者是手段，后者才是目的。正如毛泽东同志指出的："读书的目的全在于运用。"读书却出不了自己的东西的人，只重内化吸收，他们并没有把读书进行到底，可以说只是"半拉子"读书人。好比蚕只吃进桑叶却吐不出丝，蜜蜂只采集花粉却酿不出蜜，这样的读书可以说大打折扣，也大煞风景。传承创新是读书的超越境界。人类的文化传承靠的就是读书人一代一代的创生发展、不断延传，是后代站在前人的肩上不断超越的结果。倘若读书人都读不出自己的东西，传承的风筝就会断线而不能高飞云天，文化的根脉就会断竭而无法传流，文化的传承创新就会沦为空谈。达臻目标的境界是指"读出自己的东西来"是读书人所追求的目标境界。读书人所写作的东西，也许根（原型启发）可以在别的什么地方，但花和果实必须是自己的。正如周国平先生所说：阅读的高境界是什么？不是为了采摘某一位大师的果实，而是为了结出你自己的果实。"写作使我成为自己的灵魂园林中的一个细心的园丁，将自己所喜爱的植物赶在凋谢之前加以选择、培育、修剪、移植和保存"，结出自己的果实。换言之，读别人的书，写自己的文，真正化人为我、超越自我，才是读书真正意欲达臻的目标境界。

读书是一种借梯登高的过程

"梯"就是书，登高超越是读书的目的。读书的最大价值在于实现自我发现、自我超越，在于读出自己的东西后的那种创造快感。这里有一个"借什么"和"怎么借"的问题。

"借什么"？一要借好书（真梯）。这年头，低劣之作、浅薄之作、混"珠"之作、炒作之作、垃圾之作多了去了，如果不加甄选，所借非好书或者只是"滑梯"，读后不仅无法登高，反而只能使人往下出溜——影响精神发育，败坏阅读"胃口"，矮化思想境界。二要借思想。读书是淘金的过程，尤其是对身在高处，"曾经沧海难为水"的高手，一般的东西入不了他们的"法眼"，书里面的"金"更为稀缺。所以，为着"读出自己思想"地读书，别指望"满'书'尽是黄金甲"，能在一本书或一篇文章中找到一个好词、好句，获得一点启发感悟、灵感基因，催生触发自己思想的迁想妙得，成就了自己的东西，就该感谢这书、这"梯"、这文章。

"怎么借"？一要借方法，善思考。借方法，即要选择正确的阅读方式。阅读是灵魂参与、思想介入、价值发现的过程，不能走马观花、一目十行，而要"循序而有常，致一而不懈"，要"沉潜往复，从容含玩"。北大陈平原教授指出："有的人读了一辈子书，勤勤恳恳，但收获不大，连一点'书卷气'都显示不出来。为什么？原因很多，最大的可能性是方法不对。以我的观察，会读书的人，大多有明显的'问题意识'。知道自己为什么读书，从何入手，怎样展开，以及如何穿越千山万水。"善思考，即善于理解、思考。朱熹说，阅读是"心到最急"与思考伴生的一种活动。周国平说："我相信人不但有外在的眼睛，而且有内在的眼睛。外在的眼睛看见现象，内在的眼睛看见意义。"内在的看见意义的眼睛其实就是指读书过程中的审视、理解、思考。倘若不善思考，就不能练就思考所赋予我们的"内在视觉"，当然难以看到问题、看出价值，其看书的收获自然微乎其微，更别说通过看书产出自己的成果了。

二要有"读以致用"的明确目的。没有致用目的而读书的人，也许就是读读而已。即便读到有价值、有用的内容，也因无目的性或无问题性而毫无感觉、一带而过。读书不是一味地学习他人，而是为了玉成自我；不是"徒有羡鱼情"地为别人喝彩，而是需要"退而结网"地捕捞和"寻他千百度"地追索，以收获"吹尽狂沙始到金"的喜悦。有"读以致用"目的的人，其所读方式必然是深度阅读、研究阅读、用心思考地阅读，而不是浏览式扫描、怡情式消遣或看热闹式虚读。有"读以致用"目的的阅读必然会有发现、收获，并通过写作将其转换成自己的东西。现实中我们看到，有的人虽怀"珠"蕴"玉"，满腹经纶，但写不出来东西，没有自己的成果，终身无建树。这样的人应该属于死读书、读书死、读死书的一类人。他们读书没有读以致用或出自己成果的意识，也不愿写作，当然只能成为饱读诗书、百无一用的书生或"书橱"，成为知识存储的"硬盘"。

三要处理好读写关系。读和写形影相伴、依存相生。读是为了写，写必然要读，这样才能形成良性循环。读而不写，出不了自己的东西；写而不读，出自己的东西就不具有可持续性。为着写的阅读要有眼光和智慧。要会读善借，能从读中提炼出为我所用的有价值的思想、意念、感悟等，并把它们转化为自己心灵的财富，定格为永恒。依赖于读的写作，要以读奠基、以读促写，读写结合，并以写（出自己的东西）为旨归和追求。周国平说："我衡量一本书对于我的价值标准是：读了它之后，我自己是否也遏止不住地想写点什么。"这是"会读"追求的一种境界，也是读出自己东西的前提。必须强调的是，写作是一种技能，是在多写多练中成就的一种熟能生巧的功力。清人唐彪说："多读乃藉人之工夫，多做乃切实求己之工夫。"自己不多写多练，看的书再多，也是人家的。所以巴金说："只有写，才会写。"那些偶一为之或见难遽返的人，是根本不可能多出自己的东西和成为善写的高手的。

从死的文字中引出活的思想来

俄罗斯著名教育家乌申斯基指出:"书籍不仅对那些不会读书的人毫无用处,就是对那些机械地读完了书还不会从死的文字中引出活的思想的人,也是无用的。"我喜欢乌氏的这段话,并从中截取富有启迪的部分,作为本文的标题,絮叨一番。

先在的书籍所记载的东西都是死的文字。它们以文本的形式,静静地栖息在印刷的纸媒上,静止成思想排列的符码、意义贮存的文字,等待着阅读者的青睐和眷顾,等待着他们手指的摩挲与翻阅,等待着知音者的赏识与相晤。虽然这些文字是有生命的,因为它是写作者生命、情感、思想、智慧倾注的产物,是他们用生命哺育的成果,但倘若没有阅读者的光临、关注,没有后学们的认同与激活,让思想与思想碰撞、智慧与智慧交融、生命与生命相拥、情感与情感共生,它们就是百无一用的死的文字而已,是封闭在纸媒中的冰冷的符码。

尽管死的文字是活的人读的,但活的人并非都能将这些死的文字读活,可以说大部分人还是将死的文字读成了死的,并没有引出和激活。"引出"是一种触发、感应。死的文字是触媒和引子,读着它的时候,如果我们能被其中的文字触动,产生心灵感应,就为引出做好了选择性铺垫。"引出"是一种找到和发现。阅读是一种寻找的过程,即寻找对读者有用的思想精华、创意亮点的过程。当这样的东西跳入读者眼帘,为读者慧眼所识、灵眼所见,就是一种发现。它是引出的实现和完型。

读书要想引得出来,起码有两个前提条件。一要读好书。因为只有好的书中才有使人眼前一亮、心中一喜,值得"引"的东西,而那些垃圾的书、平庸的书，充斥的是凡俗乏味、拾人牙慧，甚至抄袭重复的东西，根本不值得问津。二要用心读。倘不用心读，走马观花、一目十行，眼睛如放大的、稀疏的筛眼，即便再多精华的东西也从你眼底漏掉溜走了，更别说好的东西都是稀缺如金的，这种大大咧咧的读法根本不可能发现和引出。

只有满足了读好书和用心读这两个前提条件，读者才可能有所发现，引出"活的思想"来。

活的思想是物我交融的思想

"物"是读物，"我"即读者，读书是读物和读者相互作用的过程，这个过程就是我们概括的物我交融。读物是死的，读者是活的，要想把死的文字变成活的思想，就必须把死的文字楔入活人心中，才能变死为活，使它获得生命力。反之，活的人读书如果不能向内心转化，还是格格不入的"两张皮"，两不相涉的"油水分"，那就是变活为死，就是把书读死了。读书若想引出活的思想，一定要倡导有"根"的阅读，"根"就是人的心灵。读书的内容如果能在人的心灵扎住根，岂不就活了？所以朱熹强调读书有"三到"，而"三到之中，心到最急"。活的思想是书与人相互作用而产生的精神的"受精卵"，是二者相互交融而碰撞出的思想的火花、精神的种子。

活的思想是具有张力的思想

活的思想不仅应具有"根"的性状，还应具有"种子"属性。种子内在地具有生长的基因和胚芽，是具有爆发力和强大张力的生长点。张力是矛盾着的事物相互作用而形成的一种关系、状态和机制，是对立的事物之间的相互依存、作用、转化、互促、生成而保有的内在动力和发展驱力。具体到读书来看，"死"与"活"是一对矛盾。为"读"而读，引不出"活"的、"新"的东西，是死读和读死；为"创"而读，是活读与读活，它能从阅读中引出"活"的思想来，并创生为自己的新的思想。读书引出或获得的活的思想，一般不会是系统、完整、全面的思想。它可能就是书中的一个词、一句话，微不足道，引子而已，其功能重在启迪、触发、激活。它给予我们的更多的是凭借、唤醒、意向，需要自己依此引出或获得这些"活"的思想去生发、去创构、去铺衍、去展开，创生出自己的东西来。

活的思想是富有创意的思想

富有创意的思想才是活的思想，它是我们读书时想从死的文字中捕捉和引出的。陈腐的思想，是已经僵死的思想；平庸的思想，是遭人唾弃的思想；因袭的思想，是拾人牙慧的思想。这些思想远离创新的品质，都不是"活"的思想。唯有创意的思想，才是活的、生机勃勃的思想，富有生命力的思想。富有创意的思想并非书中现成的思想。现成的思想即便是真知灼见，也是别人的思想。它可以是活的、被引出的思想，但仅是借鉴、参考而已，只是为你变造、超越，形成自己创意的思想提供一个阶梯而已。如果认为它好而照搬沿用，那绝不是我们希望的引出的"活"的思想、富有创意的思想，而是死于言下的因袭的思想、反刍的思想。真正富有创意的"活"的思想，是在书的启迪、触发下，在产生的意念、感悟、灵思的基础上，自己所感、所悟、所思、所写的东西。这些东西也许并没有超过大家或经典的高度和境界，但它是你独见、独思、独到、独创的东西，是你心灵温暖和生长出来的东西。这样的东西才是活的、有创意的和富有生命力的东西。

给思想点阳光，让它灿烂

人的思想是有活性、生机和张力的。给它点阳光，它就灿烂；给它点春风，它就还你一片新绿。"阳光"和"春风"是外界输入的能量，是思想的生长点。换言之，一个人的思想如果没有外物、外事、外媒的扰动，它就是平静无波的。现代科学证明，严格不与环境进行任何物质、能量、信息交换的孤立系统，由于系统内部要素间相互作用不断地消耗物质和能量，最终会逐渐退化、瓦解，走向能量耗逝的末路。相反，倘若有物质、能量、信息的输入，对原系统形成一定的"偏离""涨落"和"扰动"，使系统逐步离开它的平衡态，原有的结构就会为新的结构所取代，形成新的有序和稳定状态。这就是思想增殖和创新的机制。

思想的阳光从何而来？当然，路径是多元的。比如，经验、交流、行万里路，这些实践层面的体验、碰撞、感悟，常常构成思想阳光的来源。但人活在世上，受到生活圈子的局囿，直接体验和经验的事毕竟是有限的，充其量也只能占到我们知识、思想、智慧生成的 20%，更多的占 80% 的应该是间接的、别人的经验为我们构筑的思想殿堂、提供的精神营养品。这是一个宽广的思想通衢，一个无尽的思想、智慧之源。它有一个响亮的名字——书籍。莎士比亚说："书籍是全世界的营养品。生活里没有书籍，就好像大地没有阳光；智慧里没有书籍，就好像鸟儿没有翅膀。"的确，犹如人的机体的生长依赖于食物的营养，思想的成长离不开精神的载体——书。书是人类思想成长的精神要素、智慧源泉，徜徉、流连或攀缘其间，我们可以领略思想的伟丽、精神的壮美、智慧的深邃，获得思想的照耀，并成为一个大写的"人"。

读书是寻觅人类精神阳光的过程，但思想的阳光并不常有。有些大部头不见得就有多少有价值的思想，大部分可能是重复的、反刍的、人云亦云的、老生常谈的东西。这样的内容是不具有阳光属性和品质的，充其量是阳光周围的云彩而已。因为任何时候堪称思想阳光的东西，都是凤毛麟角的，都是稀缺资源，对作者和读者来说，都是"众里寻他千百度"而又难觅其踪、不可强求的东西。

真正的读书是执拗、偏执，必欲取之而不言弃的"淘金"过程。从某种意义上说，读书若不能淘到思想的真金、精神的阳光，那就枉为读书。反之，只有千淘万漉、吹尽狂沙、始见真"金"的读书，才是得书之精髓、真谛的读书。因为只有这样的读书才达及读书的本质，获得思想的阳光；只有这样的读书，才具有读书者所追求的真正的价值属性。

人们读书、爱书的最大理由在于：书如阳光，具有照亮功能。照亮行为，照亮思想，照亮创新。

照亮行为

读书是为了人的修为提升的精神活动，目的是使人摆脱蒙昧、愚钝、低俗，达到社会化所要求的知识水准和文明门槛，使人获得社会存在所要求的基本的对话、交流、沟通、行为能力，但这还只是停留在低级的感性层面。

照亮思想

书是用文字记录的人类的经验和思想，是思想翻译成语言的过程。读书实际上就是思想启迪思想、灵魂唤醒灵魂、智慧生成智慧的过程。照亮思想较之照亮行为，是更高层次的一种超越。因为思想支配行动，思维决定践履。读书在更本质的意义上，就是寻觅思想意义的照亮过程。当你在读书过程中获得一种启迪，内心暖暖的，有一种收获感，一种对赐予你这种思想的人充满感激之情的思想触动和阅读满足，就说明思想的阳光、阳光的思想已照耀到你的头上。

照亮创新

这是读书所追求的最高境界。当思想的阳光照亮了你，你为之惊喜、兴奋、感动甚至震撼，但倘若感奋之余复归沉寂、冷静，没有引出自己的东西，没有自己的思想吐珠沁玉、灿然耀亮，那阅读的价值就会大打折扣。读书不是为了存储以显示自己知识的富有，不是为了猎取谈资语料，武装嘴巴，自我炫耀，而是为了读出自己的东西来，实现创新超越。这才是"入得进"又"行得出"，"悟得到"又"留得住"的最高层次的读书。

能够照亮创新，使之灿烂的阅读，是创造性的阅读。人的机体的生命应与思想的成长呈正比，同步放大，否则，我们就会成为思想的矮子、精神的侏儒。而思想和精神成长的最有效形式就是创造性阅读。创造性阅读，一要善于思考。人在阅读过程中精神样貌是最美的。那极尽心力的捕捉、精骛八极的敞开、精思附会的沉潜，使人能充分地汲取书本中的营养，思维品质、思考能力得到极大的锻炼和提升。二要能够抓住阅读过程中的感悟。阅读过程中的思考是抓感悟、"淘真金"的手段，人要有价值辨识的判断力，一眼就能看出这是自己所需要的好的东西，与创新意识和心向接轨，找到并抓住具有生发效应的创新点，生成创新成果。三要具有写作外化能力。有的人读书时获得了触动、感悟、欣喜，但不具备写作表现能力，所以好的灵思感悟并不能转化为自矜自得的成果，只能任其消歇湮灭，这是很可惜的。所以，阅读中有了思想阳光的照耀，还必须有表达展现的能力，才能转化为自己的灿烂思想。

读书，是为了求知吗？

读书的目的是什么？有人说是获取知识、修身养性、充实自我、专业成长、打发时光。显然，这是一个见仁见智、开放性的问题，但通常人们还是会不约而同地把"获取知识"作为读书的首选目的。

读书是为了求知

为获取知识而读书，当然没错，因为求知正是读书的直接目的。其他许多目的也是通过读书的奠基而实现的，或者说是其衍生的溢出效应。尤其是当人的发展还处在"蓄能""充电"的打基础阶段，更是如此。但读书的目的是一个动态的、发展的、分层级的概念。就动态发展而言，职前阶段，读书主要是为了求知；职后阶段主要可能就是求用。就读书分层来说，低级读书阶段为的是求知，使自身"能量"满格；高级读书阶段就未必如此，它可能是为了发展，为了研究，为了创新等。

读书更需要求不知

我们需要颠覆读书为了求知的概念。我们认为书读到深处或高处，已不再是为了求知，而是为了求不知。北京市数学特级教师华应龙认为："读书是为了求不知。只有读到不知，才说明有了阅读效果。"我深以为然。

就读书的主体来看，那些专家和大师已经有了学富五车的读书铺垫、著作等身的研究成果、"曾经沧海难为水"的经历，他们已然成为特定专业领域的翘楚和巨擘，有一种"独上高楼，望尽天涯路"的格高韵远之境，"会当凌绝顶，一览众山小"的超脱洞察力。正如月亮是孤独的、太阳是孤独的一样，最优秀的大家思想也是孤独的。对他们来说，一般的书是入不了他们的"法眼的"。再退一步说，即便是那些深于思考、研究，小有成就的人，对书刊的阅读也是十分挑剔的。一般的、平庸的文章，缺乏创意和"亮点"的文章，不能使他们"开卷有益"；只能白白浪费时间和精力的文章，他们也是不读的。因为对他们而言，读书主要不是享受，更多的是一种提升、丰厚和转变，而不会像一般的读者那样只把阅读当成一种简单的乐趣。所以，只有自己不知的、新鲜有创意的、能够给自己启迪并催化了自己写作感悟的内容，才是他们所希望寻找和需要的。

就读书的客体来看，当下的书刊，价值含量太过稀薄。图书垃圾化，使人不敢读，就连编辑圈内的编辑都无奈自嘲："我是编辑我可耻，我为国家浪费纸。"图书浅俗化，使人不屑读；图书逐利化，使人不愿读。而读书是一个"淘金"的过程。如果书中无金可淘，那些对读书的层次有一定要求的人，自然会远离读书。而即便书中有"金"，它也是稀缺、金贵的东西。"不要寄希望于整本理论书都是金玉良言，可能某一章、某一句读了受用就够了。"换言之，有时历尽千淘万漉的阅读辛苦，能在满是沙砾的书中"淘"得"只言片语"的真金，就很不错了。千万不要期望值太高，那样我们只能收获失望。一般来说，能在书中获得"点石成金"那一点创意，或"画龙点睛"那一点创意，其实就够了。正如比尔·盖茨所言："创意犹如原子裂变，只需一盎司，便可带来无以计数的商业利益。"同理，读书的创意是能带来文化与思想创意的"酵母"。

"求不知"地读书，才能更好地发展自己。"求不知"地读书，就是要读自己陌生的、新颖的，能触动自己感悟生成和创意涌现的东西。为着这样的目的，要读一读那些不太懂的书，但前提是必须确认这是一本好书，否则，大可不必为难自己。读这样的书，一是对自己的现有水平、理解能力等构成挑战，是我们提升自己理论水平、发展自己认知能力的一种思维体操和理性锻炼。设使我们经过努力，读懂了我们原本不太懂的内容，哪怕只是一小部分，也标志着我们有了进步和提升。二是读书只有求不知，才能发展自己。倘若我们所读之书，都是我们熟悉的，没有一点难点、障碍，那就只是消遣娱乐式的"浅阅读"。它可以帮助我们打发时光、排遣寂寞、消解无聊，却不能助益我们发展提升。所以，为着发展计的阅读，是拒绝和排斥这种没有价值的"浅阅读"的，它是为求不知的"深阅读"，为求发展的"超阅读"，为求创新的"赢阅读"。

读书：为了突破经验的局限

经验是人类把握世界的最基本的方式。人类的经验分为直接经验和间接经验。直接经验是指亲身参与变革现实的实践获得的知识，它是个体通过直接的经历和体验形成的隐性知识。我们通常所说的经验指的就是这种直接经验。间接经验即通过读书从书本或他人那里获取的知识。直接经验是间接经验的源泉。诚如毛泽东同志指出的："一切真知都是从直接经验发源的。"任何知识(间接经验)不可能凭空产生，而是源于直接经验的感悟、总结、提炼、概括。脱离直接经验，知识就会成为无源之水、无本之木。直接经验是人们学习间接经验(知识)的基础。人对事物、知识的认知、掌握依赖于理解，依赖于认知前见(经验)的感性支撑，它是当下的学习任务与人的先在经验相互作用的过程。没有直接经验的"内存"铺垫，我们甚至连麦苗和韭菜都分不清，我们的学习就会失去基础和根基，就会成为"空对空"的"无根"的学习。

直接经验固然重要，但也有其局限性。这种局限来自主体的人和经验本身两个方面。从主体的人来看，人不能事事都直接经历。人的存在受时空、条件、职业及能力的局囿，其经验的外延、感知的范围、经历的事物总是有限的，而且没有必要更不可能事事都去尝试、亲为。从经验本身来看，其局限性也是显而易见的。柏拉图曾经说过："经验使人失去的东西往往超过给人带来的东西。"何出此言？第一，经验是具体的、有限的。复旦大学王健教授指出："个人的经验永远只能是具体的，而一切具体的都是有限的。经验无法达到完全归纳，一切有限的经验归纳在无限的事实面前的比值永远趋向于零。"经验永远是跛脚的。第二，经验是感性的。经验处在"知其然"的层面，却不能"知其所以然"，更缺乏对"所以然"进行再审思、再凝练的哲学概括。

第三，经验是底层的。它是做法层面、实践层面、基础层面的东西，如果不加以提升，就无法上升到理性的高度。第四，经验是守成性。正如柯勒律治所指出的："经验好比航船上的尾灯，只能照亮已经驶过的水域。"它是"向后看"的东西，具有固化、保守的特点。第五，经验是个性化的。它是个体体验的积淀和固化，通过经验实现的对世界的把握仅仅停留在个体认识的表面的、感性的、浅在的价值分析上，无法超越"共同经验"而深入事物的本质层面，因而呈现出认识的狭隘性特点，不具有普遍的指导意义。第六，经验是同质化的。经验＋经验＝经验。为什么？因为它是同质化的平行集成，是物理式的积累，而不是化合式的反应，不具备升华和质变的逻辑台阶。

为了克服和突破直接经验的局限，人必须通过读书学习间接经验（知识）。这是因为人所获得的知识，从数量比看，大多是间接经验的东西。"据专家测量，一个人的知识建构，从直接经验中获得的不足20％，而通过阅读得到的间接经验却在80％以上。"而且这些知识虽然在己为间接知识，但在创生这一知识的他人来说，却是直接经验的，所以，间接经验与直接经验是相通的、互补的、统一的。直接经验的不足是可以通过间接经验的学习弥补的。此外，我们还需要追问的是，读书为何具有超越经验的功能？明乎此，才能为了超越经验而自觉读书。超越的最本质意义在于向着一个更高超的东西升华和提升。从 A 向 B 的超越，一定意味着 A 是向着 B 真正升华的，但一定不是不要A 或抛弃 A。超越经验也一定不是抛弃自我经验、个性化经验，而是将自我经验升华到一个更高的境界，向着更完善、优化的境界挺进。读书就是这样的超越之法。

读书可由经验上升到理性

书是直接经验的总结、提炼、概括，是知识的载体和平台。人不能光凭经验应对现实和问题。经验的感性局限的表显特质，使它无法深入事物的本质，上升到理性认识的更高层次。这就要求我们通过经验总结、理性升华的书的阅读，提升我们的认知水平和理论水平，尽可能达及认识事物本质和规律的深刻层面。所以由感性而理性、由经验而理论，是经验提升的必然路径和归宿。如果我们不能将经验上升到理性层面，就只能停留在感性经验层面瞎"折腾"和浅"折腾"。

读书可由经验上升到方法

经验是"做法"层面的东西，它是方法的基础；方法是理论层面的东西，它是经验的升华。做法层面的经验往往是隐性的、非自明的。人们往往只知道这样做，或大家都是这样做的，却不知道为什么要这样做，用什么方法在做，有没有更好的方法去做。这些都是一本"糊涂账"，处在"日用不知"的下意识的、不自觉的状态，形成了对方法的遮蔽，而且还常以"教无定法"为自己开脱。经验要想从"做法"层面上升到"方法"层面，必须善于从读书中汲取方法智慧、理论营养，这样才能扩大知识占有面，开阔理论视野，总结教学得失，凝练教学方法，概括、提炼出优化的教学方法，形成方法自觉。

读书可由经验上升到创新

经验是具有固化、保守特点的东西，容易使人形成对经验的依赖，而导致固化、僵化，所以经验并非越多越好。这就好比两块手表并不比一块手表计时更准确，反而有可能因时间不一而干扰我们对时间的判断。的确，有时某一特定经验越多，越容易形成定式和依赖，从而阻断了思维突变和创新的可能。在这一点上，缺乏经验的年轻人往往比老年人在原创性上更锐利就是证明。所以，我们需要多读高于经验的理论书刊，打破对经验的依赖，尤其是在今天这样一个迅变的时代，人们更需学会删除头脑中那些无用的、过时的经验，腾出心灵的空间，为创新留下一片生长的空间和精神绿地。

读书可由经验上升到智慧

经验和智慧有相似之处，它们都是人与世界实践层面关系的建构，即都是一个更接近实践而不是理论的概念。经验和智慧都是"做"出来的，不是关于"说"而是关于"行"的概念，即"应用已知的去明确指导人生事务之能力"。但经验和智慧是两种有很大差异的事物或现象。一如上述，我们说经验是具体的、有限的，而智慧是开放的、无限的；经验是守成的，面向过去的，智慧则是灵活的，面向未来的；经验是导向重复和不变的，智慧则是导向变化和创新的。欲使人由经验上升到智慧，当然可以依赖实践修炼，但不读书学习绝对不行。因为智慧是我们理解、决断事物的思维反应能力及解决复杂问题的能力，是我们处理人与世界的关系及超越人生经验局限和误区的一种明智和聪慧。如果人没有知识视野、书香底蕴、理论铺垫，是绝对难以实现经验到智慧的上升的。

读书：为了遇见更好的自己

这个标题是杨绛老人的话，我感觉深有意味和道理，不妨根据自己的理解做一点诠释和解读。

人活在世上，遇见自己的方式是多样的。当你追逐权欲的时候，你遇见的是嗜权的自己；当你拼命捞钱的时候，你遇见的是嗜财的自己；当你贪恋美色的时候，你遇到的是嗜色的自己。这些遇见自己的方式，致力于身外之物的获取，人也就是为外物所绑架、所牵制、所役使的。人就像陀螺似的，被权、钱、色的鞭子抽打着，停不下来。这不是遇见自己的好的方式。因为物质的东西只能满足人的生存之需，且为物所拘的心灵是不自由的。人当然需要生存之需，但更需要不为物拘，心灵自由。而人的自由、人的超越和解放是由精神赋予的。

读书则不同，读书是向内、向着人的心灵展开的一种遇见自己的方式。张新颖说："读书，在一个重要意义上，就是一个朝向自我、理解自我、产生自我意识、形成和塑造自我的过程。"对外，它与世无争。它追求的是自我的修养和完善，并不会与这个俗欲汹汹、噪声嚣嚣的社会起冲突纷争。对内，它与己有益。它致力于知识的富瞻博硕，内心的充实丰盈，认知的澄明洞达。它是一种借助知识和文明的力量庇佑自己的行为选择。再换一个视角分析，与上述外骛的遇见自己的方式相比，读书也是"利己"的行为，但与格调低俗、目的卑劣、行为"走火入魔"的人相比，读书是一种高雅的利己。而且当这种"利己"达到一定数量和程度，就改变了人，使人变得文明、儒雅。读书就会产生一种正能量，产生一种"利他"的外化行为。在这个意义上，读书不仅是一种高雅的"利己"，而且是一种高尚的"利己"。而当一个社会选择这种遇见自己方式的人越多，文明人就越多，行为儒雅、思想深刻的人就越多，就会汇聚成一股强大的正能量。一个社会、一个民族，到底是向上提升还是向下沉沦，就看阅读的根扎得多深。阅读的根扎得深，以读书的方式遇见自己，就能改变整个民族的行为习惯和风尚，提高整个民族的素质和境界。

"读书：为了遇见更好的自己"，还可以有以下几点解读。

读书使你与优秀的思想共舞

书的魅力和价值在于：书是人类优秀思想的结晶，人类经验智慧的凝结。读书就是读人类优秀思想，撷取其中的人类智慧。当然，那些徒有书名的低劣的垃圾之作是不在此列的。如果你读书时与作者优秀的思想产生了深刻共鸣，说明你也随之深刻；如果你与作者美好的感情产生了和谐共振，说明你的情感也被洗礼净化；如果你与作者的灵思智慧有了碰撞交集，说明你的感悟和智慧也得到了提升超越。我们就是这样与书共舞，与作者心心相印的。我们在书中读到了自己，认识了自己。它是星与星在同一高空交辉，根与根在同一深土中挽手。这岂不就是在读书中遇见了更好的自己？

读书使你获得成长和进步

高尔基说："每一本书都好像一级台阶，我拾级而上，从动物上升为人。"每个人都是自我生命的井底之蛙，没有人不身处"局限"中。人的聪明和睿智之处，就在于人能认识到这种局限并寻求突破和超越。突破局限，就要通过书的台阶，不断攀登，站到人生和智慧的高处，"一览众山小"。换言之，人是在读书中不断生成新的自我，不断发展和进步的。它能使我们改变自身，超越局限，追求完美。例如，通过读书，作者好的思想被你吸收，与你的思想相叠加或印证，使你更加充实、丰富。实现了两种思想的交换，你又多了一种不曾有过的好的思想、智慧的思想。这岂不就是在读书中遇见了更好的自己？

读书使你充满自信和能量

读书使你流连于人类精神财富的宝库，获得思想的滋溉和浸润，使你充满知识底蕴和书香气息。它是建造一个完全属于你自己心灵世界的过程。通过读书，渐渐地，你的学问多了，见识高了，思想深了，胸襟广了，气质优了，谈吐雅了，显示出了与众不同的知识"范儿"和高人一筹的水平，别人也会十分认同和钦佩你。这样的比较和认同多了，你就养成了一种自信，一种对自身能力和水平的肯定与信任。这岂不就是在读书中遇见了更好的自己？培根说："知识就是力量。"这种力量是通过读书赋予的。一个善于读书的人，是充满力量和能量的。他们在心灵里建造了一个完全独立于外界的力量的王国，这个王国里栖居着令人神往的古今中外丰富而伟大的灵魂。有了这样"伟大灵魂"的相伴和支撑，他们就成为能量自足而又能辐射他人的人，成为借助书而遇见和实现更好的自己的人。

读书吧！让你的阅读教育你！让文本的语言和符码的意义，织成"梦的路径"，引领你"遇见自己、凝视灵魂、提升境界"，在追梦的旅途上一路前行！

写作：静待心灵花开

写作是静待心灵花开的过程。想一想，文章的产生是急不来的，没有好的创意、感悟，我们能下手硬写吗？心灵的花开与自然的花开一样，有一个蕴蓄的过程。这种蕴蓄依赖于积淀赋予的滋养的力量，依赖于厚积薄发、触动心灵而发现的那个写作的生长点、切入点。还有催生文章之花开放的思考，也是一个结撰构想的过程，而且必须是在安静的环境中凝神结想的过程，这就是"静待"。静待是缄默、内隐的思考孕育和催生心灵之花绽放的过程。

写作是心灵之花的蕴蓄

自然之花的绽放，是一个蕴蓄的过程。松薄云天必有深根，我们虽然看不到根在地下伸展的情状，但离不开它就下慈上，提供的生长的养分、能量，而且即便是花开本身，也有一个蕴蓄、含苞、生长、花开的过程。可以说，只有蕴蓄得越久，根扎得越深，花才开得越美。写作亦然。它是一个先内化积累，而后外化倾吐的过程，好比春蚕须吃进桑叶才能吐出丝来，蜜蜂先采集花粉才能酿出蜜来。写作的心灵之花绽放，如果没有这种积累、蕴蓄，就必然腹内草莽人虚空，难有能耐出华章。所以真正优秀的教师要留住阅读时的思想，就必须学会整理、学会记录、学会积累、学会提升，甚至学会推翻。这就必然要借助写作。

写作是思想之花的凝练

文章之道重在有内涵、有思想，它不是文字游戏，而是"经国之大业，不朽之盛事"，要求文以明理、文以载道。所以写作所开的是思想之花、心灵之花，这种花应当是世上最美的花，是精神之花。格雷厄姆·沃拉斯指出："就像我们可以选择在森林中呼吸更为纯净的空气一样，我们也可以选择把思想

118

置于更高的境地。"把思想置于更高的境地或者说绽放思想之花，是人之为人追求的一种高境界，但它需要找到并通过合适的方式历练。否则，提升思想就只能是一种水月镜像的愿望而已。而写作就是人们找到思想之花凝练、思想境界提升的方法和过程。因为写作可以使人汲取别人的思想精华，取法其上；写作可以帮助人梳理思想，不断地返回自身，认同自身，否定自身，完善自身，升华自身；写作可以使人的思想丰富、深刻、独到。看历史上那些教育大家，孔子、陶行知、苏霍姆林斯基、夸美纽斯、马卡连柯等，哪一个不是靠思想立根行远的。他们的著述带给我们无穷感思、凝悟、启益，在历史的长河中，温暖、充实着我们，惠泽、提点着我们，他们的思想理论也因之代代流传，行之久远。

写作是智慧之花的绽放

写作是讲天分和灵气的。不是每个写的人都能达到写的最高境界，因为最高境界不是单靠勤奋、努力就能成就的，还要有一定的天分和禀赋。但可以肯定的是，每一个写的人都可以在自身原有的基础上有所提升和进步，弥补自己天分和灵气的不足。这是放之四海而皆准的道理。换言之，写，可以培养我们的灵性、灵气，使心灵中的智慧之花绽放。写作是讲究智慧的，或者说，写作本身就是一种智慧技巧。没有智慧，看不破世相内蕴，参不透事物本真，只能写出一些肤浅的、在事物表面滑行的东西；没有智慧，悟不出真谛，形不成创意，只能写些人云亦云、老生常谈的东西；没有智慧，写作之花不会鲜活、绚烂，思想之蝶不会羽化飞翔。智慧是浸润写作之花绽放的活水和灵泉。

写作是语言之花的生成

写作是一种语言创生的过程，它是将心灵中美好的东西外烁闪耀并照亮他人的过程，是静待花开而美丽人生的过程，是语言的创造过程。语文特级教师窦桂梅说过："语言是开出来的、看得见的心灵之花。"每一次写作都是挖掘自己的心灵，静待花开的过程。文章是由语言的花瓣——字、词、句、段组合而成的思想的载体、意义的花朵。语言是构成写作之花的要素，是写作外化、展现思想的工具。写作是一个一个语词、一句一句话语、一段一段文字的花瓣，有序地、层层地打开，绽放意蕊心香的过程。写作是像丝一样从心灵中抽出来的，绵延着意义的心路历程，演绎着精神的高贵华美，组合成人类称之为"立言"的东西。它是人类壅培的精神之花，建构的心灵之香。这就是写作——心灵之花生成、灵魂之花绽放的过程。

在书香里诗意地栖居

我生平喜欢读书，虽然所读之书不多，但还是执着于此、钟情于此。因为我深深懂得做一个精神丰厚的教育者、做一名合格的教师，不沉潜其中、浸润书香、拓展知识边界、夯实精神底蕴，一切都只能事与愿违、转头成空。退一步说，即便作为一个普通的现代人，也是需要精神化妆的。我始终认为，人固然需要外在皮相上的化妆，但更重要的是精神和心灵上的化妆。书就是人类最美的化妆品。它是社会文明的砖瓦，是人类精神的阳光。它是铸造灵魂的工具，是启迪智慧的钥匙，是传承文明的桥梁。歌德说，读一本好书就是和许多高尚的人谈话。尼采说："读书，是在别人的知识与心灵中散步。"读书是人生最美的主旨，是人类最高雅的生命形式。精神化妆就是要多读书，沐浴和沉潜书香，在书香里诗意地栖居。人的生命有了书香的涵濡浸渍，才能使自身的精神质地更加高雅，生命更加光泽亮丽。有苏轼诗为证："粗缯大布裹身涯，腹有诗书气自华。"是的，由人的内在充盈彰显出的华贵气质，由人的内在修为沁逸出的生命芬芳，才是最高的美、极品的美。

在书香里诗意地栖居，必须具备辨识书香的慧眼、栖居书香的方法、品味书香的路径。

精选书香之作

栖居书香，必须有可栖之寓所，可览之佳著。苏轼贬官海南时，因抄得《汉书》而欣喜异常，"到此抄得《汉书》一部，若再抄得《唐书》，便是贫儿暴富"。他把得好书而读、而抄当作一种"贫儿暴富"、大喜过望的难得的财富。宋人苏舜钦读书，以书佐饮，把好书作为下酒菜，更是传为佳话。好书之所以要精选，是因为现如今不是所有的书都饱有书香，任意拿来就能"开卷有益"。这年头，低俗拙劣之作、浅薄垃圾之作、混珠滥竽之作，多了去了。读这样的书，哪有书香可言？只能败坏兴致，倒人胃口，所以必须精选书香之作。周国平先生认为："含金量高的书，第一，言之有物，传达了独特的思想或感受；第二，文字凝练，赋予了这些思想或感受以简洁的形式。"精选书香之作，一必须有目标。比如，跟踪你钦佩的专家，关注他们的成果信息。二必须有方向。即尽可能地根据自己学习研究的需要来选择好书。三必须有路数。即必须有获取好书的相应的渠道。比如，导师、同行推荐，关注书讯信息，通过别人成果的参考文献遴选等。

善用书香之法

得书香之佳作，必须有与之相适应的阅读方法。当下生活节奏加快，人的时间资源宝贵，很多人都在讨论筛选式扫读、快餐化阅读、浏览式跳读、"秒杀式"神读等，认为只有这样的阅读才能适应现代生活节奏。我认为，如果是无目的的休闲式阅读，或在不能确认读物质量而意在发现的阅读，采用这些方法也许无可厚非。但倘若面对的是书香之作，就必须采用"涵泳""品味"的阅读之法，绝不能是看热闹式的"虚读"或"一目十行"的扫读。对此，古人深谙其道。陆九渊《读书》诗曰："读书切戒在慌忙，涵泳工夫兴味长。"苏轼也赋诗道："旧书不厌百回读，熟读精思子自知。"大而化之的浏览，浮光掠影的扫描，浅尝辄止的浮泛，都无助于"品"出书的馥郁芬芳及甘醇的滋味。品味书香，是阅读主体和文本载体双向运动而产生的深刻的内在感受，是读者与文本深度"交融"、理解、感悟的结果，是思想的浸没和精神的占据。其犹如春雨之润花，如清渠之溉稻，是润物无声的渗透，是濡外慧中的滋养。著名学者王元化指出："读书不可贪多求快，而要沉潜往复，从容含玩。""沉潜往复，从容含玩"，就是品味。没有"从容"的心态，没有"沉潜"的功力，没有"往复"和"含玩"的理解的磨合，哪有书香的力透纸背，沁人心脾？所以对于好书，我们主张精读、研读，并做好笔记，这样才能提高读书的效率和质量。

品味书香之韵

品味书香之韵，须从周国平先生对好书定义的两个方面用功。

一要把握独特、深刻、精警的内在思想。书香的本质应该是它的内涵，源于其深刻的思想、精警的内涵、纯美的情感和睿智的表达。深刻的思想启迪我们的智慧，精警的内涵赋予我们洞见，纯美的情感陶冶我们的性灵，睿智的表达温润我们的生命。这些力透纸背并带给我们实益和悟识的东西，才是构成书香的核心价值。沉潜在书香的氛围中，我们视通万里，思接千载，与智者交谈，和伟人对话，为缜密的逻辑、深奥的思想所折服，为崇高的境界、伟大的灵魂所震撼。它使我们思想澄明、视界敞亮，成为富有思想和智慧的人。

二要品味简洁、凝练、优美的语言形式。书香源自语言的简洁、凝练。简洁而凝练的语言是一种睿智之美、提炼之美。这种美赋予思想以适切、凝练的形式，将复杂、精深的思想通过简练、精粹的语言一语道破，产生类似警句格言的效应，使人经久难忘而行之久远。书香源自语言的精美、雅丽。作家张晨义先生指出："字句辞藻的品质，几乎从先天上就能决定一篇文章的趣味和境界。"我始终认为，能够称得上书香的文本，必是语言精工、优美怡人的作品。即便是学术著作，也应该以文质兼美为上，而不应以刻板枯燥示人。古人早就说过："言之无文，行而不远。"所以书香之作的语言，必定是优美适切的，有的清新明丽，有的蕴藉典雅，有的睿智精深，有的严谨周至。一丝丝，一缕缕，沁人心脾，润物无声；一字字，一句句，撞击心灵，陶冶性情。在书香的抚慰和熏染下，人们接受精神的洗礼，享受美的化育，思想得到浸润，性灵得到净化，人格得到升华。

翻开书页，品味书香吧。月华星辉之夜，沏一壶香茗，邀一镰新月，迎一缕清风，弄一树花影，在青灯书桌之前，或翻阅浏览，或展卷细读，或反复品赏，只觉芬芳盈口、齿颊余香，功利之心顿失，浮躁之气远遁，在茶香、书香、墨香、花香的弥漫包围下，沉浸在诗意的温馨与读书的快乐之中。

向死而生：有关读写的拷问

向死而生，是一个富有哲学意涵的命题，意指人虽朝向死亡，但应超越死亡而生、而在。在海德格尔那里，"亡故"等同于我们现在"死亡"的概念。他认为，人只要还没有亡故，就以向死存在的方式活着，就一直以"有死"或"能死"的方式活着。当然也有虽生犹死的，如臧克家诗曰："有的人活着，但他已经死了。"这就要求人活出意义和价值，成为一个值得人们忆念的人。比如，高尚者和卑鄙者，当然是前者超越死亡、向死而生的，后者则属于活着的时候就已经死了，死了以后则被人彻底遗忘、速朽的一类。这是从道德层面的一种评判和解读。但这还不是我们想切入的"向死而生"的特定视角，不妨从物质的和精神的范畴打量一下这个话题，追问人凭什么"向死而生"。

人作为一个生物学意义上的物质实体必然要走向死亡，这是规律。岂止人，所有物质的、实体的存在，都免不了这样的结局。2014 年去世的香港影视界大亨邵逸夫，在内地留下了太多捐建的楼宇，他死后，其善行义举、大爱之心连同这些建筑会被人们想起和评说，但建筑的存在是有限的，当这些建筑年久湮废、了无遗痕，人们还会记起他吗？思想的、意义的和精神的东西，往往可以超越这一宿命，走向"生"或不朽。前提是人的思想足够精彩和深邃，经得住时间的淘洗而更加耀亮。这就是古人"三不朽"中的"立言"。

所以，每个人都应该思考：当你走向生命的终点，你将给这个世界留下什么？你凭什么让这个世界记住你？是物质富有、道德高尚，还是思想、精神的建树？显然，物质富有不足为恃，道德高尚值得追寻，但从读写的角度看，我倾向于或建议诸君留下一些自己思想和精神的东西。换言之，我们虽然只是一个短暂的历史过客，但也应该尽力为这个世界留下自己思想的屐痕、精神的底片。

人类发明了文字、造纸和印刷术，使思想和经验可以用符码的形式记载和传承，"传于异时、留于异地"，这些被称为书籍的文本，只要有留存的价值且保管得好，逾千年、万年也不会湮废，远比物质的、生命的实体"长寿"。所以，人需要文字的形式为自己的思想"立此存照"，以便超越生命，向死而生。

而这谈何容易？精神财富的创造比物质财富的生产更高端，也更艰辛，所以也更具有行之久远的价值。世界上有多少大款被后人铭记？即便那些富可敌国的人，也难以在历史的胶卷上留下自己的底片。历史上留下来的都是那些富有思想的巨智大哲，诗文传世的巨擘泰斗。这些人若从身份地位的视角看，大多穷困潦倒、命运多舛，不足挂齿，但他们凭借穿越历史时空的精辟思想，启迪后人高端智慧，得到全世界的尊崇和敬仰，成为名家而得以永生不朽。孔子、老子、孟子、苏格拉底、柏拉图、亚里士多德等，都是这样"向死而生"的人。他们所奠定的许多人类的思想边界、确立的精神格局、提出的睿智的思想观念，至今也难以超越。

仰望深邃的思想星空、浩瀚的精神穹宇，我们应见贤思齐，心向往之，追寻大师的思想及思想创生路径而去。虽然我们终其一生也无法达及这样的境界，但并不妨碍我们朝向这一目标，始终行走在路上。这也是一种人生，别样的人生，追寻精神建构的人生。它比饱食终日、无所用心的人生观，不知要强多少倍；比捞钱揽权、好色荒淫、比阔斗富、骄奢淫逸的价值观，不知要高多少级。人需要读书充实自我，需要文明力量的庇佑和滋养，使自己成为一个有知识的文明人。如果我们书读得好，有才华和能力，就应该拿起笔，进入自己思想建构的模式和流程。当然，我们并不期冀或奢望成为闪耀人类思想星空的大家，但亦可以舞文弄墨而自娱，走笔行文而自乐，从而为自己找到倾吐智慧、宣泄心灵、舒张个性、陈述己见的方式和路径。这是有益于生命健康的，是一种练脑的养生，有益于延缓衰老，防范痴呆，使我们在"向死"的路上尽可能走得慢点。虽然我们终不能逃脱规律的安排而走向命运的终点，但当我们告别这个世界的时候，能够留下几本可以称为书的精神产品传之身后，不亦幸哉！

读书吧！用人类精神文明的成果"喂养"自己，照料自己。写作吧！为人类文明之树的蓬勃再增一抹绿色，再添一缕生机，让它更加繁茂丰硕。这是每一个人的责任，也是"向死而生"最完美的一种选择和谢幕。

最是书香能致远

在这个世界上，什么东西最能致远？我的答案就是我想言说的这个题目。"致远"有两种意涵：一是指空间距离上的达及远方；二是指时间延传上的行之久远。古人曾经说过："宁静致远。"其实，宁静本身并不能致远。宁静只是人的一种存在状态，即外观相对静止，内心平静安然的一种状态。人如果仅仅保持这种状态——一种精神的状况和心态，而不是在这种状态下行事或有所作为，凭什么致远？宁静本身至多只能有利于人的修身养性，并不能产生任何"致远"的结果。真正能致远的不是宁静，而是宁静状态下人的高效、积极的作为。正如读书需要宁静的环境、条件和心态，但真正使人致远的并不是宁静的读书氛围和环境，而是读书本身，是读书濡染和沾溉的书香使人底蕴丰厚，行以致远。

书"香"吗？有人说书香源于油墨的清香。这不免牵强。其实在我看来，书香之"香"，只是因为人们喜爱而附会在它身上的一种肯定、褒扬的心理和情感的反映，是人们鉴于读书带给自己的满满的正能量而赋予它的一种美称；是人认同书、感谢书、回馈书而形成的一种正面的、美好的评价。其目的在于使人们更加热爱书、亲近书，与书结缘，伴书香远行。古来就有"书香门第"的说法，人倘能出身于书香门第，是一件令人引以为荣，甚至为豪的事情。因为它标志着这个家庭及其成员诗书传家的文化背景、读书渊源、身份教养。那究竟何谓书香？书香是人在阅读过程中品味到的书的属己的价值，感受到的染上身来的积淀的喜悦，助益于自己进步成长的精神铺垫而形成的一种由衷感激和美好评价。

医学理论认为，人的应然寿命限域是 120～150 岁，而书籍作为人类最宝贵的精神财富，是可以永远传承而不朽的。即便是那些很一般的书，它们可能尘封在书架上无人问津，但也会比人（包括它的作者）的寿命长很多。这是从书本身的存在来看的。再从人的生存发展来看，一方面，人活着需要物质的新陈代谢、能量循环，才能维持生命的存在，但人吃进食物的量是有限的，人的胃容积即便放大到极限，所能装进的食物也是有限的；另一方面，人的不良生活方式、习惯的折腾，折损人的寿命，使人能活过百岁就令人惊叹称奇了。但人的精神发展是无限的，从来也没有谁限制人的精神进食（读书），也没有听说过过量地读书如同过量进食会撑坏胃一样对人有害。这就是造物主的用心，就是书香无限、书香致远的现实依据。再从读书的特点和功效看，胡适先生1930年11月在《为什么要读书》的演讲中指出："第一，因为书是过去已经知道的知识学问和经验的一种记录，我们读书便是要接受这人类的遗产；第二，为要读书而读书，读了书便可以多读书；第三，读书可以帮助我们解决困难，应付环境，并可获得思想材料的来源。"钱理群教授也认为："只要一书在手，就可以和百年、千年之遥，千里、万里之远的任何一个写书的人进行精神的对话与交流。"也有学者强调："读书可以使我们与自己无法面对的任何人进行心灵对话；读书可以使我们感受自己无法亲历的生活；读书可以使我们窥见他人的生活方式、情感世界、人生经验，并在与自身的实践中得到对比和印证，从而收获自己的人生经验；读书还可以使我们在更高层面上感受到伟人、大师的精神生活，丰富自己的精神生活。"

书香致远是一种思想致远

北京师范大学肖川教授认为："世上最能让思想致远的，还有什么比得过那一脉书香呢？"思想是什么？英国现代哲学家维特根斯坦说："事实的逻辑形象就是思想。"理论、学说、观念、主张等都不过是这种逻辑形象的表现形式而已。我们认为，经验的理性形式就是思想，思想是理智洞见的成果。这种成果来源于阅读给予我们的滋养。我们依凭这种滋养获得精神发育、思想成长，并在阅读思考中凝练、升华出自己的思想，定格为人类的精神财富。西方的苏格拉底、柏拉图、亚里士多德、康德、黑格尔、马克思，中国的孔子、孟子、老子、庄子等，都是凭借自己的阅读底蕴和创造智慧而成为思想致远的宗师、楷模和典范的。

书香致远是一种精神致远

精神是虚灵的、无限的存在，是真正能致远的东西。精神不是实体的存在，一切实体的东西都是具在和有限的；而精神是虚在的东西，一切虚在的东西，都是形而上的，都是能够超越实在而臻于永恒、超越时空而行之久远的。所以，虚胜于实，道胜于器。人要想突破生命的局限，就必须追求精神致远的超越，而读书就是最能致远的一种行为选择。央视著名主持张越在读书公益广告中说："过日子也要放飞灵魂，读书与后者有关。"人通过读书，扩大思想的边界，拓展精神的疆域，占领精神的高地，产出精神的成果，就会在这个世界上留下自己行走的精神屐痕，刻下自己存在的精神记载，达到使有限的生命融入无限的精神传承之中的状态。

书香致远是一种德行致远

古人强调的"三不朽"是"立德、立功、立言"。唐代孔颖达的"疏"解是："立德，谓创制垂法，博施济众；立功，谓拯厄除难，功济于时；立言，谓言得其要，理足可传。"这里，"立德"作为"不朽"的方式，是居首的，足见其重要性。德国哲学家康德也说过，这个世界上有两样东西是令人震撼的，即我们头顶的星空和我们心中的道德律令。"道德律令"，就是强调人们应始终把道德规范放在人生的第一位，予以推重、遵循。社会主义核心价值观个人层面的价值准则——爱国、敬业、诚信、友善，都与德相关。因为德行是做人的根本，以德为本才能致远无极、行者无疆。现实社会中，那些道德楷模的事迹感动人、鼓舞人、激励人，他们有理由被人铭记而流传久远。而那些悖德、违德的人和事，也是我们倡导书香致远、立德致远以减少此类行径的理由。

德以致远，源于读书。一个人品德、德行的高下，基本与读书呈正相关，虽然也有例外，甚至个别反例，但那绝不是读书本身的过错，而是读书人思想蜕变、人生变异的结果。可以说，读书与人的德行成正比，这一命题总体上是成立的。因为读书决定人的修养、发展程度，决定人的品行、境界程度，也决定一个社会的文明、进步程度。书香之人，是对人很高的评价。它应该成为人们和社会崇尚、追求的根本旨趣和目标祈向。让我们争做书香之人，让我们的社会成为书香社会！这样，我们的国家才能跻身于世界民族之林，并永远立于不败之地。

读书的方式

　　读书的方式，是指读书的方法、形式或模式。这一专题所收的 11 篇文章均为对阅读的方式、方法的探求，属于"术"层面的追问。有关乎具体的阅读方式的，如《超感觉阅读》《提倡精读》《重视批判性阅读》《阅读：你达到了哪一层级？》；有直接涉及读书方法探讨的，如《读书之法摭谈》《古今名人论读书法》；还有一些是具体的技巧层面的文章，如《学会用书》《做笔记》《读书方式的选择》。还有 2 篇时评性质和争鸣性质的文章，《为"阅读占领地铁"行动点赞》《推广阅读是阅读的堕落吗？》，因涉及传统阅读对电子阅读的挑战和推广阅读的问题，故纳入此专题。

学会用书

　　读书的目的是什么？我们为何要读书？这是很重要的命题。表面上看，这两个问题是自明的，其实是自迷的。尤其是在读书实践中，人们往往为读而读，并不明了读书的真谛，目的的混沌性、遮蔽性十分突出。我们有些人书读了不少，但并不知道为何而读。比如，寻章摘句，死于他人言下；比如，矜奇炫博，武装自己的嘴巴；比如，读而无用，使自己的头脑成为"杂货铺"。这些其实都有悖于读书的初衷。毛泽东同志指出："读书是学习，使用也是学习，而且是更重要的学习。"从认识论的角度看，读书是人的一种认识活动。认识的目的不仅在于解释世界，更在于改造世界。再从知识、理论的本质看，理论的本质在于解蔽，在于指导人们的实践，使人获得行动的解放和自由。由是观之，读书的旨归、落脚点在于应用，在于实践，换言之，读书应重在用书。只有用书的读书，才是真正的读书。

　　学会用书的重要性，还可以从一些名家的论述中见其一斑。古希腊"悲剧之父"埃斯库罗斯说过："聪明的人不是具有广博知识的人，而是掌握有用知识的人。"苏霍姆林斯基则认为："人的智力发展在越来越大的程度上取决于他是否善于在知识的浩瀚的海洋里辨明方向，是否善于利用知识的仓库——书籍。"培根说："狡黠者鄙读书，无知者羡读书，唯明智之士用读书。"梁漱溟的观点是："真学问的人，学问完全可以归自己运用。假学问的人，学问在他手里完全不会用。"英国有个名叫阿克顿的所谓"学者"，他一生的唯一嗜好就是读书，家中藏书18万册，终身勤奋攻读，不少书都能背下来，可以称得上是知识渊博、学富五车之人，可是直到他68岁生命结束时，一篇论文也没留下，也没有提出任何有创造性的见解。这就是不会用书而产生的"阿克顿"式悲剧。

怎样才能做到学会用书呢？

熔铸自己的思想

梁实秋说过："我们要钻书窟，也还要从书窟里钻出来。"用现代文学大家李霁野的话印证此言："钻书窟"，即"不要空着脑袋过生活"；"从书窟里钻出来"，即"不要做书呆子，将脑袋里装满死书"。回到我们自己的观点上来，就是读书要善于熔铸自己的思想，做到"眼中有书，心中无书"。"眼中有书"，即用书之人必须是看书之人，是心中有书香、有底蕴的人，这样才谈得上用书。"心中无书"，是指不要受所读之书束缚、限制，不敢越雷池一步，死于他人言下，而要善于超越书本、超越他人，把知识转化为自己的东西。罗曼·罗兰曾说过："你最根本的需要并不是获得渊博的知识，最根本的是：你得到的知识，无论多少，必须是你自己的，用你自己的心血来滋养，是你自己不受羁勒而努力的结果。"朱光潜先生讲过：我读一篇文章，读一本书，必用自己的话把它表达出来，才觉得真的把这本书消化了。"用自己的话把它表达出来"，也是读书熔铸自己思想的一种方式，是用书的一种形式和表现。还要善于读出空白、读出问题，即读出学术先辈以为完成而实际上没有完成的问题之处。这样或批判问题，或填补空白，才能找到熔铸自己思想的机会和空间，实现读书的超越。

读出自己的东西

学会用书不是把书上的信息、知识作为谈资来炫耀自己，以显示其博学，而是要生成自己的思想，超越所读之书，读出自己的东西来。读出自己的东西来，一要有阅读创新意识。即读书的过程一定要想着生成一些自己的东西，而不仅仅是读书。二要善于思考。思考是阅读理解的过程，是读出自己的东西的思维前提。没有思考所读的内容，不入心、不入脑，不要说读出自己的东西，恐怕是否真的读懂了、领会了、理解了，都值得打个问号。三要善于迁移。即从文章中读到自己喜欢的一个词、一段话或某个内容，要读到心里去，要与自己的需要联系起来，与自己的感悟联系起来，并使它向着自己研究、关注的问题迁移，向着应用转化。哪怕你读的内容与你研究、关注的专业或问题毫不相干，也要有这种迁移联想意识。做到这几点的人，读书必能读出自己的东西。诚如欧阳修曾感叹弟子苏轼把死书读活了，评价他："此人可谓善读书，善用书，他日文章，必独步天下。"

行出致用的成效

读书的关键是行动，你要会用在实践中，在实践中应用。毛泽东同志曾经说过："如果有了正确的理论，只是把它空谈一阵，束之高阁，并不实行，那么这种理论再好也是没有意义的。"可见，知识和理论的意义在于"实行"。颜习斋说："读得书来，口会说，笔会做，都不济事，须是身上行出，方算学问。"又说："心中醒，口中说，纸上作，不从身上习过，皆无用也。"民主革命的伟大先行者孙中山先生也曾提出："以行而求知，因知以进行。"明代哲学家王守仁说："知之真切笃实处即是行，行之明觉精察处即是知。"这些论述均强调了读以致用、知行合一的重要性。其机理在于：一是知识用于实践，才能更加深刻地理解和体悟知识，即陆游所说的"绝知此事要躬行"；二是知识用于实践，在实践中彰显其指导价值，实现其实践功效，人们才会更加认同读书，读书也才会更加自觉，从而形成良性循环。对教师而言，学会用书、"行得出"，就是要解决教学科研过程中的实际问题，或者通过读书感悟、触发，唤醒自己的内心，形成自己的创新思想和写作成果。这才是读书的真谛所在，才是致用、"行出"的高境界。

做笔记

在读书的方法中，我最为推重的就是做笔记。这看似笨拙和不合时宜的方法，其实依然是迄今为止最巧慧、最有效的方法。现在一些人读书不喜欢做笔记。有的人过于迷信自己的记忆能力，认为自己记忆力强，不需要做笔记。其实，人的记忆力远没有这些自以为是的人想象得那样强大、那样神奇，它终究是有限的，所以不要对自己的记忆力评价得过高，也不要对自己的记忆力提出过高的要求，让它承受过多的不能承受之重，到头来都是靠不住的。也有"不少人觉得做读书笔记挺麻烦的，不愿费事。其实长远一点看，是减轻了自己今后的脑力劳动，为以后节省时间和精力先做储备"。事实正是如此，读的时候嫌费事，不记，用的时候记不起来，就要费大事，而且抓耳挠腮、紧张焦虑，可还是于事无补。何苦来哉！早知今日，何不记之？

做笔记的好处或者说意义，约略有以下几点。

弥补记忆力之不足

做笔记的根本目的在于提高记忆力和读书的效果。苏联心理学家谢切诺夫说过："一切智慧的根源在于记忆。"记忆就是和遗忘做斗争。人脑是漏斗，总是会忘的。而且记忆是叠加式的、覆盖式的，新的记忆覆盖旧的记忆，旧的记忆因被覆盖而弱化、淡化，最后遗忘。记忆的遗忘特性和覆盖性能，都要求我们做好读书笔记。在这个世界上，唯有文字是可以超越时空，弥补记忆的。亦如俗话所言："好记性不如烂笔头。"因为思想在头脑里是气体，说出来是液体，记下来就变成了固体。且不说记的过程就是一次记忆强化过程，单就记的结果看，它能保留住那些书的精华所在，便于"温故"，不让记忆的"漏斗"漏掉。如清人李光地说："凡书，目过口过，总不如手过。盖手随则心必随之，虽诵览二十遍，不如钞撮一次之功多也。"胡适谈读书，讲到朱熹读书的眼到、口到、心到"三到"时，说"实在是很好，不过觉得'三到'有点不够，应该是'四到'"。他又加了一个"手到"，并强调"手到"有几个意思：做札记，抄录备忘，提要，记录心得。这是十分正确的经验之谈。

提炼出书中的精华所在

做笔记，你不会滥记吧，你总会选择该记的记，或最精彩的，或最重要的，或你认为对你最有用的记下来。这样所记，必然是最精华的。如果说记下这些应该记住的东西，你也不愿去做，仍然将其视为脑门上长瘤，是一种额外的记忆负担的话，我倒要反问，这些东西有没有记的价值，如果有而一点都不愿记，任由我们的大脑成为筛子，那读书还能学到东西吗？我们是否有理由怀疑你根本就不是一个真正的读书人？人是应该给自己一点压力的，尤其是对那些经过精心遴选提炼的出彩的精华，我们没有理由拒绝笔记。当然，没有谁会绝对要求你完全记住所记的一切，即便你记不住，也没有谁会惩罚你、指责你。说到底，它还是软指标、软任务。只是我们出于对读书效益的追求，必须和应该对自己提出这样的要求，如此才能倒逼自己真正读有所得，并成为一个真正的读书人。正如晋代葛洪在《抱朴子》中所说的："余抄缀众书，撮其精要，用功少而所收多，思不烦而所见博。"此等有价值的事你不做，真不知你还想做什么？

养成读书不苟且的方法

为着做笔记，你总要认真一点、精细一点，从书中发现和提炼出真正好的东西。好比淘金，必须千淘万漉、吹尽狂沙，始能到金。而所记就是配得上称为"金"的东西。这样的东西在图书泛滥化、浅俗化、逐利化的今天，其实是非常稀缺的。漫不经心的随意阅读很可能就会错失发现"真金"的机会。我读书的时候总是认真寻觅，发现好的、有价值的，就采用画线法标出书的精华所在，并在旁边写上"记""好"这样的字眼，提示日后记下来。只是琐事扰人、杂务缠身，很多都没能记下来，留下了许多"欠账"、缺憾。让我们记住夏丏尊先生的告诫："读书要精细，才能写出读书笔记；反过来说，试写读书笔记，也就是使读书不苟且的一种方法。"

练就提取、整合信息的能力

语文特级教师窦桂梅说，写读书笔记既丰富了她的语言，增强了她的语感，也使她获得了一种终身受用的精神力量，更重要的是练就了她提取和整合信息的能力。第一，记笔记能练就自己提取信息的能力。提取信息依靠判断力，即你读的时候，要联系自己的研究或问题，对信息的价值和效用有一个基本的估量和判断，确定它是不是自己想要的，或对自己今后的研究、撰文等是否具有潜在价值。如果它有这样的功能属性，你就应该记下来。经常做这样的工作，当然对提高自己的信息提取能力有益。第二，记笔记能够锻炼自己整合信息的能力。整合考验人的创新力，它要求我们记笔记时，要有迁移嫁接能力。尤其是那些陌生的、非专业的异质信息，更要求你能联系到自己的专业、问题或任务上，找到契合点、共生点，整合到笔记中来，成为日后研究创新的宝贵素材和援手支撑。这样所记的笔记才是高质量的、创新的基础和财富。

为自己的研究做一个踏实的铺垫

记笔记不仅是高效的读书方法，而且是一条最重要的科研经验。这一点，我深有体会。2007年下半年，我在南京师范大学教育学院访学，读了一些课程论方面的书，做了一些笔记。如张华的《课程与教学论》，郝德永的《课程研制方法论》，徐国庆的《实践导向职业教育课程研究：技术学范式》《职业教育课程论》，周海涛的《大学课程研究》，小威廉·E. 多尔的《后现代课程观》等，由此奠定了我课程论研究的基础。我想说的是，对任何一个研究者而言，如果能围绕一个研究方向，看10本同类的优选出来的书，每本若记2万字的读书笔记，10本就记有20万字，而且所记都是筛选过的精华，这就会使研究者感到很有底气，觉得有这些东西铺垫，很踏实。的确，有了20万字的铺垫和准备，不要说写论文，就是出专著，我看也差不离了。反过来说，如果一字不记，即便你看了15本书，时间一长，你到底能记住多少，值得打一个大大的问号。我看还是要被记忆的筛子漏掉，覆盖的黑屏屏蔽。这时你依然会感到空乏其身，身外无物，到写文章或报课题时还会感到一筹莫展。所以，搞好科研最重要的还是从阅读、积累、做笔记这些最基础的工作做起。这样的方法看似笨拙、费力、辛苦，但从辩证的角度看，最笨的就是最巧的，是最扎实、最可持续的。最巧的、最轻松的，往往是最功利的、最短命的。

值得赞言的是，做笔记不能太过功利。只盯着眼前这一篇文章写作的需要，找一点现成的、马上就能用得上的材料，这太过狭隘。科研活动不是一锤子买卖，它讲究可持续性，所以记笔记，判断材料的价值属性，要眼光放宽一点，处理好无用处的目的与无目的的用处的关系。你记下它时，你并不知道它何时能派上用场，这就是无用处的目的；但你清楚虽然是漫无目的地记，也一定是有用的，有价值的，这就是无目的的用处。无用处的目的是要打破急功近利的心态。无目的的用处，是坚信虽然此时用不上，但未来彼时可能用得上。这样的材料要记下来，以备而待用。只有奉行这样记笔记的理念和做法，科研写作才能形成可持续性。因为科研写作的成熟具有无定性，你不知道它什么时候会被一个感悟照亮，一个灵感激活而瓜熟蒂落，唯一正确的做法是先记下来，进行多头并举的储备，等待成熟的苹果落下来，砸在你的头上。

读书方式的选择

在科技日益发达、信息传播手段日益多元的背景下，人们阅读的方式也日益多元，阅读途径丰富了，如电脑、手机、报刊、书籍等，使人们有了更多的阅读选择，这当然是好事。但也需要根据阅读目的，甄选对阅读者来说更合适、有效的方式。

选择何种方式阅读固然和阅读者的年龄、职业、修养有关，但也与阅读者的目的、旨趣相关。青年人更钟爱电子阅读的方式，中老年人更垂青传统的阅读方式。一个意在消遣的人大约总不会去选择艰涩的"大部头"啃；一个志在研究的人，也不会浅薄到只读微博、手机段子的程度。

但时下的电子阅读率增长很快，对"手不释卷"的传统阅读形成强力冲击。有调研表明："2011 年国民手机阅读率为 27.6％，比 2010 年的 23％上升了 4.6％，增幅为 20％。""2012 年我国国民人均阅读电子图书 2.35 本，比 2011 年的 1.42 本增长了 0.93 本，增幅达 65.5％。"读网、读图、读机等电子(或称"现代")阅读方式，固然有"小、快、新""短、平、快"的优点，但这种意在消遣的阅读，也不可避免地带来了自身无法克服的"浅"的弊端。正如周国平先生指出的："一个人如果主要，甚至仅仅看电视和上网络，他基本上就是一个没文化的人。他也许知道天下许多奇闻八卦，但这些与他的真实生活毫无关系，与他的精神成长更毫无关系。"所以，如果越来越多的人选择和依赖这种阅读方式，对民族文化的涵养、发展与创新并不是一件值得肯定和鼓励的事。因为这种"快餐文化"的兴起，正面肯定是适应现代生活快节奏的需要，负面审视则是助推了社会浅薄、浮躁、喧嚣、无思的"去文化"倾向，使人类的知识和思维日益碎片化、浅俗化。两相比较，我认为负能量大于正能量。

所以，我还是宁可选择传统的书籍阅读、文本阅读方式。

文本阅读是一种有思阅读

有思的阅读是一种伴随着积极思考、生命体悟的阅读。正像周国平先生所说的："真正的阅读必须有灵魂的参与，它是一个人的灵魂在一个借文字符号构筑的精神世界里的漫游。"阅读是一种需要聚精会神、心智投入的活动，任何一点心意不专或分神不属，都会导致不知所读为何物。所以朱熹强调阅读的眼到、口到、心到，"三到之中，心到最急"。著名学者王元化也认为："读书不可贪多求快，而要沉潜往复，从容含玩。"读网、读图、读机这种浅阅读，旨在获得信息、放松身心或打发时光，并不需要思想时刻保持在场，因而这种阅读不能涵养思想、训练思维、造就精深。无怪北大陈平原教授指出："我感到忧虑的是，没有沉潜把玩，不经长期思考，过于强调实效性，且最大限度地取悦受众，久而久之，这种阅读会成为一种生活方式和思维习惯。"而人书互动的阅读就不一样了，它不仅能使人"获得某种具体的知识，更能开阔眼界，锻炼思维，养成趣味——说不定还能防止老年痴呆"，同时这种阅读给予人反复琢磨、从容含玩的机会和时间，能唤起人的往复思考，激发人的倾心投入，使人能够凝神结想，追索意义的底蕴和思想的存在。因此，文本阅读依然应该成为阅读的主导方式。正像陈平原先生所要求和希望的"请记得对于'传统'保持几分敬意。这里所说的'传统'，也包括悠久的'含英咀华''沉潜把玩'的读书习惯"。

文本阅读是一种深刻阅读

有思的阅读必然是一种趋于深刻的阅读，而不是消遣、浏览式地扫描。深刻是指对文本理解的深度、把握的程度、获益的效度。深刻地阅读发生在对语言符号理解的需要和这种需要不易实现的矛盾之中，这种矛盾是由文字意义能指和所指之间形成的张力所赋予的。它需要阅读者调动全部的精气神，去捕捉思想的精髓、意义的本真，才能真正读懂文本、读透文本，将有意义的思想及其价值深深地刻在自己的记忆之中、心灵之上。而网上阅读不具备这种品性。看那些读网者，随性地移动鼠标，边听音乐边品香茗，一目十行地看着，还有一搭没一搭地和别人聊天。这种聊胜于无的阅读，只能使人越读越浅。而且这样的阅读习惯养成后，很难再集中精力做一件事情，这是更可怕的后果。凯勒说："一本好书像一艘船，带领我们从狭隘的地方，驶向无限广阔的生活海洋。"而读网、读机之类的浅阅读，只能把我们引上精神的荒岸、文化的浅滩。所以，如果你真正要读有精神含量的作品，一定要选择拿着一本纸质书慢慢地品读。

文本阅读是一种生态阅读

随着网络的普及与普效，我当然也经常读网，如查资料、下载文章等，但只是把它作为一种工具、一种聚材的方法来对待，而不是作为一种阅读方式。每当我搜索到重要的文章，虽然也可以在网上读，但我还是要把它打印出来捧读。因为我总是感到封闭在电子屏幕中的符号与人隔了一层，有碍阅读的深入思考，也不便记下阅读的感悟和启迪，阅读效果会大为"缩水"。纸质图书则不同，可触可感，可亲可近，可捧读凝思，亦可勾画作记，留下自己阅读的痕迹和体悟，作为"用书"的线索和提示。这种零距离交融式的阅读当然更亲密和人性化，更有利于人书对话和精神造就。面对电子屏的阅读既是科技成果的彰显，亦是人成为技术"人质"的表征。虽然人人都知道这种阅读会有电磁辐射，长时间地沉溺网读，会有害健康，不仅直接损害人的视力，而且会造成"鼠标手""电脑脖"等，但还是有人乐此不疲，不惮成为"网虫"。读书则不同。面对自己喜爱的装帧精美、泛着油墨馨香的书籍，面对印刷符号构筑的思想的载体、意义的殿堂，我们有一种发自内心的敬畏，一种徜徉其间必有斩获的阅读期待。读这样的书是一种快乐幸福，一种有益身心健康的乐趣和享受。

读书之法撷谈

"读书，实际上是人的心灵和古今中外一切民族的伟大智慧相结合的过程。"这一"结合的过程"，或结合效率、质量的好坏是讲究方法的。方法是人做某事的方式或办法。好的方法可以使人事半功倍，不当的方法则事倍功半。这里撷拾一些古人的读书体悟或观点，谈谈读书的方法。

读书须用心不杂，此乃入神要路

"用心不杂"是指心意专属而不分心旁骛。"入神"则是读书达到的一种境界。它是沉潜其中，把"全神"都"贯注"进去，达到的入境入神忘我境界。读书倘能做到用心不杂，心到神入，必能心静理明，入乎其内，渐见意味，读有所获。反之，倘若读书用心杂乱，心不在焉，"只漫浪诵读，决不能记，记亦不能久也"。所以，宋代大儒程颐就要求学子读书学习忌"躁妄"，贵"静专"。朱熹亦要求："大凡学者须是收拾此心，令专静纯一。"孟子曾举例说明学习专心致志的重要性：两个学棋于弈秋的学生，一个用心专一，一个"一心以为有鸿鹄将至，思援弓缴而射之。虽与之俱学，弗若之矣"。读书，尤其读一些理论艰深的书，是一种艰巨的脑力劳动，若神散意乱，是根本读不进去的，或者说不知所读为何物，充其量只能是拿着书本装装样子、自欺欺人而已。只有那些神入其中、心入其境、欣然意会地读书的人，才能真正体悟阅读的真谛，获取阅读的幸福。

读书不宜多滥驳杂

朱熹说："读书之法，当循序而有常，致一而不懈；从容乎句读文义之间，而体验乎操存践履之实，然后心静理明，渐见意味。不然，则虽广求博取，日诵五车，亦奚益于学哉！"叔本华说："读书多的人，他的脑海就像一块密密麻麻、重重叠叠、涂抹再涂抹的画布一样，一塌糊涂，糊涂一塌。"你还能分得清哪是哪吗？你还能辨得明谁跟谁吗？这样的知识究竟能够记住多少，很值得打个问号，更别说提取应用了。所以盲目地倡导多读书，开卷有益，实在是一个误区。我始终认为，读书应当读精和精读。读精就是要甄选精华的、精粹的、经典的书来读，而不必贪多务得、积食不化。这样虽然读得不多，但所读都是精品力作，起点高、质量好，能够养成人的正确的阅读品位和价值取向，使人发育健康的精神，打下良好的精神底子。精读的意涵是，读书不能像手电筒光那样散射无度、驳杂无边，而要像激光那样能量集中、高度聚合，才能射得远、功效强。这就要求我们读书有一个方向，即朱熹讲的"致一而不懈"。"致一"就是读书要始终锁定一个方向，咬定一个目标，就像放大镜始终聚焦一个点就能引燃纸屑。"不懈"就是读书要长期坚持，这样才有可能成为特定领域的人才、专家。

读书譬如饮食，从容咀嚼，其味必长；大嚼大咽，终不知其味也

生活经验告诉我们，吃饭细嚼慢咽、从容咀嚼，有利于消化吸收，身体健康。而大嚼大咽，甚或囫囵食之，不仅食而不知其味，而且不利于消化、吸收和健康。何谓读书的"从容咀嚼"？著名学者王元化说过："读书不可贪多求快，而要沉潜往复，从容含玩。"这里"沉潜往复，从容含玩"指的就是读书时的"从容咀嚼"。读书只有"从容咀嚼"，才能明理逮意，真学真懂，吸收良多。如朱熹云："读书，须是穷究道理彻底。如人之食，嚼得烂，方可咽下，然后有补。"反之，"大嚼大咽"读书者，就如郑板桥所批评的那样，"眼中了了，心下匆匆……一眼即过，与我何益也。"这种"心下匆匆"，不过脑地读书，必然读而不知其意，只能是"看热闹"式地"虚读"，而非"看门道"式地"研读"，所得亦非常有限。所以，"从容咀嚼"的阅读，一定是追求读书"三到"，尤其是"心到最急"的阅读；一定是为了读以致用、力求甚解的研读；一定是有明确阅读目的的"众里寻他千百度"的发现式阅读；一定是为着"读出自己的东西"来的超越式阅读。只有这样的阅读才是我们所应提倡和弘扬的真正的阅读，尤其是在物欲化倾向、粗俗化倾向、冷漠化倾向、躁动化倾向日益严重的社会背景下，更应如此。

古今名人论读书法

我国是一个有着优良读书传统的国家，这与五千年的文明传承息息相关。正是靠着一代又一代读书人的接力延传，文明的薪火才加热着文化的厚重；思想的星空才闪耀着永恒的亮丽。这其中对读书方法的总结概括，是文化传承重要的经验和路径所在。它指引着人们读书的门径和奥妙，引领着读书人学海泛舟、书山探胜，领略书的魅力，采撷书的智慧，滋养民族的心灵，驱动文化的进步。这里结合自己撰著此书的阅读所及，掇拾一些古今名人关于读书的论述，有的附上简要点评，奉献给读友诸君。

宋代陈善的"出入读书法"

读书须知出入法：始当求所以入，终当求所以出。见得亲切，此是入书法；用得透脱，此是出书法。盖不能入得书，则不知古人用心处；不能出得书，则又死在言下。惟知出知入，得尽读书之法也。（《扪虱新话》）应当说陈善的"出入读书法"，说得非常精辟到位，均是切中肯綮之言，符合读书的规律和本质。

精读一书法

《广近思录》记载宋代吕祖谦的读书观，称："学者当先治一经，一经既明，则诸经可触类而长之。史当自左氏至《五代史》，依次读，则上下首尾，洞然明白。至于观其他书，亦须自首至尾，无失其序为善。若杂然并列于前，今日读某书，明日读某传，习其前而忘其后，举其中而遗其上下，吾未见其有成也。"

元许衡亦就读史发表过类似感言："阅史必且专意于一家，其余悉屏去。候阅一史毕，历历默记，然后别取一史而阅之。如此有常，不数年，诸史可以备记。苟阅一史未了，杂以他史，纷然交错于前，则皓首不能通一史也。"

宋、元吕、许二人或就读经，或就读史，均强调"先治一经"，再触类其他；"阅一史毕"，再旁及别史。宋代黄庭坚也说过："泛滥百书，不若精于一也。"明代黄淳耀亦云："先儒论格物义云：'一事上穷尽，他可类推。'此贯通觉悟之机也。"清人沈近思亦曰："读书全在专一，专一则精熟，而意味日出，心得无穷。若一书未竟，又读一书，杂而无功，徒废岁月。东坡所谓学者须精熟一两书，其余如破竹数节，后皆迎刃而解也。"足见精读其一、打底夯基之重要。今人读书，不可不审思而慎取。

朱熹的"六条读书法"

朱熹一生酷爱读书，对如何读书有深切体会，提出了许多精辟的见解。他的弟子及后人(如元人程端礼)将其读书法概括为"朱子读书法"，共六条，即循序渐进、熟读精思、虚心涵泳、切己体察、著紧用力、居敬持志。

第一，循序渐进。"凡读书，先读《语》《孟》，然后观史，则如明鉴在此，而妍丑不可逃。若未读彻《语》《孟》《中庸》《大学》，便去看史，胸中无一权衡，多为所惑。"又说："以二书言之，则通一书，而后及一书；以一书言之，篇章字句，首尾次第，亦各有序，而不可乱，量力所至，而谨守之。字求其训，句索其旨。未得乎前，不敢求其后；未通乎此，则不敢志乎彼。如是循序而渐进焉，则志定理明，而无疏易凌躐之患矣。是不惟读书之法，是乃操心之要，尤始学者不可不知也。"

第二，熟读精思。"大抵观书先须熟读，使其言皆若出于吾之口；继以精思，使其意皆若出于吾之心，然后可以有得尔。"又说："大抵所读经史，切要反复精详，方能渐见旨趣。""读书且熟读细看，自当渐见意味。不可支离穿凿，以求见解也。""书不记，熟读可记；义不精，细思可精。""泛观博取，不若熟读精思。""读书之法，读一遍了，又思量一遍；思量一遍，又读一遍；读诵者所以助其思量，常教此在心上面流转。若只是口里读，心里不思量，看如何也记不仔细。"

第三，虚心涵泳。"学者读书，须要敛身正坐，缓视微吟，虚心涵泳。"

"看文字须是虚心，莫先立己意。""虚心切己，虚心则见道明理，切己自然体认得出。""读书之法无他，惟是笃志虚心，反复详玩，为有功耳。""读书之法，又当熟读沉思，反复涵泳，铢积寸累，久自见功。"

第四，切己体察。"今人读书多不就切己上体察，但于纸上看，文义上说得去便了，如此济甚事。""入道之门，是将自身入那道理中去，渐渐相亲，与己为一。""读书须切己体验，不可只作文字看。""读书不可只专就纸上求义理，须反过来自家身上推究。""读书之法，当循序而有常，致一而不懈，从容乎句读文义之间，而体验乎操存践履之实，然后心静理明，渐见意味。不然，则虽广求博取，日诵五车，亦奚益于学哉！"

第五，著紧用力。"宽著期限，紧著课程。为学要刚毅果决，悠悠不济事；且如发愤忘食，乐以忘忧，是甚么精神，甚么筋骨？今之学者，全不曾发愤。真要抖擞精神，如救火治病然，如撑上水船，一篙不放缓。其著紧用力之说如此。"

第六，居敬持志。"读书之法，莫贵乎循序而致精，而致精之本则又在于居敬而持志。此不易之理也。""读书须将心贴在书册上，逐句逐字，各有著落，方始好商量。大凡学者须是收拾此心，令专静纯一。日用动静间，都无驰走散乱，方始看清文字精审。如此，方是有本领。""读书时，敬于读书，便自然该贯动静，心无不在。今学者说书，多是捻合来说，却不详密活熟。此病不是说书上病，乃是心上病。盖心不专静纯一，故思虑不精明；须要养得虚明专静，使道理从里面流出方好。"

朱熹的"六条读书法"，条条精当、精辟、精粹，是为学读书者不可不循之法门，不可不遵之路径。如清张履祥即说："熟读精思，循序渐进，此读书法当谨守之。"其他四法又何尝不亦应如是？

读书搁置法

清代唐彪在《读书作文谱》中记载了明代吴默的读书法，称："书义有思之而即得者；有思之竟日而后得者；有明日又思之而后得者；有力量未到，累日思之而不可通，俟停搁三月五月之后，识见精进，或重思之，或他书触发，而恍然得者。"

清陆世仪《思辨录》云："凡人读书用工，或考索名物，或精究义理，至纷赜难通，或思路俱绝处，且放下书册，至空旷处游衍。一游衍忽地思致触发，砉然中解，有不期然而然者，此穷理妙法。"

读书总有义理不明、难通之处，总有迈不过去的"坎"，这时是退而思之，还是"必欲多方牵补，强解求通"，牵强附会，穿凿其意，读书搁置法应能给我们以选择智慧和启迪。

清毛先舒的"四要"读书法

"读书有四要：一曰收，将心收在身子里，将身收在书房里是也。二曰简，惟简斯熟，若所治者多，则用力分，而奏功少，精神疲，岁月耗也。三曰专，置心一处，无事不办，二三其心，必无成就。四曰恒，虽专心致志于一矣，而苟无恒，时作时辍，有初鲜终，亦无成也，故存恒尤要焉。"

清王晫的"四不"读书法

"读书听言，当自省者四：不虚心，便如以水沃石，一毫进入不得；不开悟，便如胶柱鼓瑟，一毫转动不得；不体认，便如电光照物，一毫把捉不得；不躬行，便如水行得车，陆行得舟，一毫受用不得。"

"四不"之法，取譬用喻，语言凝练，虽从反面言读书之误区，但读者亦可从正面领悟方法之精髓。

曾国藩的"三有"读书法

"盖士人读书，第一要有志，第二要有识，第三要有恒。有志则断不甘为下流；有识则知学问无尽，不敢以一得自足，如河伯之观海，如井蛙之窥天，皆无识者也；有恒则断无不成之事。此三者缺一不可。"

梁启超论读书笔记法

"若问读书方法，我想向诸君上一个条陈。这方法是极陈旧的，极笨极麻烦的，然而实在是极必要的。什么方法呢？是抄录或笔记。""这种工作笨是笨极了，苦是苦极了，但真正做学问的人，总离不了这条路。"

在论及笔记的作用时又说：当读一书时，忽然感觉这一段资料可注意，把它抄下。这件资料，自然有一微微的印象印入脑中，和滑眼看过不同。经过这一番后，过些时碰着第二个资料和这个有关系的，又把它抄下，那注意便加浓一度。经过几次之后，每翻一书，遇有这项资料，便活跳在纸上，不必劳神费力去找了。

说到收集资料时又说，搜集资料如"披沙拣金，千万颗沙里头不知道得着得不着一两颗金"，所以"最要紧的工作，是要勤用笔记。因为许多宝贵而零碎的资料，稍微大意一点，便像拣出的金依然混回沙子堆里，要再找可就费力了"。在采用的具体读书方法上，梁启超一般采用"鸟瞰""解剖""会通"的顺序读三遍。

陶行知的读书"十字法"

一曰序。由浅入深，由表及里，循序渐进。二曰勤。业精于勤而荒于嬉，只有勤奋好学，刻苦攻读，才能学有所成。三曰恒。持之以恒，锲而不舍。四曰博。从精出发，博览群书，博采众长。五曰问。不耻下问，像孔子那样遇到不懂，便"每事问"。六曰记。即多动笔墨，勤做笔记，勤于积累。七曰习。即做到"学而时习之""温故而知新"。八曰专。即专心致志，专一博广，静心思虑。九曰思。即学思结合，勤于思考，学会运用。十曰创。即能举一反三，触类旁通，勇于创新。

茅盾的"三式"读书法

第一遍：鸟瞰式，形成初步印象；第二遍：精读式，品味作品妙处；第三遍：消化式，汲取种种精华。

以上掇拾古今名人读书方法论述（多取自张明仁的《古今名人读书法》一书，谨致谢忱）支离散碎，挂一漏万，仅供读者参考。

超感觉阅读

　　人有五官——眼、耳、鼻、舌、身，也就有了"五觉"——视觉、听觉、嗅觉、味觉、触觉。阅读依赖视觉，但又不仅此，其他感觉同样参与到阅读过程中。比如，看见"米兰和茉莉的绽放"这样的文字，我们会闻到清雅的花香；对餐桌上美食的描述，会让我们口舌生津，味觉大开；"飞机呼啸着掠过长空"，我们又仿佛听到那震耳欲聋的轰鸣。所以，我们完全可以说，阅读是人的感觉整合的过程，是人动用自身的全部感觉器官感悟、体验、品味文中意蕴、书里春秋的过程。它依赖单一的感官、感觉，又综合这些感知、感觉，这种综合感知的整体作用，我们称之为"统觉"或"心觉"，也有人称为"第六感觉"。它是超感觉的，是统整综合的感觉集成。

　　心觉是指人类通过前五觉的刺激，反映给大脑某个未知细胞或器官所体现出来的心理感觉，如快乐、悲伤、恐惧、痛苦等心理表现。人的感觉综合是不争的事实。例如，饥饿并不仅仅是胃的感觉，而是全身的难受和无力。我们读了一本非常受感动的温馨的书，眼睛湿润，心情愉悦，整个人都有一种舒泰感；读了一本恐怖小说，毛骨悚然，惶恐不安，魂悸魄动，做噩梦，整夜睡不好觉。这都不仅是视觉的单一之感，而是全身心的感受。

　　任何阅读的感觉都是综合的感觉、超感觉。超感觉即超越单一的感觉而形成的整体的感觉，这种感觉是以联觉的方式整体应对阅读对象，具有"1＋1＞2"的功能。它始于单一的视觉刺激，经由大脑输送、传递，向其他感觉弥散、迁移、泛化，获得一种综合的、立体的体验，帮助我们理解、感悟语言的魅力、文字的真谛。这样的过程正如学者描述的："当读到感兴趣的内容时，大脑系统会整合所有的视觉、听觉、语义、句型等信息，而读者会不自觉地将阅读的内容与本人的思想与情感联系起来，从而产生各种意象和情绪。"反之，如果"缺乏第六感觉就不会有真正的阅读，就不能体会到阅读的撩人心弦的切身感受"。

超感觉阅读是一种全身心的投入和应对

阅读是一种艰巨的脑力劳动，是一项汲取或习得书中思想智慧的智力工程。书的内涵的丰富性、深刻性和无限性与人的阅读能力的有限性之间的矛盾，使人的阅读永远面对和背负着智力挑战。它挑战着我们智力的边界、思维的深浅、经验的多寡、能力的强弱。所以，真正的阅读永远不像我们想象的那样轻松、应付裕如。它是需要全"心"以赴、倾力以对的。没有超感觉的心灵整合的应对，单纯的或仅仅动用部分感官的功能，而没有形成感觉"合力"，都不足以使我们深刻感知和开发出书的内蕴，我们对书的感知和理解就必然是有限的、肤浅的、偏狭的。

超感觉阅读是一种"心到"的阅读

宋代大儒朱熹认为，读书要眼到、口到、心到，"三到"之中，心到最急，心既到矣，口眼岂不到耳？超感觉阅读就是一种"心到"的阅读，它是由富有统率性的"心觉"主宰的阅读。书是文以载道、载思的文本，是理性提纯后的结论或产物。阅读就是破译"道"、感悟"心"，理解和提纯理论的过程。这一过程要求阅读中读者投入自己的智慧、感情、联想和切身体验，通过对书的内容的探索和思考，更深刻地开发作品，获得阅读成果。所以，阅读与其他知觉不同，其本质属性不依赖于直接的感官输入，而通常取决于人的心理感觉和心智水平的高下。

超感觉阅读是一种升华式的阅读

阅读不是照搬原样，书云亦云，而是一种升华的转化。阅读"是一个生成的过程"，是作者的思维通过书本的传递、读者的阅读，与读者的思维相互影响和结合，形成新思维的过程。在这一过程中，读者凭借超感觉，深刻感知作品的内涵，触动自己的生命体验和知识积累，触达心灵深处的感应机制，联想并感悟到某种创新的意念，形成了自己的思想，这时他就会产生表达的冲动，这就是升华式阅读的形成机制。换言之，升华式阅读就是书之内容与读者喜好之间的碰撞，是书的特定内涵与读者个人的阅读目标产生契合共振，使读者发现了超出作者智慧、作品藩篱而自主升华的思想，并通过外化倾吐将其定格为新的创造性的思维成果。这就是超感觉升华式阅读想要获得的真正的阅读结果。

提倡精读

　　我们所处的时代是一个迅变快闪的时代。30 年前，我们还摇着蒲扇抵抗夏天，捧着报纸张望世界，守着邮筒等待信息。30 年后，电器的强势介入和数字化生存方式颠覆了传统的生活。30 年前的生活，与人类 300 年、3000 年前的生活并无本质区别。仅仅 30 年时间，我们就从农业社会、工业社会、信息社会一路走来，横跨了三个大级别的经济时代。30 年的革命超越了 3000 年的进化。日新月异的迅变与改革，成就了我国经济发展连续多年的高速增长，使我国成为世界第二大经济体。但我们在享受经济发展成果和感到自豪的同时，忧虑地发现，经济的发展、物质的繁荣和社会的迅变，并没有带来文化的跟进、道德的提升和精神的拔高。香港中文大学校长沈祖尧说："这是一个利益在前、道德在后的时代。金钱、地位、权力为世人追逐，道德和价值观的培育却渐渐被人遗忘。"周国平也认为："这是一个物质浪漫大于精神浪漫的时代。"物质浪漫大行其道，精神浪漫憋屈委顿。人们追逐物质实利、生活享受，日益变得浮躁、浅薄。是的，浮躁、浅薄日益成为我们这个时代的标签。而这一切都源于人们对读书的冷漠与疏离。试问，当下有多少人还有足够的心境和学识去读一本稍稍枯燥的书？这基本上可以成为衡量一个人浮躁与否的试金石。

　　的确，在一个浮躁、浅薄和功利盛行的社会，读书已成为一种奢望。哪还有人能真正坐得下来精读？有调研表明：在阅读方式的调查中，快速诵读是大学生的首选方式，占 45％；而边读边做笔记或批注的只占 33％；总体来看，选择慢读者只占到 30％左右。传统的阅读方式正在被抛弃而渐行渐远，"慢工出细活"的读书取向正在被囫囵吞咽的快速阅读取代。电子阅读已超越纸质阅读，"大学生平均一个月的纸质阅读量为1.47本，电子阅读量为1.92本"。而越是这样就越要提倡精读，否则我们将与精读这种阅读方式越行越远。

为何需要精读？

精读才能真正理解、领悟

阅读是最费心、用心的一项活动，因为阅读的文本是他人的智慧和思想的结晶。你能否入得进、读得懂，将他人的优秀成果转化为自己的东西，取决于你心智投入的程度。这就需要精读，尤其是对那些文字较为艰深难懂的文本。只有精读，你才能促使自己全身心投入，进入最佳阅读状态。这时你心气健旺，反应敏捷，注意力高度集中，思维的"马达"高速运转，准备与文字进行一场智力博弈，迎接阅读挑战和思想盛宴。显然，有了这样精读的思想准备和精神状态，你自然能披文入里，精思附会，在自身的能力水平上，最大限度地读懂弄通，深刻领悟阅读文本。诚如朱熹在《朱子读书法》中要求我们的："学者读书，须要敛身正坐，缓视微吟，虚心涵咏。"他又说"读书遇难处"，更要"笃志虚心，反复详玩"，才可能"理会道理"。相反，那种漫不经心地粗读，只让眼睛在文字表面滑过，心灵却根本没被触动，思维也懒于响应，这样的阅读只能是糊弄自己的阅读，往往根本不知所读为何物，更别说理解、领悟了。

精读是以少胜多的需要

精读是效益最高的一种阅读，表面上看，精读耗费的精力多，占用的时间久，如果不是精读，可能读的书数量就会更多一些。但凡事不能以量取胜，而应以质为本，质决定量，量不过是实现质的手段，所谓"满天繁星不如一轮明月"。有时候，精读胜过博览，"以少少许胜多多许""最少即最多"。透彻地理解一部经典，即可触类旁通，以一当十，以一当百。如北宋宰相赵普就认为，"半部《论语》治天下"。这就是精读深刻领悟、融会贯通带来的效益。正如英国剧作家奥斯本指出的："与其匆匆博览百本，不如彻底消化几本。"德国叔本华也认为："不加思考地滥读或无休止地读书，所读过的东西无法刻骨铭心，其大部分终将消失殆尽。"今人王开林也说："读书太多，脑袋不是自己的了，成了别人思想的'跑马场'。那还真不如省点心思，省点力气，干脆废书不观。"可以这样说，如果悟性缺席，思考缺位，多读不仅无益，反而有害。河床淤积之后，流量将大为减弱；抽屉装满之后，就难以再放进新的东西。

精读才能转化为人生的底蕴

精读的东西一定是在你的人生中刻痕深、影响远的东西。尽管那些精读的内容随着时间的冲刷，可能已经淡忘，但这又何妨，它早已转化为一种底蕴，铺陈在你的生命建构之中。一种观念，渗透在你的价值观、人生观、世界观之中；一种习性，融贯在你的思维方式、个性特征、行为习惯当中。人的底蕴是由读书转化而来的，这是一个积淀的过程，但并非你读书了、读书多了、读书久了，就一定有底蕴了。读书是一码事，底蕴是另一码事。有人终其一生读书，也不过是一个"两脚书橱""存储硬盘"。不能转化为底蕴的读书，等于白读。他们读得太浅了，没有将读的东西融入自己的思想，转变自身的观念，提升自我的德行，融入自己的灵魂、生命与人格，当然不能转化为底蕴。这样的读书还真不如不读。如何转化呢？宋代大儒陆九渊诗曰："读书切戒在慌忙，涵泳工夫兴味长。未晓不妨权放过，切身须要细思量。"这就是精读。换言之，只有精读而入心、入脑、入魂的东西，才能转化成底蕴。特级教师王崧舟曾把教师专业成长概括为"读书—底蕴—教学"这样三个环节。因为读书，我们充满了丰厚的底蕴；因为底蕴，我们的教学充满了活力和灵性；因为教学，我们更加体认到读书的意义。于是，这个循环就自觉进入良性运转状态。这一关于底蕴"由来—作用—发展"的概括，对其他任何职业群体的人都有启迪借鉴意义。

重视批判性阅读

批判性阅读是运用批判性思维而展开的阅读过程。它是对阅读中发现的问题与不足、偏颇而失当的观点或内容进行反思、否抑，而采取的一种选择性认同和"扬弃"的立场与态度。批判的本质在于对事物做出全面、深刻的反思与评价。按照波普尔的说法，批判就是一种"自由讨论理论以发现其弱点并加以改善的传统，是合理的和理性的态度"。可以说，"批判性阅读，强调的就是阅读者独立的姿态、批判的眼光和思辨的流程"。它是一种阅读的品质，一种阅读的能力，一种阅读的目的。

为什么要重视批判性阅读？

一是烂书太多。当下的书刊泛滥，滥竽充数、泥沙俱下。许多书籍、文章根本达不到出版和发表的质量，照样能够"准生"面世，扰乱和充斥书刊市场。如为评职称强写的书、抄袭拼盘的书、利益有偿的书、跟风出版的书等。这些"下三烂"的低劣书刊，如果你不批判、不审视、不反省，必会为其所误、为其所害。

二是盲从太甚。中国人向来缺乏批判思维、批判阅读的习惯，对书总是太过盲从、盲信，有一种崇拜、迷信的心理，动不动就是"书上写的""杂志上说的"，白纸黑字，由不得你不信。东汉王充早就说过："世信虚妄之书，以为载于竹帛上者，皆贤圣所传，无不然之事，故信而是之，讽而读之。"殊不知，书刊上的东西都是人写的，人不是神，也会犯错。盲从和迷信的结果就是全盘接受，"让自己的脖子长在别人的肩膀上"；就是失去思考习惯和批判能力，让自己的大脑"成为别人思想的'跑马场'"。孟子早就说过："尽信书，不如无书。"即如果我们完全相信或迷信书本上所说的，没有了自己的思想、观点、见解，还不如没有书。究盲从太甚原因，正如王小平女士指出的："今天，旧式愚民的数量依然庞大，新愚民的群落却已初具规模。旧式愚民，是指那些不读书不识字的文盲，而新愚民就是那些盲从权威、迷信专家胡话的人。"

三是能力太弱。当代著名杂文家狄马认为，思辨性是我们这个民族思维的一个弱点。从思维方式的演变来看，人类大致经历了三个阶段：神学思维（信仰）、玄学思维（迷信）、科学思维（实证）。我们这个民族的思维方式停留在"神学思维"或"玄学思维"阶段，缺乏"科学思维"的能力，而理性与批判性恰好属于科学思维范畴。理性思维能力欠缺，是由于我们这个民族一直没有经历像西方那样从文艺复兴到十七、十八世纪的思想启蒙运动，自然科学又不发达，精英知识分子几乎都是靠诗词立身，缺乏理性思维能力。理性思维能力的历史性贫弱和阅读的迷信、盲从的心理习惯，使我们很多人根本不具备批判阅读能力，只能听任那些文字符号主宰我们的思想和大脑。所以，原清华大学校长陈吉宁在迎新大会上要求新生："你们是未来的创造者，只有勇于质疑，敢于发现前人的局限，才能养成批判性思维的习惯，形成对世界本质的认识和判断，拓展理性精神，塑造独立的人格。只有打破传统，敢于向权威的思想和理论挑战，才能激发新的思想，创造新的范式，建立新的理论，推动人类文明不断进步。"

如何践行批判性阅读？

一是要成为一个独立思考的阅读者。成为独立思考的阅读者，要求我们在阅读中找到"代入感"，找到对话的空间，找到共鸣，找到思考的契机。即阅读要成为自我介入和主导的过程。胡适说过，被孔丘、朱熹牵着鼻子走，固然不算高明；被马克思、列宁、斯大林牵着鼻子走，也算不得好汉。我自己决不想牵着谁的鼻子走。我只希望尽我微薄的能力，教我的少年朋友们学一点防身的本领，努力做一个不受人惑的人。即便是阅读名著，也不是为了"仰视经典"，而是为了获得启迪而理性反思、智慧创新，要在新的历史条件下，重新诠释、解读，赋予名著新的历史内涵和意义超越。

二是要学会批判性思维。美国批判性思维运动的开拓者恩尼斯认为，批判性思维是"为决定相信什么或做什么而进行的合理的、反省的思维"。恩斯特·卡西尔曾说："人类生活的真正价值，恰恰存在于对自身存在的审视中，存在于这种对人类生活的批评态度中。"黑格尔强调，批判是意识的自我辩证过程。现实总是一种令人不满的存在，而人是一种在不完善中追求完善的存在。批判性思维就是读书时要有问题意识，不轻易相信，要质疑，要商榷，要对话，要求证，而不是照单全收，盲目汲取。否则，你的知识就会成为"杂货铺"，你的批判能力就会被盲从消解，被驳杂淆乱。一个人即使掌握了人类的全部知识，但若没有批判性思维能力，他至多是一个有知识的人，但不是一个有智慧的人，更不是一个有创造力的人。批判性思维是用分析性、创造性、建设性的方式对疑问和挑战提出新解释，做出新判断。所以，批判性思维不是对一切命题都持否定态度，而是扬弃和建构自己的知识体系的过程。

三是培养批判性阅读的能力。人都有批判的基因，也有批判的冲动，只是尚未形成一种能力、一种方式、一种习惯。这种能力、方式、习惯是需要培养的。首先，要重视理性思维能力的培养。不要总是"跟着感觉走"，一任思维停留和局限在经验和感性层面，难以提升和超越。要多读些理论书刊，如哲学著作，它能让你站得高、看得远，用理性的视角看问题，学会辩证思维，掌握方法论。其次，要善于思考。一个人有了自己的思考能力和思考习惯，就不会轻易相信任何东西，就会悟理明道，择善而从。最后，要破立兼善。批判性阅读不是否定一切，以显示自己的特立独行；不是随便说"不"，以显示自己的独特高格。批判与解构不是目的，建设与重构才是旨归所在。所以我们主张：如果我们不能"立"的时候，就不要轻易去"破"；如果我们无法重构的时候，就不要随便解构。批判不可"任性"，"破"与"立"应该兼善同步。比如，中国的教育学是"进口"的教育学，是"削足适履"的教育学，是强行改变本土实践，以就范外来鞋子的教育学，是迷失自我、弃守特色的"去本土化"的教育学。这是应该批判和解构的。但我们同时应该立"削履适足"的本土化教育学，即以改造外国经验之"履"为手段，使之达成"适"中国教育之"足"的本土化的教育学。这样的批判阅读才是人的创新能力和智慧的彰显，才是本真意义上的批判性阅读。

阅读：你达到了哪一层级？

阅读的层级是阅读的程度和成效的标志。根据阅读的内容或形式不同，阅读可以划分为读屏化阅读、娱乐消遣式阅读、经典小说阅读、史哲领域阅读、思想领域阅读、自我思想建构阅读六个不同的层级。

读屏化阅读

最低级的阅读恐怕要算是读屏化的微信阅读了，严格地说，这只能算是信息浏览，并非真正意义上的阅读。许多名家都不赞成这种大有取代文本阅读趋势的"伪阅读"。著名作家池莉告诫我们："阅读不要被手机、电脑及一些转瞬即逝的泡沫信息剥夺。"张抗抗说："这些信息很浪费我们的时间和生命，我们变成了知道得最多而思考得最少的人。"阅读是要过脑走心的。叔本华说："只有通过自己独立思考获得的知识，才能融入我们的思想体系，成为整个思维体系的一个鲜活部分，并与整体保持一种完整的、坚实的联系。"而读屏式的微信阅读拒绝思考或不屑思考，它是去思考化的，只能造就人的委顿头脑和肤浅生命。

娱乐消遣式阅读

这类阅读多是流行的文学作品，如《神雕侠侣》《天龙八部》《盗墓笔记》等，或一些娱乐类的期刊报纸。包括许多在校大学生，他们的阅读取向和嗜好也是如此。有分析指出，这是因为"应试教育"拼高考形成的阅读剥夺，使孩子从小到大读了许多课本，却没有读书。孩子阅读的功能基本上被废掉了，形成了阅读的空白或提升的断层，所以到了大学还要回过头来补课。这是中国人的悲哀！娱乐消遣式阅读虽然层级不高，却是培养阅读兴趣和爱好不可或缺的环节。忽略或延迟这一阅读环节，对阅读造成的伤害，往往是终身难以弥补的。

经典小说阅读

循此继进，人们就会突破对故事、情节或纯娱乐关注的层面，而使阅读进入阅读经典小说层级，即有一定内涵的第三层级。经典小说的智力含量和思想成分明显丰厚了许多。如我国古典长篇小说中的"四大名著"，国外的《基度山伯爵》《九三年》《傲慢与偏见》《简·爱》等。

史哲领域阅读

传统经典小说中大量史哲概念，使人的阅读必然跨越文学的边界而进入史哲领域，人开始有了穷究意识和追问欲望，有了思想的觉醒和对抽象东西的关切。于是，他开始涉猎《伯罗奔尼撒战争史》《理想国》《论法的精神》《社会契约论》《梦的解析》等名著，使阅读又上了一个新的台阶。

思想领域阅读

有了思想基础和理解能力，以及抽象思辨提升的快感，人就开始真正踏上了阅读的思想征程，或者说进入了阅读的思想殿堂。他们开始读大量的思想典籍，如卡尔·波普尔的《猜想与反驳：科学知识的增长》《客观知识：一个进化论的研究》，伊姆雷·拉卡托斯的《科学研究纲领方法论》，蒯因的《从逻辑的观点看》等。阅读只有到了这一步，才算真正登堂入室，达到了应然的阅读境界。

自我思想建构阅读

在这个层级，人的阅读准备和思想铺垫已达到了厚积薄发的程度。许多思想和感悟在头脑中碰撞、交融，也包括冲突、抵牾，他们需要思想的整理、理论的整合，需要一个表达的管道或形式来外化和释放自己的思想，建构自己的理论体系。这时他们的阅读会变得更加自觉而有目的，围绕着创构自己的思想而进行研究性阅读。这一过程是艰苦的，也是幸福的。它是"立德、立功、立言"的"三不朽"工程之一，是"藏之名山，传诸后世"，与"天壤同久，三光永辉"的伟业。阅读到了这个层级，就达到了最高境界——读创结合的境界，亦即要出大家和巨匠的境界。

　　一般而言，阅读只有到第五个层级，才算是个读书人，有思想的读书人。读书不是件轻松惬意的事，它是艰苦的脑力劳动。温儒敏说："读书好比思想爬坡。"越是有用的书、有价值的书，读起来可能就越累，因为需要配合深入思考，需要花费心思去理解其内涵。而那种为着消遣娱乐的轻松阅读，大多只能算是不求上进、思想"滑坡"的阅读，并不能获得什么思想的营养。在这个意义上，人需要不断提升自己读书的层级，才能真正成为有学问、有修养的读书人。

　　而当下大多数国人的阅读，还都停留在前面几个低浅的层级上，更不必说每个层级的阅读数量还少得惊人。有数据表明：法国人年均读书约为8.4本，日本为8.4~8.5本，以色列为64本，而拥有13亿人口的中国，扣除教科书，平均每人一年读书1本都不到，实在令人担忧。大学生为什么会毒杀自己室友，马加爵为何那样丧心病狂，还是书读少了，即没有消弭心中的暴戾之气，没有完成文明教化。还有一些景区乱刻乱画、不讲公德、不守规矩、出口成"脏"、举止粗鲁的"毁三观"行为，也说明某些人读书太少，身上充满了尚未开化的鄙俗之气。

　　读书吧，这是一个民族最重要的希望工程。当每一个人都不断地提升自己读书的层级，我们这个民族才能成为书香民族、追梦民族，才能真正实现永续发展，在世界上立于不败之地。

为"阅读占领地铁"行动点赞

2016年1月18日，新浪读书频道发了用户麦城小明的一条《北京地铁被"阅读"占领》的微博，兹录于下："这个周末，一群少年占领了北京地铁。在这个被占领的车厢里，他们什么都没做。只是每人掏出一本书，静静地读了半小时。在平常，地铁的乘客手里都是手机，而不是书。在这个被互联网绑架的时代，被手机控制的时代，这群少年，或许哪里也占领不了，但他们只需要'占领'自己的内心。"

当下国人的阅读状况实在令人担忧，除去教科书，年人均阅读量不足1本。我经常想，这样的阅读量能助力我们国家的"创新驱动"战略吗？能使我们的国家具有竞争力，支持其可持续发展吗？一个社会、一个民族，到底是向上提升还是向下沉沦，就看阅读的根扎得多深。一个爱读书的民族，才是充满希望的民族；反之，一个不爱读书的民族，无论你当下多么强势，多么自我感觉良好，终究是缺乏后劲和没有希望的。

这样的背景下，一群孩子行动了起来。"在网络上建立起自己的阵地，在微信里通过口口相传拉起了一个一百多号人的群，起名叫'阅读占领地铁计划全国直播群'。"感谢这群孩子！不管他们有没有自觉地意识到，他们是在做一件比当下发展更为重要的，影响着中国未来的意义非凡的事。这是一个富有创意的行动，比起各地举办的这节那节，策划的这会那会，更有内在价值。这是一个"逆袭"行动，它向国人疏离阅读的行为说"不"，向人们迷恋和热衷读屏的碎片化、浅俗化的阅读挑战。用自身的阅读，唤醒他人的阅读，唤醒人们与"书香"过从、与文本亲昵的久违的感觉。这是一个"星火"行动，虽然微不足道，但它是一粒富有生命力的种子，一星将点燃国人阅读热情的烛火，坚持下去，定会有更多人响应，形成燎原之势。这是一个有望衍化出连锁效应的行动，一如德国哲学家雅斯贝尔斯指出的那样："一棵树摇动另一棵树，一朵云推动另一朵云，一个灵魂唤醒另一个灵魂。"我坚信并期待着！时下，正是北京最严寒的季节，它使我想起了雪莱的名句："冬天到了，春天还会远吗？"有了这样一个良好的开端，有了连孩子们都行动起来的这一缕冬天里的春风，我们有理由期待它能够染绿国人阅读的整个春天。

我希望这是一场持久的行动，而不仅仅是为了"直播"的作秀，不是一种为了引起关注、博人眼球的"行为艺术"；我希望更多的孩子加入这一行列，壮大你们的声势和阵容，真正用读书占领自己的内心，也占领祖国的未来；我也希望更多的人关注孩子们的这一行动，为他们喝彩，为他们点赞，让他们这一富有正能量的出彩行为能够延续、持久、泛化，并在坚守中成为习惯和国人的"新常态"。

2016，新的开局之年，便爆出这么一条消息，真是一个好的开端、好的兆头。祝愿2016年成为书香之年，祝愿我的祖国因读书而更加精彩，可持续地精彩！

推广阅读是阅读的堕落吗？

在微信群里看到白岩松的文章《为什么我们已经堕落到要推广阅读？》，文章写道：我总纳闷，你见过国际上把哪个日子定为"吃饭日"吗？……那为什么要有一个读书日呢？对于人们的身体、肉体来说，不吃饭活不下去，但对于我们的精神来说，不读书难道不也跟不吃饭一样是活不下去的一件事吗？为什么我们已经堕落到了要在全社会推广阅读？他还说，读书本身是一种最大的乐趣，当用"坚持"这样的字眼去说读书时，已经坏了，读书不再是一种乐趣。

无独有偶，有记者采访江苏省特级教师王栋生："教师读书需要坚守，请问王老师，您坚守的力量来自哪里？"答曰："我不认为自己是在'坚守'。'坚守'给人的感觉是一种对痛苦的忍受，很悲壮，何乐之有？其实，读书的时候，我很快乐。读书之于我，像吃饭一样是一种需要。"

作为读书人的我，十分赞赏和受用这些合吾心、契吾意的观点。无疑，它是有新意和创意的，是源自这些大家的客观感受和真实想法，为的是要改变人们读书的观念，提升人们读书的境界。但因之而称推广阅读是阅读的堕落，"坚持"或"坚守"阅读"已经坏了"，是把阅读当成"痛苦的忍受"的观点，我却不能完全苟同。

推广阅读是面向更多阅读受众的一种激励和唤醒

诚然，阅读到了"需要推广"或"设立国家阅读节"来推动的程度，的确不是什么福音，也是那些大家、阅读精英们看着揪心和忧虑的事情。吾心亦然。老实说，我也希望无须推广，阅读就成为国人的一种乐趣和精神需要，但这种"高大上"的观点只是对阅读理想化的一种期待、一种情怀。他们是在以"丰满的理想"要求"骨感的现实"，是站在高高的云端言说，而不是脚踩坚实的大地说事。他们心里或许都有一个横向比较的标杆或参照，比如，以色列人年均阅读 64 本，俄罗斯人 55 本，也没见别人需要推广阅读。或者这些阅读排位靠前的国家并非推广阅读产生的结果，而我们居然还要推广阅读。这样一比，当然感到自己的阅读观念堕落了。我敬佩他们希望自己的国人不需要推广阅读，也能达到阅读先进国家水平和境界的殷殷期待和爱国情怀。但人与人不同，花有百样红，阅读是有层次和境界的不同的。我们不能以自己喜好阅读、格高境远，就感到不阅读和少阅读是难以理解和接受的事，以阅读的应然境界去要求别人都应达到，达不到而需要推广就是阅读堕落。

还有一层意思，这些把读书作为乐趣和需要的真正的读书人，往往都认为，读书应该是一种自发和自觉的行为，靠人耳提面命地督促读书，岂不是笑话。这一认知忽略了他们以外的更大的达不到他们这种读书境界的群体。他们是以自己的爱好、乐趣、思维方式来看待和要求读书，并外烁于他人的。这就存在"落差"和隔膜，或不当强求于他人的味道。试想，在国内能够达到把读书当成吃饭一样需要，而自觉去读的境界的人，有几人？如果换位到读书境界还不甚高的人的角度，立足于中国人年均读书不足 1 本的现实，他们就不会认为"推广阅读"是一种"堕落"，而是一种需要和责任，是对更大阅读受众的一种激励和唤醒。我们应该对他们怀持深深的崇高敬意和感谢！再退一步说，既然阅读已经堕落，我们仅去追究反思其为何如此或说些不干不潮的话，有用吗？重要的在于"挽堕落于既倒""救阅读于沦陷"。做到这一点，还有比推广阅读更重要、更有效的吗？

阅读讳谈"坚守"或"坚持"吗？

无论是白岩松还是王栋生，他们反对用"坚守"或"坚持"的字眼来谈读书，理由是"读书的时候，我很快乐""读书是一种乐趣"，好像他们天生就拥有读书的"快乐"或"乐趣"似的。"快乐"或"乐趣"是一种读书的境界，这种境界不是与生俱来的，而是在长期的阅读过程中培养和历练出来的。过程就是对经过和历程的一种坚守。这种坚守的意涵是多元的：第一，靠长期坚持阅读，积累知识，滋养心灵，"向青草更青处漫溯"，殚精竭虑地把自己的精神和灵魂涵养到一个博雅的高度，体会到了读书的好，才感受到"至乐莫如读书"的快乐。如果点到为止，毫无坚持积累，你能体会到读书的乐趣吗？第二，阅读是"从摇篮到坟墓"终身为之的一个过程。不坚守，行吗？不坚持，能做到吗？第三，从境界养成看，凡是能以读书为乐的人，都是养成了自觉阅读习惯的人，而习惯的养成能离开坚守吗？自觉的境界难道不是坚守的结果吗？所以只讲乐趣而讳谈坚守，犹如只喜好硕果而忘却了本根一样，是架空乐趣的一种误导。第四，这些阅读大家们没有意识到他们其实都是因坚守而成全的自我，因坚守而达到高境界的典范，只是他们始终如一的坚守已达到了自觉的境界，而不以为自己是在坚守。

读什么样的书

读什么样的书，是读书人面临的第一个惑点。这是有讲究的，好比人的嗜好有优劣、文野、雅俗之分。书读对了，可以"开茅塞，除鄙见，得新知，增学问，广识见，养性灵"。读错了，失却精神绿地，心灵缺氧，思想污淖，生命轻俗。真的不可不用心裁量，精于择卷。本专题撷萃的10篇文章中，《阅读经典》《邂逅精神风景》《读适合自己的书》正面回答了阅读的选择所归、心意所属的问题。《开卷与择卷》《向有水的方向伸展自己读书的"根"》《读书好 好读书 读好书》论述了精选有价值的好书去读的必要性和相关做法。也有的篇目试图回答人们阅读过程中的选择疑虑，如《读一读不太懂的书》《应该读很多书吗？》。《最难的是可持续地读到好书》《阅读的滋味》则写出了人们对可持续地读到好书的期盼和方法的指点。

阅读经典

经典著作是指在人类文明的长河中，被证明了的、经得起考验的、对人类文明有着重要影响的著作。意大利作家卡尔维诺则认为，我们将人们读了爱不释手、加以珍藏的书冠之以经典，它是值得人们重读的那种书，"是被大师们的智慧之磨研磨了无数遭的精品"。经典是书本中的杰出代表，是人类文明的精华，是人类智慧的最高结晶。著名学者梁衡认为："常说为经，常念为典。经典的标准有三条：一是达到了空前绝后的高度；二是上升到了理性，有长远的指导意义；三是经得起实践的检验，可重复引用，能不断释放能量。"

每一个民族、每一个时代精神的精华，人类最美好的创造都汇集于名著之中，其中的一部分经过历史的筛选和过滤，就成了民族与人类的"经典"。它是能够穿过时间隧道和历史长河的精神的阳光、思想的恒星。比如，基督教的《圣经》，柏拉图的《理想国》，亚里士多德的《形而上学》《伦理学》，卢梭的《社会契约论》，马克思的《资本论》，中国的《易经》《论语》《道德经》等。经典应该成为人们阅读的首选。《孔丛子·杂训》记载："子上杂所习，请于子思。子思曰：'先人有训焉，学必由圣，所以致其材也；厉必由砥，所以致其刃也。故夫子之教，必始于《诗》《书》，而终于《礼》《乐》，杂说不与焉，又何请？'"可见，"学必由圣"亦是古人的卓见。梁启超从阅读文学经典的效用角度忠告："好文学是涵养情趣的工具，做一个民族的分子，总该对本民族的好文学十分领略，能熟读成诵，才在我们的'下意识'里头，得着根底，不知不觉会'发酵'。"朱永新教授则从自己的阅读实践角度强调："与经典对话，与大师交流，给心灵一份营养，给思想一方晴空，已经成为我生活的重要组成部分。"张贵勇说："读书，从经典书籍开始，既可以领略某领域最有真知灼见的思想，相当于与最权威的人士对话，也可以有效地节省时间，最快地通览全局，直达本质，正所谓'取法乎上'。"

古代经典是精神之母和文化之魂。《魏书·李先传》载："太祖问先曰：'天下何书最善，可以益人神智？'先对曰：'唯有经书。'"宋人程端蒙在《程董学则》中也提出过"非圣贤之书勿读，无益之文勿观"的观点。北宋宰相赵普的"半部《论语》治天下"，固然有夸张的成分，但亦足见经典的力量之大、实效之显。

当我们走进经典，立刻会为它精湛、深邃的思想所吸引，如同仰望星空，发现了天宇中最亮的恒星；为它凝练、简洁至极而又压缩了无限意义的语言境界所折服；为它洞达彻悟、指导人生的生活智慧所荡涤。我们读《论语》《庄子》《道德经》等，经常会被触发、激活这样的感触、感动与感悟。它们温暖、滋润着我们的内心，洗涤着我们的灵魂。除了钦敬和叹服，我们真的不知还能说些什么，唯有向经典致敬！

然而，当下的阅读存在着拒绝经典或"去经典化"倾向，人们普遍喜欢在新闻八卦中徜徉，在垃圾信息中溜达，醉心于猎奇、秘闻、逸事的追逐，钟情于文摘、选粹、集锦之类的文化快餐，迷恋于浏览、扫描式的浅阅读或"屏阅读"，唯独不喜欢内涵厚重、意蕴深邃的经典。显然，这样的阅读除了培养人的趋乐无思、肤浅无根的阅读嗜好外，只能造就人的浅薄、浮躁、粗俗。这样的阅读不可能赋予人精神的底蕴和文化的品位。人的精神发育离开了经典的浸润，很容易风干和脆折，走向物欲化、粗俗化、冷漠化和躁动化。越是这样远离经典，人们就越是学养薄、积淀少、思想浅、能力弱，越是无法拥抱经典，如此形成了恶性循环。这是值得人们警惕的。

有人说，成年人阅读经典是给思想补漏，青少年阅读经典就是给精神筑底。其实，无论是谁阅读经典，都会有所收益和滋养。而且经典富矿，对任何人都是敞开的。只是有的人挖到了金子，有的人刨出了玉石，也有的人败兴丧气、空手而归。这绝不是运气问题，而是能力问题、方法问题。究竟如何阅读经典呢？

阅读经典要有敬畏之心

一切娱乐的、戏谑的甚或轻浮的阅读态度，都是对经典的亵慢与不恭。经典的庄肃、深邃和精宏，绝不允许也绝不是这样的人可以消受与染指的。阅读经典，你要有谦恭之心。因为经典是我们民族的文化初乳，它包含着我们祖先伟大的智慧和精深的思想；它滋养着中华儿女，塑造着我们民族的精神和灵魂。读这样的书，就是追溯民族文化的源头，探求华夏文明的本根，你能不虔诚以对，恭敬相待吗？阅读经典，你必须采用精读的方式。精读是精心用意地读，是深究研求地读，是全"心"以赴地读。不精读，思想的底蕴能浮现吗？不精读，意义的真髓能显现吗？不精读，理解的意趣能光临吗？所以，阅读经典，一要"熟读而精思"，反对"泛观而博取"。"泛观而博取"只是阅读者的美好愿望和期待，对一般读物的阅读也许可以，但用来阅读经典，绝不可行。二要"眼口心"协同运作。即如朱熹所言，要"眼头过，口头转，心头运"。这与他的"眼到、口到、心到"有异曲同工之妙。阅读经典只有做到这"三头"或"三到"，才能调动全副身心的理解感悟，形成全感官、立体性、结构化的阅读认知，提升阅读效果。三是阅读经典不能死扣硬想。经典是深邃博大的，我们阅读时可能能力不及，理解不了，这时要灵活处置，不要太过拘执呆板。要按照陆九渊《读书》诗讲的"未晓不妨权放过，切身须要细思量"处置。陶渊明的"不求甚解"做法，也值得我们学习。他的"不求甚解"并非肤浅或偷懒，"而是避免对中国古代经典的某些模糊语意做过度解析，不受注释的束缚，不认死理，不削减必要的灵活性"。

阅读经典，不能完全盲从和轻信，要敢于质疑

经典也是人写出来的，百密一疏或百是一非，亦属正常，所以读经典也要秉持批判精神，敢于质疑。经常质疑，不仅能够磨砺我们本不锋利的思维刀刃，还能提升我们的思维品质。比如，孔子的"毋友不如己者"，一是有歧视之嫌，人各有所长，亦各有所短，不好一概而论，且这话与孔子的"三人行，必有吾师"也是相矛盾的。二是会自食其果。你不友不如己者，比你强的也不友你，那还能"友"到朋友吗？恐怕只能落到"独学而无友，则孤陋而寡闻"的境地了。

邂逅精神风景

曾经有过一项世界性调查："你认为最浪漫的一个词是什么?"最后投票得出的第一个词是"邂逅"。一种没有设计的蓦然相逢，一种令人惊喜的不期而遇，当然是具有浪漫色彩的，但也得分邂逅什么。邂逅自然风景，邂逅一份工作，邂逅一件衣物等，这些物质层面的邂逅，当然也令人惊喜，但我更推崇的是邂逅精神风景。

朱永新先生说过："人类有两种风景：自然风景和精神风景。'行万里路'，是为了看自然风景；'读万卷书'，是为了看精神风景。"自然风景，行走之间，人人看得；精神风景，就不是每个人都能消受得了的。

人能与精神风景邂逅，是人的幸运和荣光

在这个世界上，物种难以数计，只有人这一种动物能够邂逅精神风景，享用精神风景。精神风景是最伟大的人造物，是人的生命最本质的表征。精神风景是世界上最美的景致，人若能"坚持不懈地阅读，就是与最美景致的一次次邂逅"。

在当今这个知识爆炸、书刊泛滥的年代，邂逅精神风景并不难，难的是融入精神风景，拥抱精神风景。起初，书在你眼里还算不上风景，就是一种符号载体的印刷品而已。由"看书是书"到"看书是风景"，是一个转变或升华的过程。许多喜欢读书的人，都有过某一本书打开自己的心扉，令自己激动不已，兴奋无比的感受，它留给人的印象往往是铭心刻骨、终生难忘的。这本书实际就是开启由书向风景演变的起点。比如，我比较喜欢哲学，就与我初中的时候读了艾思奇的《辩证唯物主义与历史唯物主义》这本书有关。虽然不敢说当时都能看懂，但感到这本书打开了我认识世界的一扇新的窗口，使我惊叹世界上还有这样的好书。这也许算我最早的理性启蒙。直到今日，我依然很自信，因为在我的知识储备和研究结构中有哲学的优势存在和重要支撑，而这恰恰源于我年轻时与哲学的邂逅。人是趋乐向善的动物，有了第一本书的美好感悟和享受，就会像吸烟上瘾一样，还想复制那种美好的感觉、心灵的喜悦、兴奋的体验。于是，他们开始找第二本、第三本……渐渐地，对书的喜爱与日俱增，对书的感情日渐加深，书在他们的眼中就成了"风景"——精神风景。

读书看到的风景，是与人的知识水平成正比的

这与人们旅游时看自然风景是一样的，有知识背景、了解景点历史的人，看的是门道，知道谁对谁、哪跟哪，兴致和收获都大不一样。而没有相关知识的人，只能看山是山、看水是水，停留在看热闹的水平。而且有的地方，他们心里一点也没觉得好，就四个字：普通、一般。这就是水平制约，没看出名堂的结果。读书看精神风景也一样。水平低的人，只能看到肤浅的意义、一般的风景，甚至根本就没读懂；水平高的人，才能看出深邃的意蕴、大美的风景，领悟其思想精华，汲取其精神营养。所以，与精神风景邂逅，是需要邂逅者具备一定的知识水平和欣赏能力的。

读书是需要"走心"的

因为读书本身就是一种心理的、脑力的和精神的活动。翻开书页，人就从表面的、平淡的、没有内容的物理空间，进入了一个人独有的与书对话交流的深层空间、心灵空间。如不走心，只如酒肉穿肠而过，不留心痕，那有什么用？正如朱熹讲的，读书是"眼头过，口头转，心头运"的过程。我们的问题在于，只有"眼头过"，没有"心头运"。如郑板桥说的"眼下匆匆，心中了了"，如英国弥尔顿说的"谁不专心致志地读书，即使他埋进书堆里，也仅仅是在它的表面滑行"。这样不"走心"地假读书，即便书中有"风景"，他能看得到吗？他能领略得了吗？反之，只有"入得进"的走心地真阅读，人才能融入其中，"得其所哉"。在这个意义上，"风景"其实就是"心景"。没"心"即没"景"，有"景"也会被无"心"所掩、所灭、所遮蔽。所以，"心"是领略精神风

景的第一要素。

推究我们看书不"走心"，难见其"景"的缘由，可借周国平先生的话来揭示和澄明："人有外在的眼睛和内在的眼睛，外在的眼睛看见财富，内在的眼睛看见意义。"但人们往往外在的眼睛是睁着的，只看得见财富；内在的眼睛是关闭的，看不见意义，或根本不屑看见意义。人啊！太鹜实，太逐利，难免会被物质的东西蒙蔽双眼，精神委顿，心灵退化，而失却看意义"风景"的精神慧眼。

看精神风景，还要重视自己得到了什么。如果只是看看而已，叫两声"美"、赞一句"好"，那又与你何干？一切景致还都是外在于你的，你本身并未获得什么。所以周国平说："我爱自己的体悟远甚于从别人那里得来的知识。"就是说，读书要重视获得自己的体悟。它是一种迎接灵感的仪式。读书不光要沙里淘金，还要能够点石成金。沙里淘金是读出别人的东西，点石成金是写出自己的东西。读书只有读到点石成金的份上，才不枉此次与风景的邂逅，才是把自己也变成了"风景"的一种超越。

应当指出的是，精神风景与精神垃圾是并存的，人要想邂逅美丽的精神风景，还必须有自己的眼光和辨别力。能够择得出好坏，辨得明精华和糟粕，才能不为垃圾的东西所扰、所祸，而直抵风光无限的精神远方。

读适合自己的书

读什么书比较好？这对喜欢读书的人并不是问题，因为他们在自己的读书、研究和写作实践中，已经找到了该读什么书的门径，自有自己的考量和定数。读什么书的问题或者说困惑，只是那些准备或想要读书的人，必然面对的问题。我的观点是：读适合自己的书。什么是适合自己的书？俄国鲁巴金说过："凡是最适应你的个性和素质的书籍，比如说，适应你的知识积累，你的智力储备，你的意愿和志向、知识水平和智力发展的书籍，对你都是最为适宜的。"

但要确定适合自己的书，并非易事。因为适合自己是一个综合考量的问题，有难度上的，有方向上的，有个人喜好特长上的。客观难度上的比较容易把握，读不懂的，太难，一点难度都没有的，太浅，都不是适合自己的书。但主观方向和个人喜好两方面，确认是否适合自己，就不是一个简单的问题了。一则它是动态变化的。按说每个人读书的方向应该与自己所学专业吻合，但偏偏有人在跨界的非专业领域十分热衷并做出了成绩。兴趣爱好的变化性就更不用说了，不同职业的变化或年龄的增长等，都会导致适合你的读书热点的切换。二则适合自己的书是经由读书实践检验和确认的过程。它不是先知而后读的，而是先读而后知的。这颇有一点先鸡后蛋还是先蛋后鸡的逻辑循环难以判释的意味，也是它使人们困惑的因由所在。

"先知而后读"与"先读而后知"

人们总是希望走"先知而后读"的捷径或找到这样的方法，于是就有了让名家开书单的做法。因为他们普遍相信，甚至迷信，名家成功自有其道理所在，希望追随和复制他们读书的成功经验，而免去自己探索和寻觅的成本。

其实每个人的成功都是不可复制的，故冀望于名人荐书的方法大抵也是不可取的。鲁迅说过："如果专是请教别人，则各人的嗜好不同，总是格不相入的。"所以，不少名家都不愿做推荐书目这样的事情。就是说，"先知而后读"的方法是不靠谱的。

基于此，我更倾向于"先读而后知"的方法。就是说，书适不适合自己读，只有读起来才知道。如鲁迅谈读书体验时说过："譬如一碗酸辣汤，耳闻口讲的，总不如亲自呷一口的明白。"你若不呷、不尝，怎么知道汤的口味？书的好坏，不读，更没法判定书适不适合自己。人并非自明的，所以才有"人贵有自知之明"之说。人有时并不知道自己真正需要什么，或将来想成为什么样的人，能成为什么样的人，许多事情都是"时过方明其理，境迁乃悟昔错"。这亦启悟我们什么书适合自己，是需要"先读而后知"的。没有谁比自己更了解自己的兴趣、爱好、特长、能力。人对外部世界的观察、理解和感受所依赖的坐标，也首先是从自我出发，依靠自我的认知、理解、感受来确定的。同理，什么书适合自己，它的最终定位也必须是经由自己的读书实践、研究实践，根据自己读的喜好程度、心灵指引和实践感悟等唤醒的。这时，人才能选择并确立自己的读书方向，并由此选择适合自己的书。正如鲁迅先生指出的："请教别人是大抵无用，只好先行泛览，然后抉择而入于自己所爱的较专的一门或几门。"

我非常赞成鲁迅先生的"请教别人是大抵无用"的观点。你想啊，人有时自己都不了解自己，别人更是无从了解，让不了解自己的人荐书，岂非雾中看花、隔靴搔痒？但我亦觉得不能一概而论。我以为，对于同一研究领域的专家荐书，包括你信得过的、有水平的同行荐书，还是可以听的。一来因为目标、方向一致，不存在"隔行如隔山"的问题；二来名家都先行看过，知道在这一领域有哪些好书是值得看或必须看的，请他们推荐几本必读的，是必要的和可信的。但不宜多，一多就滥，就不精了，更多的还是要靠自己看后再行选择。

选择适合自己的书来读

泰戈尔说："在这个世界上，我所阅读的不该读的书，比我应该读的书要多得多。"泰戈尔尚且如此，其他人更难幸免。所谓"不该读的书"，我想：一是质量低劣的书。如业内编辑自嘲的那样："我是编辑我可耻，我为国家浪费纸。"而当下这种"浪费纸"的书，还不在少数。读这样的垃圾书，实在是对生命的亵玩和浪费。二是不适合自己读的书，即无论是在意愿、志向、研究对象上，还是在知识水平、精神成长和自我发展上，所读之书都是错位的或并非最佳的。而最可悲的是，当我们读这种不合适的书，被它牵着鼻子走的时候，也就放弃了或错过了读合适的书并滋养自我的机会。

　　总之，避免读书之苦、享受读书之乐，关键在于选择适合自己的书来读。

读一读不太懂的书

读什么书？若以懂为标准划分，可以分为三类：一是一看就懂的书；二是完全不懂的书；三是似懂非懂的书。我们主张：一看就懂的书，少看；完全不懂的书，不看；似懂非懂的书，多看。

一看就懂的书，为何要少看？

其一，一看就懂的书，没有阅读障碍，它可能低于你的水平，充其量是和你的水平处在同一水平线上，和你的想法、理解能力、理解范围差不多。阅读这样的书轻松，没有困难，无须思考，可唯其没有困难和去思考化，你也就失去了克服困难后才能获得的东西。这样的书，可能是不值一读的或不需要读的。其二，一看就懂的书，太浅，只有消遣价值，没有发展价值。如信息类的资讯或娱乐性的书刊等，都属于这一范畴。这样的东西读多了，人可能会增加宽度，但失去了深度，失去了使生命变得厚重和立体化的维度——灵魂维度。其三，一看就懂的书，容易让人养成随意、散漫和浮躁的阅读心理，使思维养成只会在文字的表面滑行的阅读习惯，不再能看进去有深度、磨脑子的书，使人变得浅俗。所以，人还是应该去读与我们现在的想法、认知水平、理解能力有一定"落差"的书，从书中获得平庸的书所不具有的东西。

完全不懂的书，何以可不看？

完全不懂的书，是完全超出阅读者认知水平和阅读能力的书，它说明阅读者的知识储备、理解能力、档次水准还不具备挑战这类深邃、艰深的书的资格，还没有做好准备。这些书对他们而言是天书，没必要自不量力，非要较真、不信邪，去啃。啃了，也必然不知所云、不明何意，因为没有与之相配的咀嚼的"牙"、消化的"胃"，无福消受，不如不读。正如法国思想家蒙田所说的："当我在读书中遇到某些费解的地方时，我从不一味冥思苦想；倘若我尝试一两次后仍不得要领，我就把它甩开。因为在这种情况下继续死啃它们，无异于浪费时间和精力。"清人黄黼也说："用意深晦不明者，可解则解，否则不求甚解。盖读书贵得大意，此古人所谓善读书者也。"

似懂非懂的书，缘何要多看？

从读书的成效看，我们衡量读书的关键，是看读后从书中获得了什么，理解能力、思维能力是否得到了提高锻炼，思想和心灵有没有受到启发和触动，和没读这本书前有没有一点点不一样。如果我们能确认这本书是好书的话，就不应该害怕那些不懂的东西。诚然，不懂的东西、似懂非懂的东西，是超出我们理解力和想象力的东西，它是一种挑战和召唤。可唯其如此，才具有发展智力、提升阅读水平的价值。如果我们见难思返，就失去了提高和长进的机会。设使经过努力，你读懂了，哪怕只读懂了一部分、一小部分，也是一件值得庆贺的幸事。所以，要不断地读那些自己不太懂的书，让自己不断面临挑战，让自己不断听到文字发出的无声的召唤——让自己不断地迎面走向获得提高的机会。

阅读高于自己已有水平的书，就等于向高明的人请教。倘若你排斥不容易读懂的书，就等于放弃了向高于自己的老师学习的机会，在某种意义上就如同见不得比自己高明的人。换句话说，如果因为困难而放弃了读具有重要价值的书，那也就等于放弃了有可能从这些书中获得的更深知识和更多快乐。看满版图画的周刊是不需要费什么力气的，但正如法国哲学家阿兰指出的，你从这当中获得的快乐只是贫薄的快乐，而且"这贫薄的快乐令人讨厌——它败坏了那开头艰涩、终而美妙的精神事物的滋味"。所以，不要怕读不懂，符号的抽象在引发人与书的对话过程中、人书互动中，最能唤起人的往复思考，最能激发人的倾心投入，是最能锻炼人脑的活动。相反，心智的慵懒与怠惰，就是放弃对人类深邃思想的追索、对精神品格的追寻，是对自我文化与精神造就的放逐与弃权。

如何去读似懂非懂的书，英国艺术批评家约翰·罗斯金认为，发现书中有价值的东西，就像开发金矿一样。你的丁字镐、铲子、身体准备好了吗？而且坚持的时间要长一些。你所探寻的黄金是作者的心灵或思想，他的文字就像岩石那样，你非得碾碎熔炼，才能有所收获。你的丁字镐就是你自己的心血、机智、学问，你的熔炉就是你知识的会思考的灵魂。是的，读这种富有新鲜感和挑战性，有很多困惑和疑难而磨脑子的书，除非集中精神，摒弃杂念，排除干扰，认真思考，全身心投入地去读，否则难以奏效。

读这样你认可和心仪的难书，当然不轻松。但只要你认真地啃过、钻研过，哪怕你没有完全读懂，照样会对你产生深刻影响。复旦大学张新颖老师，说自己大二时一个暑假读完了康德的《未来形而上学导论》。"读懂了吗？完全不懂。可能懂了一点点，但是你要我说这本书说了什么，我根本说不出来。可是我觉得这本书对我的影响很大。""它影响了我的思维方式，发现原来人可以这样思想，原来脑子可以这样想象问题；虽然我没有读懂这本书，但是从那个大二暑假以后，我的思考方式，我关注的一些问题，不知不觉中发生了变化。"这就是读难懂的好书的价值，它会潜在地影响你的思维方式、逻辑世界，包括表达方式、语言风格等。还有一点，读难懂的理论书，不能急躁。朱熹曾比喻读难的书："如攻坚木，先其易者，而后其节目；如解乱绳，有所不通则姑置而徐理之。"就是说，别想急躁求快，它是快不了的，快了也是自欺欺人。曾国藩也曾说过："凡读书有难解者，不必遽求甚解。有一字不能记者，不必苦求强记，只须从容涵泳。今日看几遍，明日看几遍，久久自然有益。"北京数学特级教师华应龙说："因为自己学养不够，读了一遍，不知所云的感觉常常会有。随时回头，读第二遍、读第三遍……读的次数多了，对内容的理解就会越来越深。"

多读那些读似懂非懂的好书吧！迎着那些值得我们去攻克的"难"而上，书中的思想会为你打开一个精彩的、全新的世界，你也会因为读有所获，发现一个新的"我读，故我在"的自信、强大、不断进步的自我。

应该读很多书吗？

　　读书，如韩信将兵，多多益善吗？按老理，这话似乎成立。例如，为要求人们多读书，我们常说开卷有益或称道人博览群书。又如，为鼓励人们反复读，而云"书读百遍，其义自现"。诚然，如果有时间、有精力，同时又有效果，读书多、多读书当然是好事，应当肯定。但事实上，人的读书的时间和精力，以及读书的目的与效果，与"多读"并不成正比，反而经常是矛盾冲突的，这就需要做些分析。

　　从选择视角看，读书一多，难免不精

　　叔本华说："读书多的人，他的脑海往往就像一块密密麻麻、重重叠叠、涂抹再涂抹的画布一样，一塌糊涂，糊涂一塌。"所以我们可以说，读书多的人往往是读了许多不该读的书的人。世界上的书浩如烟海、汗牛充栋，当然有你该读的，适合你的好书，但问题是视野的局限、见闻的寡乏或条件的限制等，你并不知晓它的存在，没有机运碰上这些好书。也就是说，我们每个人都存在一个发现自己应该读的书的"死角"或"盲区"，只好不得已而求其次，读那些能够碰到的、自以为尚可一读的"不该读"的书。这样"错位"地读书，即便读了很多，又能有多少价值呢？

　　从时间和精力看，人的时间、精力是一个恒定值

　　人的吃、喝、拉、撒、睡都要从时间这个恒定值中分配和占有一定的常量。就是说，人能够用来读书的时间在其一生中是有限的，并没有充分的时间读很多书。英国的罗斯金说过："生命如此短暂，而闲暇时间又如此之少，我们就不该把一刻空余时间，耗费在价值不大的书籍上。"在这个意义上，我们说读书绝非越多越好。好比一个人吃得很多，但消化、吸收不良，还不如

少而精一点，消化、吸收得多一点。读书并不是为着和别人比谁读得多、谁读得少，单纯地追求阅读数量并不能真正解决问题。博览群书不是没边没际地读。杨绛说钱锺书读书像馋嘴佬吃美食：食肠很大，不择精粗，甜咸杂进。好像给人不加选择的印象，其实这是不可能的。钱锺书在参观美国国会图书馆时，同行的人都为其藏书丰富而惊叹。钱锺书则说，"我也充满了惊奇，惊奇世界上有那么多我所不要看的书。"世界上的书是不可能读完的，即便是世界顶级学者都生此感叹，所以，人应该为自己设立一个不滥读的原则，把自己有限的精力和时间用于读有价值的好书上。德国哲学家叔本华曾激愤地说，有无数的坏书，像蓬勃滋生的野草伤害五谷那样，使读者浪费时间、金钱和精神。这是从反面给予我们的警示和忠告。

从实效和辩证的角度看，有时候精读胜过博览

读书宜"以少少许胜多多许""最少即最多"，透彻地理解一部经典，即可触类旁通，以一当十，以一当百。北宋宰相赵普就认为，"半部《论语》治天下"。倘若悟性缺席，多读不仅无益，反而有害，就如河床淤积之后，流量将大为减弱。何况有时读书太多，脑袋就不是自己的了，成了别人思想的"跑马场"，那还真不如省点心思，省点力气，干脆废书不观。

从读书的目的看，读书全在于运用

有的人读书并不是为了运用，而是为了武装嘴巴，炫耀才学。这样的人确实读了不少书，但目的的走偏，决定了其阅读的肤浅，浅到只以搜罗、获取信息和谈资为目的，掠得一些表象性的奇闻八卦。这样的读书，正如英国作家弥尔顿指出的："即使他埋进书堆里，也仅仅是在它的表面滑行。"书的深刻的思想、精警的内涵、真正的营养，一点都没有入脑、入心，长此以往，最多只能是武装了嘴巴，荒废了思想，成为有知识、没文化、没思想的人。这种人夸夸其谈，没有一点自己的东西，不过是兜售一些别人的逸闻趣事的二道贩子。法国思想家蒙田说过："初学者的无知是获得知识以前的无知，而博学者的无知是获得知识以后的无知。"第一种是不会阅读、不去阅读的无知，第二种是胡乱读了许多书的无知。英国诗人蒲柏把第二种人称为读书很多的

傻瓜。现实中确实有那么一些人,自以为博学(因为读了很多书),实际上却挺浅薄的。

所以,我们的观点是:读书不在多,而在精;不在错位滥读,而在适合自己;不在数量多寡,而在质量实效;不在博览群书,而在善于应用。这应当是我们遵循的读书原则和行为律令。

最难的是可持续地读到好书

对于喜欢读书的人来说，读到一本好书无疑是幸福的。好书是什么样的书？除了历经时间淘漉而历久弥新、穿越时空的公认的经典外，其他的还真不好说。因为这是一个主观性很强的价值评判，全凭读者的阅读感觉而定，好比幸福是因人而异，基于不同主体的感觉那样。你说这本书好，别人可能认为平平、一般，甚至很烂。你说这本书不好，别人可能认为还不错，甚至很好。这些都是可能的。所以评价书好与否，实在是一个见仁见智的认定和选择的过程。

何谓好书？

我们可以基于主观立场，从适合、实用的视角去打量好书的模样。第一，好书是适合你的书。适合你，意味着书的内容与你的职业、专业契合，是你熟悉的专业领域和经验范畴内的文本。换言之，如果这本书与你的知识经验和思维方式没有交集点，那对你而言，就无所谓好书。还有就是书的难易程度需要的理解张力，在你掌控的区间、平衡范围内，不是那种难——根本读不懂，易——又太"小儿科"的执其两端的书。第二，好书是你能从中学到东西的书。这不免有些功利，但又何妨？如果你读了一本书，没有从中学到东西或只是学到一点可怜的东西，那即便这本书的作者是大家、是顶级的"腕"，你会说它好吗？反正我不会，还会骂它是浪费人时间的垃圾书。反之，如果你能从中学到东西、获得启迪，而"玉成"了自己读书的初衷，你就应该认同它是一本好书，并从心底感谢这书、这作者！

然而，现实当中这样的好书并不容易得到。不是没有，而是信息不对称，你不知道它的存在，上哪儿去找呢？还有就是烂书太多，垃圾书太多，鱼目混珠，滥竽充数，你不知道哪本是好书，哪本是垃圾书，无从甄别。有的书看着名字挺好的，买回来一看内瓤，败絮其中。更令人愤慨的是，现在书店里的书多是塑封的，不允许拆开看，只能看书看皮，买书靠蒙。真的有点像旧时娶媳妇，不揭盖头不知对方长得啥模样，揭开盖头再丑也没辙。好比卖衣服不允许试穿，这样的霸王销售不知能横行几时。

如何读好书？

我读好书经常有一种吃了上顿没下顿，读了上本没下本的恐慌。除了有点惜读的心态外，心里总是没着没落地追问："下本书在哪里呢？"在哪里？在"众里寻他千百度"的茫然时、困惑里、焦虑中，那种无奈和无助感直逼文天祥的"说惶恐""叹零丁"之慨。这实在是读书人的最大困惑和伤痛。迄今我也没找到什么好的解决办法。唉，想要可持续地读到好书，让幸福来得更长久一些，怎么就这么难呢？可怜的读书人！

但我亦有一些算不上好的办法或经验，与大家交流分享。毋庸置疑，好书不是"书似青山常叠乱"，一下子就齐聚在你的书桌的，它是一个不断被发现的过程。发现好书的办法当然各有高招。我不妨也凑上两个拙法。

一是追踪法。追踪总得有踪可追，有迹可循，有线索吧。否则，即便你"上穷碧落下黄泉"，追得辛苦执着，也难有斩获，也是白搭。线索是什么？台湾作家唐诺说："下本书就藏在此时此刻你正在阅读的这本书里。"好书是一种知识体系的建构，完成一本好书总要参考另外一些书，以使自己站在别人的肩膀上，"登高而招，臂非加长也，而见者远；顺风而呼，声非加疾也，而闻者彰"。这些被参考的书，即便是熔铸的，也会留下痕迹，更不必说还有参考书目明告之。所以，追踪法一定要利用这样的线索，发现书与书之间的联系，或者说用书与书之间交织成的网络来追踪其他好书。由正在读的这一本，钓出下一本，把好书串起来，变成项链。比如，我读魏小河的《独立日：用一间书房抵抗全世界》，就追出了唐诺的《阅读的故事》，后者是我喜欢的好书。

二是搜索法。大数据时代，信息化生存方式为我们运用搜索引擎搜索自己想要的东西提供了极大的便利。搜书也在其中。具体方法有：第一，搜人法。即由人及书。搜人，人很讲究，一定是你了解的有水平、有学问的大家。这样的人，书的质量有保证，且具有权威性。比如，苏州大学博士生导师朱永新教授，是研究阅读的，也是近年来推广阅读的第一人，我就搜他的书，结果搜出了他的《我的阅读观》，读之，获益匪浅。当然，名不见经传的人也可以搜，但一定要是读了他的文或书，觉得他是高手，有水平，读他的东西绝不会吃亏、被骗，再搜。第二，搜关键词。这是更常用的方法，比如，搜"关于读书的书""名家论读书"等，虽然有时也不一定奏效，但只要信息把握得准，关键词选择得好，有时也还是能搜到有用的信息的。这里，我只能祝你走运了。

开卷与择卷

"开卷有益"是古人砥砺人们勤奋读书的一种言说，很长时间以来，它都是一个充满正能量的词，在激励人们多读书和传承文化方面发挥了重要作用。但时至今日，如果再笼统地说开卷有益，就有误导众生之嫌了。一是这年头如稗草一样疯长的坏书太多了。这些空瘪的杂草，对人没有任何营养价值，如不刈除，还会影响稻谷的生长。二是设使人们不加选择地读了一本坏书，不仅影响自己的精神发育，而且会占用和浪费我们读一本好书的时间。三是这年头即便我们能将坏书撇除掉不读，那书还是太多了，根本不可能读得过来。如果我们读的是自己不需要的、不适合的、不中用的、可读可不读的书，那它又有多大价值和益处呢？恐怕与我们的付出相比，并不能取得应然的回报。基于此，我们只能将这个实然性的直接断定的词，改成或然性的"开卷可能有益"的说法，但不加选择地盲目开卷，绝对无益。

择卷的意义

择卷是"挑食"和精选的过程。"挑食"，即挑你喜欢吃的食物，它说明你身体需要它。面对"知也无涯"的书山卷海，你不"挑食"，读得过来吗？茫茫书海，适合你的书永远只是冰山一角。多了，你根本不可能读完，所以必须精选出真正属于自己的、这有缘的一角。

择卷是对抗"读书无用"的利器。朱永新教授说过："知识之所以没有产生力量，不是因为'读书无用'，而是因为'读无用书'。"事实确乎如此。我们常常因为不择卷，读了无用书，没有感受到精神成长、知识的力量，觉得读书不过如此，并不像人们宣传得那么神奇、有用。其实，并不是知识没有力量，也不是"读书无用"，而是你读的书无用，以致遮蔽了读书的功效。比如，你净读些娱乐浅俗性的文本，意在获取一些新闻八卦类的信息，这样的读书除了为你夸夸其谈增加一些卖弄的谈资，其他的作用确实不大。我们却因读错书而怪罪读书错，实在是贻笑大方了。

精准择卷彰显开卷之益。开卷的有益，源于量力而行的择卷的精准。越是清楚知识分量的人，在阅读上的选择就越谨慎。阅读的选择是人生选择的重要组成部分。英国奥斯本说："与其匆匆博览百本，不如彻底消化几本。"这值得彻底消化的几本，就是精选出来的有益的好书。南北朝王通也提示说："不广求，故得；不杂学，故明。"宋人胡宏则云："学欲博，不欲杂；守欲约，不欲陋。"意谓读书做学问要博而不杂、精而不陋。这样的读书准则和效用，都是精于择卷的结果。

如何择卷？

择卷需要有读书的愿望和动力机制。当前在市场经济背景下，人们往往忙于挣钱、逐利、攀比：住，比房子大不大；穿，比牌子响不响；钱，比票子多不多；行，比车子贵不贵等。在这样的价值观冲击下，"知识就是力量"再次受到挑战。很多人认为，知识无足轻重，读书难比实惠，"读书无用论"再次沉渣泛起。显然，对于这样视读书为无用，不愿读书的人，你跟他谈择卷，真是和夏虫语冰，与井蛙语天，高抬了他们。这些人是属于孔子说的"困而不学，斯为下矣"的群体；是孟子所说的"以食愈饥"，却不知"以学愈愚"的人。他们本质上还是属于一群现代愚昧人。还有一种情形就是，这些人认为读书无用，还可能与他们的孩子在学校根本不读书，根本没有学到知识有关，他们看到的其实是不读书而无用，却误以为读书无用。所以，重要的还是要先唤起人们读书的愿望，然后才能进到讨论"择卷"的层次。

择卷要有正确的价值观引导。择卷，表面上看，只是选择读物的问题，似乎无足轻重，但它本质上是与人的人生观、价值观、世界观紧密联系的。选择什么书读，往往反映着人的生活情趣、思想风尚和价值追求。

择卷要有自适判断的智慧。要开卷有益地择卷，就要选出适合自己的书。适合你的，对你有用的，就是好的。也就是说，书的好坏及有益与否是相对于每个读书人而言的，没有绝对的标准。譬如服装，满街的流行时装、高档名牌、丰富款式，好则好矣，倘不适合你，"都是浮云"。你必须能从"乱花迷眼"的服装中，选出款式、大小、颜色，甚至价格都适合你的，才是最好的。选择图书与此同，亦须根据自己的需要、爱好、兴趣、特长，抑或专业、研究领域等，选出自己喜欢的好书。这样的择卷与开卷，听从自己内心的阅读召唤，凝聚着自己选择的判断智慧，一定是有益的。

向有水的方向伸展自己读书的"根"

美国作家梭罗说过:"水边的杨柳,一定朝着有水的方向伸展它的根。"杨柳的趋水性,或称"向水性",是它为了获取自身生长足够的水分而趋向有水的方向的生存本能。其实,岂止水边的杨柳,沙漠里的小灌木骆驼刺,根深竟可达15米,比一般植物的根长出12米多。人作为有意识、有思想的存在,在伸展自己读书根系的时候,更应学学杨柳、骆驼刺的这种趋水利生的成长机制,向有水的方向伸展自己读书的"根"。读书的"根",是人的生命保障系统和成长力量所系。《道德经》云:"强大处下,柔弱处上。""强大处下"者,为根,为本;"柔弱处上"者,为梢,为末。只有固本强根,或者说根扎得深、伸得远,才能枝繁叶茂。这个处下之"本",就是人读书的功底、生命的底蕴。

水是什么? 水是生命成长必不可少的物质元素。对人而言,人的存活当然也离不开水,但人高于动物、植物之处,就在于他还需要书本之"水"的精神滋养。问题在于,这年头没有润物之水、养人之水的滥竽之书、混珠之书、低劣之书、浅薄之书多了去了,就连编辑圈内的编辑都无奈自嘲:"我是编辑我可耻,我为国家浪费纸。"像这样浪费纸的书,你若是读了,就是对学习的一种亵渎。它不仅不能滋养自身,增长人的灵气和智慧,反而会浪费人的时间,使人的精力消耗在无益的阅读中。正如夏丏尊先生所说:"当你读错一本书的时候,不要以为你只是读错了一本书,因为同时,你也失去了读一本好书的时间和机会。"这一反一正,失莫大焉。还不止于此,读这样的书,弊大于利,害大于益,只能使人精神委顿、思想干涸、心灵荒芜。所以,人必须学会选择有营养价值,能滋养、润泽人的有"水"的书来读。

这样的好书是有的。正如林语堂在论述读书的意义时指出的:那些具有可以"开茅塞，除鄙见，得新知，增学问，广识见，养性灵"的书，无疑都是这样的好书。著名作家毕淑敏对好书的界定也很经典。她说："好书是沉淀岁月冲刷的沙金，很重，不耀眼，却有保存的价值。它是地球上曾经生活过的那些智慧的大脑，在永远逝去之前自立下的思维照片。最精华的念头，被文字浓缩了。好像一锅灼热久远的煲汤，滋养着后人的神经。"好书都是作者以"心"相许，而与读者可以交心的书。有心的书，是驻扎着作者灵魂和心意的。有心的书，又是读者与文字心灵交融的。有心的书，是可以带来成长力量的书。

如何选择这种能够带给人成长力量和滋养价值的书呢？

读些经典

经典是经由历史和时间的淘漉，为我们筛选出来的好书。它们是有定论和获得公认的好书。读这样的书，我们不必担心精神滑坡、思想退化的副作用，因为经典是影响每一个人精神成长的最有效的媒介和营养。它可以提升人的职业素养，影响人的心灵和精神世界，带给人满满的正能量。读之，可以使人致远，占领人类的精神高地，做"精神贵族"。

善于选择

除了公认的经典之外，我们还必须善于选择自己需要的好书来读。这就并非一件简单的事了。因为好书不是帅哥、美女，一眼就能看得出。书本身也不能告知你，即便是那些流行的、上榜的书，也不一定就是好书。这就必须靠自己选择。善于选择，第一，必须懂得拒绝。拒绝为着选择，选择就是正确的拒绝。倘若不懂拒绝，就失去了选择，更别说选出好书了。所以，周国平先生强调："一个人必须懂得拒绝和排除，才能真正成为一个阅读者。"否则，我们很可能被根本不值一读的平庸之作、垃圾之作牵着鼻子走。第二，要选出适合自己的书。适合的就是好的。每一个人在社会上承担的职业角色不同，所读的书就会有所区别。一个真正的读书人，内心敞亮，知道自己在专业上追求的方向，知道自己需要读什么书。所以，选择好书要靠自己的眼光和判断，只能根据自身的需要，听从自己内心的召唤，遴选适合自己的好书。

系统规划

杨柳向有水的方向伸展自己的根，不是孤立的主根，而应该是一个发达的"根系"。同理，读书的"根"，作为为人提供精神营养和成长力量的动力机制，也应该是一个全面的支撑系统。这就需要对读书有一个系统规划、全面布局。这里必须强调两点：一是有选择地正确多读。也就是说，人读书不是只读一本、两本就可一蹴而就、大功告成的，必须有目的、有计划、循序渐进地多读。按照朱熹的观点："字求其训，句索其旨。未得乎前，则不敢求其后；未通乎此，不敢志乎彼。如是循序而渐进焉，则意定理明，而无疏易凌躐之患矣。"二是不放弃地坚持久读。读书绝不是只读一阵子或一段时间就可奏效的，它是积多则神、久久为功的建树。好书也要持续久读，或者说长久地读好书。这样一年、几年、一辈子读下去，人的精神获得书香濡染，心灵获得书卷的滋润，书的效力就会凸显出来。它将沁入你思想的草地，染绿你一生的春秋，赋予你永不凋谢的精神美、气质美。

读书好　好读书　读好书

"读书好　好读书　读好书"，乍一读有些绕人，实则是利用字序的颠倒或变位而形成的关于读书的三个不同层面的问题，不妨置喙一说。

读书好是一种认识

读书好是人类由蒙昧、开化、文明一路走来而形成的一种认知积淀。如今这种认识已织入我们思想的经纬，融入我们精神的血脉，成为一种自明的共识。不必说那些对读书好有内在感悟体会的文化层级比较高的人，认同这一观点；也不必说普通的社会大众通过读书改变人生境遇的经历和事实，已明了读书的重要；即便是那些没有文化，处于社会底层的"草根"群体，也能意识到孩子不读书没有出路、没有出息的道理，所以他们即使再苦、再累、再穷，也要竭尽全力供孩子上学。他们用自己的行动肩起了抗争命运的责任，诠释了对"读书好"的笃信和追求，并真切地希望这种"好"能实现在自己孩子的身上。各个层级的人都高度认同"读书好"，说明"读书好"作为一种普遍的价值观已植入人心，难以拔除。它是社会文明进步的标志，是民族前行和发展的动力，是人类永恒追求的知识梦、文化梦构筑的一块精神高地。只有它才能真正助力中国梦的实现，使中华民族自立于世界民族之林。

好读书是一种境界

读书到了"好"，即爱好、喜欢、痴迷、习惯的程度，就达到了一种境界。一是自觉的境界。这种境界指的是读书已成为一种需要、一种习惯，如同每天必须吃饭、喝水一样，一天不读书，就感到缺了点什么，惶惶然而若有所失而浑身不得劲。清代袁枚说："一日不读书，如作负心事。"这就是一种自觉，一种把读书作为生存方式、不离不弃的境界。二是超脱的境界。"爱阅读的人，内心充实宁静，不会陷入令人烦恼焦虑的世事纷争之中。"他们精神富有而高贵，看不上世俗的争斗、利益的纷争、权钱的博弈，他们已超然于这些低层次的物欲和浅俗之上，达到了更高的精神品级。明代"诗文三大家"之一的宋濂幼时即嗜学，看到那些同舍子弟华服美饰，自己"缊袍敝衣处其间"，却一点也不羡慕动心，因为学习读书使他内心充盈，给了他足够的快乐。这种内在的快乐与富足，足以使他傲视众生，自我满足。三是高雅的境界。人的嗜好是多元的，甚至千奇百怪的，但读书无疑是人最高雅的嗜好。周国平说："在很大程度上，人类精神文明的成果是以书籍形式保存的，而读书的过程就是享用这些成果并把它们据为己有的过程。质言之，做一个读者，就是加入到人类精神文明的传统中去，做一个文明人。"所以读书是使人与古今中外伟大的思想相结合的过程，是使人变得文明儒雅的过程。正如苏轼诗云："粗缯大布裹生涯，腹有诗书气自华。"是的，由人的内在充盈彰显出的华贵气质，由人的内在修为沁逸出的生命芬芳，才是最高的美、极品的美。

读好书是一种选择

读书是需要选择的。世上的书浩如烟海，再热衷的书迷也不可能穷尽，只能取一瓢饮，更何况书还有好坏之别，不是随便翻开的书本都有益，也不是舀到瓢里的都是"水"，所以必须对饮哪一瓢有所选择。好比那些攀登珠穆朗玛峰的人，要登就登最高的山。读书的人也应该有这样的信念，要读就读最好的书。周国平先生谈自己读书的体会，有些"鸡肋"之书，弃之可惜，想粗读一遍，也算对得起它们，可这样的书也有很多，对得起它们的代价就是始终对不起自己。所以还是要"从最好的书读起，一直去读那些最好的书，最后当然就没有时间去读比较差的书了，不过这就对了"。正如有人所说："一个人的精神发育史，应该是他本人的阅读史。"如果我们不加选择，所读并非精品力作，而是赝品"水货"，就不仅浪费了时间和精力，而且会败坏阅读"胃口"，影响精神发育，同时也是对生命的一种浪费，对学习的一种亵渎。

读最好的书就是要选择经典阅读。高万祥校长说，经典是经过时间沉淀和筛选而被认同的好书。周国平说："所谓经典，就是时间这位批评家向我们提供的建议。"库切认为："历经最糟糕的野蛮攻击而得以劫后余生的作品就是经典。"经典是历经时间的淘漉而筛存馈赠给我们的"真金"，它是人类精神的阳光，是人类最崇高的创造。阅读经典就是给人的精神和心灵化妆。经典是影响每一个人精神成长的最有效的媒介和营养。阅读经典可以提升人的职业素养，影响人的心灵和精神世界。阅读经典就是与智者交谈，和伟人对话，在这一过程中我们会为他们崇高的境界、伟大的灵魂所震撼，为他们缜密的逻辑、深奥的思想所折服。它使我们思想澄明、视界敞亮，成为富有思想和智慧的人。

阅读的滋味

阅读有滋味吗？倘无滋味，这个题目就陷入一种"强说滋味"的无聊臆说之中；若有滋味，又该是什么滋味呢？

阅读有无滋味？

阅读当然有滋味，而且酸甜苦辣咸，五味杂陈。阅读是酸的，是阅读的人本己的或带出的一种滋味。所谓酸文假醋，或文人泛酸的一种酸不溜叽卖弄而又不太靠谱的言行，如孔乙己的"多乎哉？不多也"，就是与酸相涉的一种味道。阅读的辣味是文章本身犀利的风格和批判的锋芒所成就的，它与人的心理体验是统一的。鲁迅的如匕首似投枪的杂文，就是如此。阅读的咸味也是一种滋味。俗话说，人间百味，咸味打底。咸味是相对于白开水般淡而无味的作品而言的，它是有点意蕴味道，不至于淡而寡味的那类书留给人的滋味和印象。

读书的滋味还可以从读书人佐酒读书的佳话中得到印证。最著名的莫过于宋代苏舜钦读《汉书·张良传》，读到精彩高兴处，便满饮一杯，再读一段，尽兴处，又饮一杯，如是反复。其岳丈杜正献看后笑道："有这样好的下酒物，喝一斗实在不算多啊！"设使书无滋味，又怎能成为下酒菜？明代史可法亦如是，有对联为证："斗酒纵观廿一史，炉香静对十三经。"清代于成龙在《与友人荆雪淘书》中写道："夜以四钱沽酒一壶，无下酒物，快读唐诗，痛哭流涕，并不知杯中之为酒为泪也。"当代禅学大师林清玄也说："喝淡酒的时候，宜读李清照；喝甜酒时，宜读柳永；喝烈酒时，则大歌东坡词。"

阅读滋味谓何？

就阅读主体的滋味而言，愚以为主要有苦和甜两种。

苦的滋味可以分为以下几种情形：一是从阅读主体能力和阅读物之间的关系看，阅读的苦的滋味主要源于阅读主体与阅读物之间的不对称性。例如，当阅读主体的能力小于读物所需要的理解能力时，即便抓耳挠腮，仍百思不得其解，无疑是痛苦不堪的；与之相反，当阅读主体的能力远高于读物的层次和水平时，那种浅层次的"小儿科"式的东西，只能给他带来浪费时间的痛苦。二是从阅读需求看，当阅读不是基于主体的需要，而是被逼无奈，毫无意兴时，这种"强按牛头式"的阅读，必然充满了苦的滋味。三是从阅读的书籍选择看，当阅读者因信息不对称，读不到自己想读的好书，只能等而下之地读一些不得已而求其次的书时，这样的阅读无疑也是痛苦的折磨。四是从阅读的实效看，当阅读满足不了主体的阅读期待，发现不了有用的信息，不能产生感悟而形成自己的思想创意时，这样的阅读只能是死于他人言下的阅读，其苦涩的滋味也是可想而知的。

有苦当然就有甜。苦与甜是孪生的一对，是辩证的对立，相互转化与生成，所以我们亦可以说"向苦而甜"。阅读的"甜"是以"苦"为底的。没有苦寒，何来梅香？没有磨砺，哪有刃利？没有读中苦的付出，哪有甜的回味与沉醉？阅读的"甜"，是为伊憔悴、衣带渐宽地苦读后的收获与长进，是历尽"山重水复疑无路"的折磨，迎来"柳暗花明又一村"的转机的欣喜与突破，是"众里寻他千百度，蓦然回首，那人却在灯火阑珊处"的发现的快乐与享受。

有人说，读书的过程是苦的，但结果是甜的，它激励着人们"向苦而甜"。对此，我不以为然。过程干吗非得是苦的，甜的阅读真的就不存在吗？答案是否定的。起码在我看来，以下几种阅读的滋味是甜的。

对称性的阅读是甜的。对称性是说人的阅读能力与读物的深浅程度相吻合。"深"，不超过人的理解极限，虽具有挑战性，但一定是"跳一跳"能够得着、摸得到的"桃子"。这样调动自我，逼出潜能，收获思想和意义，当然会有满足感和成就感。设若太"深"，虽穷思竭虑，仍不得其解，不明其义，这样的阅读就只剩"苦"的滋味了。"浅"，不至于太过"小儿科"，令人毫无意兴。即便对水平不高的读者而言，同样也不能浅得没边，也要与他们的"浅"相应，

197

浅中有深，有他们的看点和内涵，看后在他们那个起点和基础上，能有所收获。这样的阅读才是适中的、对称的、为人喜好的甜的阅读。

合需要、合目的的读书是甜的。甜的阅读，一定是合需要、合目的的阅读。目的是人欲追求和确立的东西。合目的的阅读是主体所需要的阅读，这种需要像人需要阳光、空气和水一样，它不是源于外在强迫的，而是源于内在心灵的需要，是一种"我要读"的精神祈向。这样的阅读不能说与功利无关，但它是建立于主体喜欢的基础上的阅读，是主体自觉追求的那种阅读，当然不会有负累感、沉重感、压迫感。退一步说，即便有，也是虽苦犹甜、虽累犹乐的那种为着抵达心灵远方的精神远足和漫游。

对象为心仪的好书的阅读是甜的。读到心仪的好书并不容易。一则市面上的好书比例太小。我想，用帕累托的"二八"定律来分，应该大致不差。充斥市场的多是平庸低劣、滥竽充数，枉冠了书籍之名的东西。二则即便在少得可怜的 20％ 的好书里，也不一定都适合你。加之信息不对称，要想淘到一本心仪的好书来读，真的并非易事。但读到好书的机运和概率总会有的，这样的书，如蕴玉之石、怀珠之水，读之有得"玉"、获"珠"之喜，比之朵颐美食、畅饮美酒的痛快，有过之而无不及。那种心灵的舒泰愉悦、收获的丰实充盈，让人甜美沁心、感恩有加，真是怎一个"甜"字了得！

读出自我的读书是甜的。读书的最高境界是"读出自我"。"死于言下"，是背离读书旨趣地读书；"拾人牙慧"，是没出息地读书；"人云亦云"，是卖弄炫耀式地读书。这些都是不得要领、仅得其下的读书。真正的读书是以自我为中心的，是为了成全我、开发我、造就我的行为。它需要的是从书中汲取智慧，使自我升华；从书中获得感悟，让思想迸发；从书中触发灵思，让精神飞翔；从书中获取创意的活水，使创造涌流。这样的读书是解放人的个性、激发人的潜能、成就人的创造性的读书。个中滋味，想必你一定不难品味。

怎样读书

　　这一专题收集的 14 篇文章涉及"如何读得好"的读书优化问题。这是一个进入阅读实践后，人们普遍关心的如何提高阅读效率的问题。它涉及诸多方面，比如，读书的态度和方式问题，《与书死磕》《静心方可深读》《怎样读书最有效》；读书的时间处置问题，《读书的时间是需要挤的》《忙——没时间读，还是没时间读——忙?》《40 岁以后的阅读》；读书的效益转化问题，《如何在读书中找到自己需要的创意》《我在书中，书在心中》《知识如何转化为力量》《将书的桑叶吐成生命的丝》《书似青山常叠乱》；亦有读书与科研方法的问题，如《读书与科研积累》《读书与写作》《读书与写书》。此专题力图从实践层面为人们提供阅读方法论的系统对策。

与书死磕

"死磕"，是一个流行的词，据说是天津、北京一带的方言。"死磕"的意思就是和对手拼命，就是没完，和某人某事作对到底。显然，这是一个有血性、有力度、有表现力和活性的词，泛化到语言系统中，由冷词变热词，自有其存在的需要和理由。它和东北的"掰扯""得瑟""倒饬"等有得一拼。

生活中有些人和事绝不提倡死磕。犯罪分子和公安人员斗法死磕，这是邪恶与正义的较量。"路怒族"和对方死磕，除了危险，不知还能"磕"出个什么名堂。夫妻之间斗气死磕，有这么大冤仇吗？非争出个谁胜谁负，又有多大必要。还有同事之间相互争斗死磕；有病不治，硬扛死磕等。这些极端化的行为，并不表明一个人坚忍执着，只代表他"不撞南墙不回头"的愚蠢、犯"二"。还有违反规律地和时间死磕，装嫩。著名演员姜文写过一篇散文《狗日的中年》，其中说到，和时间死磕，败的只有传奇。传奇都败了，你还能咋地？

与书死磕，是个例外。它充满正能量，没有上面所说的那些负面作用，而且天下有那么多的书，管你磕个够。正如宋人倪思所云："天下之事利害相半，有全利而无少害者唯书。不问贵贱贫富老少，观书一卷则有一卷之益，观书一日则有一日之益，故有全利而无少害也。"再则，中国是个有文明悠久历史的国家，自古就有与书死磕的人。晋代葛洪有言："夫周公上圣，而日读百篇；仲尼天纵，而韦编三绝；墨翟大贤，载文盈车；仲舒命世，不窥园门。"还有司马光学习宋朝前史，编纂《资治通鉴》，隐居洛阳独乐园 19 年；王夫之遍治群典，著作等身，隐居衡阳石船山下，长达 32 年。这些都是和书死磕的人，他们成就了盛德大业，流芳千古。

我们完全有理由倡导与书死磕

读书是指向人的内心的一种个体性的精神活动，它是一种从书面语言中获取意义的心理过程，是一种"独乐乐"的自我完善、自我享受的过程。它并不影响和干预别人的活动，因而与它死磕，不会起纷争、冲突，也不会有凶险祸端。再从书的角度看，书是人的精神密友、生命知己。它"利人而不争"，带领人类走向智慧和文明；"使人获取信息、占有知识；使人开发智力、激发潜能；使人拓展思维、开阔眼界；使人陶冶情操、修身养性"，所以我们没理由不与书过从甚密，热爱读书。

然而，当下人们读书缺少"死磕"精神。他们并不是把读书看成人的精神成长的过程，看成非物质文化的理性"喂养"过程。他们喜欢把深刻的理性阅读变成浅俗的文字游戏，把生成思想的洗礼变成视听的文化快餐，把认知的知识建构变成无聊的娱乐消遣。读书被替换成了读网、读图、读屏的轻松的浅阅读，"去思想化"的流行阅读。他们不喜欢古人读书那种死磕苦读的精神，认为那是一种过气的行为，是落伍了的表现。其实，读书本来就是一种艰苦的脑力劳动，是"苦差事"，你非要把它当成"甜点"来吃，或想轻松拿下，实在是对读书的一种浅薄误解。还不仅于此，当浅薄、浮躁、喧嚣、逐利成为一种社会时尚，读书更是被挤兑成一种"边缘化"的存在。要人们读书，都成为一种难能的奢求，更别说还要求人们与书死磕。

而这正是我们要求人们与书死磕的最大理由，是对读书的一种理性回归和精神修复。

与书死磕的内涵特点

与书死磕是读书的一种精神。这种精神源自读书人发自内心地对读书的热爱和敬畏，它是读书人感悟读书、感恩读书的一种最好的回馈方式和关系呈现，彰显的是一种"攻书莫畏难"的真心向学的勇毅和永不言弃的生命拥抱。读书人有了这种敬畏、感恩之心，就会与书结下生死相许的不解之缘，与书死磕，用书香濡染自己的一生。

与书死磕是读书的一种坚守。与书死磕是一种执着。读书是人一辈子的事，需要久久为功的坚守。它不是潮涨潮落的起伏，也不是三分钟热度，短期地读书是不会有成效的。与书死磕，比的是长劲、韧性。像康德那样一辈子浸泡在书房，像马克思那样40年完成《资本论》，这些都是与书死磕、坚守读书的典范。

与书死磕是读书的一种境界。与书死磕是读书人与书融为一体的境界，是水和泥，你中有我、我中有你的浑成。它是读书人放不下、丢不开、忘不掉的一种牵系，是挥之不去、拂之还来的一种眷顾，是"才下眉头，却上心头"的一种情结。人读书倘若达到了这样一种境界，就进到了一种自觉的大境界。它既是人的一种高贵的幸福，也是书的一种荣幸。

值得赞言的是，我们倡导的与书死磕，是在符合度的范围内的、有分寸的死磕。它不是古人宣扬的那种"头悬梁、锥刺骨"的读书，不是违反人的生理规律、不顾健康地玩命死磕，也不是在遇到理解障碍、不懂"死穴"时，非要死抠硬上，必须拿下的行为。听一听陆九渊的"读书不必穷索，平易读之，识其可识者，久将自明，毋耻不知"的宽仁忠告，学一学陶渊明"好读书，不求甚解"的阅读智慧，暂时放下，退而思之，也许是明智的选择。这些都并不违反死磕精神，而恰恰是对这一精神的智慧把握、灵活运用。

静心方可深读

　　读书是一种静态的心智活动，它不是动手去做的体力劳动，而是用心而为的脑力劳动。体力劳动需要热闹的场面去振奋人，需要"嗨呦嗨呦"的号子去鼓舞人，读书则是"去热闹化"而崇尚安静的一种活动。尽管有人举出名人或领袖故意在闹市读书，以磨炼自己的心志，但并不能改变这一行为违反读书规律的本质。设使我们有条件在安静的环境中读书，为什么非要跟自己过不去，跟读书效果过不去，选择不适合读书的情境去读书呢？何况并不是人人都能成为名人和领袖，所以这种方法不值得提倡和效仿。

　　满瓶不响，静水深流。哗哗喧闹流淌的必然是清浅的溪流。读书亦然，静心深读，险躁就浅，而我们的问题恰恰在于静不下心来。浮躁得像风中止不住的幡，像水中按不下去的葫芦，像鞭下停不住的陀螺，那哪能行呢？现在国人读书少、读书浅备受诟病，流行的是电视、电脑、手机"三屏"阅读。朱永新教授指出："读屏，更准确的表达应该是观屏，它不是严格意义的阅读状态，更多的是一种点览、浏览状态。读书是'深阅读'，观屏则是'浅阅读'和'轻阅读'。"这就是静不下心来的结果。太多的人被物欲俘获，被躁动操弄，被浅俗裹挟，逐利匆匆、噪声器器、俗欲汹汹，哪里还有心思、心境静下来读书。所以，回归读书，重要的是使人们能够静得下来，能坐到书桌前，而不是酒桌上、牌桌上。

　　生命的常态是平静与深邃，而不是动荡与浅俗。它需要读书来造就。而读书需要外在环境的清静和内在心灵的安静，需要抵御外在的喧嚣，抛却过度的物欲，过滤折腾的浮躁，拒斥浅薄的俘获。"以一种古典的平静之心面对书籍，这是我们能否真正走进书香世界的前提。"王栋生教授也提出"静养式阅读"。"让教师们的心静下来，在一个不受干扰的环境中，通过阅读，自觉地反思教育教学工作，反思自己的生活品质，提高个人修养，让自己成为一名真正的读书人。"为什么读书需要静心呢？

静心方能深思

读书是与思考相伴生的一种活动。这种思考具有接力深化的特点。唐君毅先生指出："一个直接单纯的思想从来不会深，只有对一个思想再加思想，才能使思想深；人只有思想过前人所思想的，才能思想得深；人只有走过他人所走过的，才走得远。"而读书的再思考是需要外在环境的安静和内在心灵的清静的。一个扰攘、喧闹的读书环境，会分散和干扰人读书的情绪和心境，使人心气败坏，烦躁不安，安能入得书中？再有，读书倘若内心不清静，头脑中装满琐事俗务，心猿意马，能读得进书吗？好比抽屉里塞满了东西，还能再放得下新东西吗？人需要把自己的心腾空，才能装得下东西。与其在头脑中放置一个垃圾箱，不如设定一个删除键。心静了，才能真正入得进、思得深，而只有深思，才能看得真切，悟得透脱，想得彻底，才能发掘书香底蕴，把握内涵精髓，怡养生命成长。

静心方可澄明

不妨罗列一些古人所言，以证其不诬。庄子说："水静犹明，而况精神。"就是说，水只有在平静时才能像镜子一样，照得见万物。设若波涛翻滚的湖面，还能照得见东西吗？浊浪排空的长江，还能映现出山景吗？即便急流的小溪啪嗒啪嗒地拍打在山石上面，那些碎末的喧嚣还能照得见什么呢？更何况人的精神呢？所以，"静则万物毕现""静则万理皆彻"。静者之怀和若春。人在心静的情况下才能神聚意凝，"思风发于胸臆"，澄明事理，厘清纷乱，洞明世事，将自我提升到去除遮蔽、洞达智慧的境界。这就是生命静好的写照。

静心方可有成

于丹说："心静是一种生产力。"它是思想的生产力，精神的生产力。心静是一种心灵资源和品质。它能把人带入"淡泊以明志，宁静以致远"的境界，把人带入书的精彩世界，让有限的生命更为深邃出彩。因为心静的时候，人的心态平和，心灵虚静，心神凝聚，能够"思接千载、视通万里"；能够连类感悟，迁移创新，思而有得；出思想、生创意、来灵感，从而读而有成，读出自己的东西来。齐白石老先生在成名后，有人问他，如何从一个木匠华丽转身成一位巨匠？他答道："作画是守静之道，涵养静气，事业可成。"静气在胸的人有涵养，静气在魄的人有格局，静气在灵的人有辉映。老先生的守静成功之道，当为吾辈谨记践行。

静心方可致远

诸葛亮的《诫子篇》云："非淡泊无以明志，非宁静无以致远……淫漫则不能励精，险躁则不能冶性。"诗句强调了淡泊宁静的重要性。静，是圣贤、君子、仁人、志士出类拔萃的要诀；是英才俊杰立德、立功、立言、创业的重要功课，也是人生中一门上乘的修养艺术。静，是一个蓄能的过程。"盘马弯弓惜不发""引而不发，跃如也"，都是讲的以静制动、蕴蓄势能的过程。读书也是如此。没有静态的蓄能、储备、积淀，没有"破万卷""绝韦编"的功夫，哪有下笔有神或成为至圣先师的可能？唯有"目不窥园"，心无旁骛，静读、久读，方可成就盛事大业，抵达思想和心灵的远方。

怎样读书最有效

　　在我们这样一个知识爆炸、书刊泛滥的时代，知也无涯、书也无涯而生有涯的矛盾更加尖锐突出，读书恐不能再依循古人悬梁刺股、囊萤照读等励学故事来激励他人勤学了，而应该倡导人们善学。善学者，讲究方法、提高效果。怎样的读书才算是"善学"呢？这里愿就我的体会与大家做个交流。

　　做笔记

　　这看似老生常谈，其实还是提高读书质量和效果的最重要的经验或法宝。提高读书质量的关键在于记忆，而记忆无非就是和遗忘做斗争。记忆是筛子，人脑是漏斗，这对记忆当然不是福音，但也是造物化人的需要。试想，如果我们读过的东西都能记住，人脑岂不要爆炸？即便不爆炸，那么多的东西也根本无法提取应用。再者，记忆是覆盖型的，新的记忆覆盖旧的记忆，旧的记忆因被覆盖而淡化，乃至遗忘。所以，与覆盖的"黑屏"、记忆的"漏斗"做斗争的最好的读书方法，就是记住精华的、该记的东西，这是完全可能的。而实现这种可能的最佳方式就是做笔记。世界上唯有文字是可以超越时空，弥补记忆的，亦即俗话所说的"好记性不如烂笔头"。当然，现在做笔记早已超越了手抄笔录的"烂笔头""爬格子"阶段，现在有先进的工具——电脑，增删改调、内容归类细分等都很容易实现，而且速度也不可同日而语，何乐不为？当我们遴选读过的精华的东西记下来时，记多了，就会感到很踏实、很有底气，觉得自己有如许精神财富的铺垫、支撑，很有知识"大腕"、文化"土豪"的"倍儿棒"的感觉。而那些只读不记的人，时间一长，究竟能记住多少，我想还是会遗忘，感到空乏其身，身外无物的。明此，即便日理万机的原国家总理温家宝都非常重视做笔记的读书之法。2009 年他出席国家图书馆一个读书沙龙时说："我还有个习惯，就是读书要做笔记，至今我还保持这样一个做法。笔记可以抄入原文，帮助记忆，也可以写你的感触和体会，这样可以升华思想，边读边写最好。"国家领导人尚且如此，我辈岂可轻慢此法。

慢读

为着记忆和提高质量的阅读本身，一定是慢读。慢读是"涵泳功夫兴味长，熟读精思子自知"的阅读。哲学家罗素曾说过，伟大的作品只适用于慢节奏阅读。慢与快是一种着眼点不同的辩证关系。慢读从数量视角审视，可能不够高效、快捷，但从质量角度来看，印象深、记得多、收益大；快读，表面上看读得多、速度快、效率高，但印象浅、记得少、收益小。这就说明慢中有快，快中有慢。取舍起来，宁可选择前者，也绝不青睐后者。因为前者是阅读的本质、目的所在。高效的读书必须倡导慢读。读书好比旅行，只有慢下来，才能欣赏美景，领略奇观。如果像打垒球跑垒似的，只一味匆匆向前，往往容易忽略很多美好的风光。而现在的问题是，"我们被这个急速的时代、飞快的节奏裹挟，匆匆忙忙，来不及停顿，来不及思考"。张秋山等人的调研表明，在阅读方式的调查中，快速诵读是大学生的首选方式，占45%；而边读边做读书笔记或批注的只占33%；不做读书笔记或批注，甚至中途就放弃阅读的占22%。总体来看，选择慢读者只占到30%左右。传统的阅读方式正在被抛弃而渐行渐远，"慢工出细活"的读书取向正在被囫囵吞枣的快速阅读方式取代。这是需要引起我们重视的。

慢读的要诀是深入思考，潜心涵泳。尤其是好书，读时必须慢下来，沉潜往复，从容含玩，才能理解其精髓，意会其真义，形成视阈融合。慢读的目的，一是留下思考的空间。孔子说："学而不思则罔。"没有思考的阅读，一如朱熹讲的眼到、口到而心不到的阅读。这样的阅读，无思考之"根"滋养，无心灵"活水"浸润，是"无根"的和"枯泉"的阅读。唯有慢读，才能给思考留有空间和余地，保持思想的在场。思考在阅读中充分涌流，能编织我们思想的经纬，沁入我们思想的草地，染绿我们一生的春秋。二是捕捉创意。读书不是为读书而读书，我认为，读书的最高境界是读出自己的东西来。别人的东西只是一个引子或酵母，通过它引出或发酵出自己的思想成果才是目的。这就需要在慢读中充分思考，认真咀嚼，精心提炼，捕捉创意和灵感，生成自己的东西。

久读

读也无涯，学无止境。苏霍姆林斯基说过："要天天看书，终生与书籍为友，这是一天也不断流的潺潺小溪，它充实着思想的江河。"读书应该成为一个人终身为之的修炼，从摇篮到坟墓都不应该放松、懈怠。这才是真正的读书境界。刘彭芝校长说过："一个人成就一番事业，就好比盖一栋房子，在学校里学到的知识只够他砌一个墙角。如果不自学，如果不继续学习，如果不终身学习，那么他一辈子只能砌墙角。"也就是说，一个人在学校里短短几年读的那些书，对其发展成长而言是远远不够的。读书不是一蹴而就的事，而是久久为之的建构。所以台湾散文家唐诺在《阅读的故事》中要求我们，"不要和书谈恋爱"，而要"跟书保持友谊"。恋爱只是一段时间的事情，读书是一辈子的事，像恋爱那样激情投入是难以长久的。生活虽然不只有读书，但我们要读书不止。读书不应只是手段和工具，如果一个人仅仅为谋职、考试、升迁等而读书，那还算不上真正的读书。真正的读书是以读书本身为目的的，读书应该成为他一生的自觉习惯和生存方式。比如，季羡林老先生勤奋读写，他说："我已经到了望九之年，仍能读能写，焚膏继晷，兀兀穷年，仿佛有什么力量在背后鞭策着我，欲罢不能。"这就是久读。这样一年、几年、一辈子读下去，书就像微波，从内向外震荡着我们的心，徐徐地加热，精神分子的结构就改变了、成熟了，思想的境界和人生的修为就提升了，书的效力就会充分凸显出来。所以，只有久读，才是读书的真谛，才能赋予你永不凋谢的精神美、气质美、人格美。

读书的时间是需要挤的

台湾作家唐诺在他的《阅读的故事》一书中指出："时间不够，我们无法阅读。这可能只是常见的迷思，或方便的借口。"我喜欢"迷思"和"借口"这样的洞察和概括。在我们身处的这个匆遽、喧嚣、浮躁、诱惑的时代，拿时间说事而拒斥读书，更是司空见惯、冠冕堂皇的理由和选择。

其实时间之有无，可能只是我们的迷思所致。即我们所说的有时间往往是被认定为有大块的、集中的时间，舍此，就不算有时间。唐诺列举了写书或读书的情形说明这种情况。有人想写一部重要作品，因为意识到非一朝一夕可成，反而迟迟不行，总想先把手边一堆暂时的、偶发的、可马上解决的琐事处理干净，好找个清清爽爽的良辰吉日来专心做自己最想做的那件事，写自己最魂萦梦系的那篇东西、那本书，如此日复一日。"写书的人如此，看书的人亦如此，阅读往往就这么耽搁下来。"此其一。其二，时间的有无，实际是个时间的分配问题，而时间分配的本质是一个价值排序的问题。我们习惯于按事情的主次、轻重、缓急程度等排序并分配时间去做它们。实际上，也就是依据自己的价值判断的顺序来决定时间的耗费。这没有错。当我们说没有读书时间或读书时间不够时，实际上是我们认为在工作、喝酒、上网、聊天、打牌等诸多事项中，读书并非主要、重要、紧急的优先选项，就是说，读书在我们认为有价值的、意欲去做的事情中，还排不到前列，摆不上位置。而当时间都被我们认为重要的事情占去时，我们当然觉得没有读书时间或时间不够了。说到底，还是读书没被重视，地位不高，没能在时间消费中争得优先权。

再从真忙和假忙的角度审视一下人们读书的态度。唐诺说："老实说，我们绝大多数人真的没有自己认定的那么忙。"请注意是"绝大多数人"。按照帕累托的"二八"定律理论，任何一个组织中的人都可以做"二八"区分。即80％的不重要的多数，和20％的"最重要的少数"。唐诺说的"绝大多数人"就是这80％的群体。这部分人明明自己无所事事，在别人看来有的是时间，可他们还是找些理由和借口虚夸自己有多忙，没有时间。其实他们并不缺少时间，只是以时间为借口，来掩饰自己不想读书，并为自己提供一个冠冕堂皇的理由而已。再看一下20％的这拨人，可能真是苦于没有时间。比如，教师课时很多，工作量很大；行政人员深陷琐务，忙忙碌碌，迎来送往，"会"来"会"去，身不由己。盘点下来，时间所剩无几。表面上看，这种人"去读书化"的理由客观、充分，其实还是存在着被时间牵着鼻子走和管理、开发时间不足的问题。而且这部分人衡量时间有无的标准往往还是以80％那部分人为参照系的，总认为像他们那样干事少、闲暇多，才算有时间。这实在又是一个认识误区。人与人不同，花有百样红。你明明是时间少的20％那部分群体，非要指望获得80％群体那样的时间，这是把自己降低和归类到"平庸的多数"那拨人里去了。如此来说，你还是你吗？你还有"最重要的少数"存在的价值吗？我们想问的是，你为什么不打开自己仰望的层级，不更上一层楼地追寻"只缘身在最高处"的5％的那个层级，非要去低就平庸，拥抱浅薄，向下沉沦？你好不容易从不求上进的80％的人那里把自己择出来，莫非还想再混回去？这是我们应当警醒的。究竟应该怎样挤时间读书呢？

时间是从热爱开始变得充裕的

这是我非常喜欢的一句话。你不爱读书，有时间或能挤出时间，也会说没时间，也不愿挤时间。所以爱因斯坦说过，人的差异产生于业余时间。林语堂也说："要真正了解一个人，只要看他怎样利用余暇时光就可以了。"台湾的星云大师说："人的区别在于8小时之外如何运用，8小时之内决定现在，8小时之外决定未来。"尤其是对那些明明有时间却自认为忙，没时间的"绝大多数人"来说，更要用这样的理念来给他们"洗脑"，让他们追问和审思自己究竟是不爱而不读，还是真的像他们虚夸的那样没有时间而不读，从而改掉自己找借口的毛病，确立读书立身的价值观，养成读书的良好习惯。

别找借口，勿以忙闲论读书

你若不想读书，也别拿时间做借口，时间没招你惹你。你把责任推给时间，是对时间无端的轻慢和亵渎。古人云："读书则无日不闲，不读书则无日不忙。"你若想读书，总能挤出时间，正如恋爱的人总有时间拥抱。你若不想读书，也很容易找到借口，关键还是取决于你自己。看那些名师或"教而优则仕"的校长们，他们一点也不比我们清闲，可他们挤时间读书、科研。用这面镜子照照，我们还能说什么？中国教育学会第八届理事会学术委员会顾问、民进中央副主席朱永新说："我的大部分文章都是利用别人休闲娱乐的时间完成的，所以我坚信，阅读、写作的时间挤挤总是有的。"再举一个例子，习近平总书记 2014 年 2 月 7 日在俄罗斯答记者问时说："承担这样的工作，基本上没有自己的时间，时间当然是都被工作占去了。现在，我经常能做到的是读书，读书已成了我的一种生活方式。"比一比吧，你有多忙，难不成比总书记还忙？可他照样挤时间读书，而且读书已成了他的一种生活方式。你再以忙为借口而不读书，恐令人汗颜和脸红。

从实践层面看，我们挤时间了吗?

欧阳修写文章，挤的马上、厕上、枕上的时间；三国时的董遇挤的是"冬者岁之余，夜者日之余，阴雨者时之余"的"三余"时间。我们挤了吗？对于那些 80％的人来说，不挤都有时间，可他们自认为没时间，不读。对于 20％的人来说，也别奢望那种纯粹用来阅读的绝对时间、大块时间，或 80％的群体那么多的余裕时间。时间是靠挤的，它既是一个常量，也是一个变量，是一种弹性资源。细细梳理你所拥有的零碎的、相对的时间，比如，等车候机，睡前餐后，酒桌牌桌，闲聊上网等，我们还是有很多可利用、可开发的时间，尤其是酒桌牌桌浪费的时间还不是一星半点。而阅读，毫无疑问，可以穿梭于、存在于每一分时间的缝隙之中，可以在挤的过程中获得存在、伸展和充分利用的时间。

把时间分给靠谱的人和事

读书的时间不够，还因为我们把时间虚耗在了许多不靠谱的人和事上。

所以，第一，挤时间需要过滤你周围的人，缩小你的朋友圈，把时间留给关心你的人、人品正直的人、做事实在的人、能够说得来的人、对你有所教益的人。你的时间那么宝贵，应付不过来那么多的人际交往。第二，挤时间需要筛拣你要做的事。不是所有的事都值得做、都应该做，所以必须有所筛拣。把不重要的、可做可不做的、无价值或价值不大的那些事，从日程表中删除，为自己"减负"；或者对要做的事做一个重新排序，尽量把读书这样有价值的"靠谱"的事排在优先要做的位次上，保证它的完成和落实，若有余裕时间，再去处理其他事情。

忙——没时间读，还是没时间读——忙？

　　这是一个探讨阅读与工作时间关系的话题，又是最让人纠结和无奈的话题。因为阅读需要时间，工作也需要时间，如果不能很好地协调，就会形成冲突，导致鱼与熊掌不可兼得。而根据"两利相权取其重，两害相权取其轻"的原则，似乎工作比读书更重要，所以牺牲读书实在是不得已的选择。这也成为(似乎)想读书的人最大的伤痛，和不想读书的人最大的拒绝理由。我们往往喜欢找出前者"忙而不读"显在的理由，却看不到后者"不读而忙"才是事情的缘由和根本症结。前者只是现象，后者才是更为本质的存在。对于前者，我们需要解构"忙——没时间读"的理由；对于后者，亦需要澄明不读书而忙与读书而不忙的机理。

　　真的是"忙——没时间读"吗？

　　这是需要我们认真反思的。客观地说，有的学校师资少，教师上课任务重，周工作量可能 20 节课以上，加之家务劳作，确实很忙。但即便如此，也不是说就无法挤出时间。时间是海绵里的水，只要你愿意挤，还是能挤出来的。比如，你看那些名师，你有他们忙吗？名师不仅要忙于上课，而且常常要上示范课、公开课，还要经常写文章、做讲座、参加会议、研讨交流、指导他人等，可他们没有一个说自己没有时间读书的。他们的成功全是阅读成就的。听一听他们对时间的观点。语文特级教师李镇西说："只要你把读书当作内心的需要，同时养成习惯，就不可能没有时间。"浙江特级教师闫学说："当读书成为一种生活方式时，就不愁没有阅读时间。阅读就像呼吸一样自然。"所以对那些强调"忙——没有时间读"的人来说，根本的原因还是对待读书的态度和热爱读书的程度不够，就给自己找一个掩盖读的主观愿望、动机不强又有一些客观成分的理由来搪塞。对他们，我想说的一句话是：恋爱的人总有时间拥抱，想读书的人总有时间与书亲昵，时间是从热爱而变得充裕的。

不读书而忙与读书而不忙

那些甭管是真忙还是假忙而不读书的人，有一点是他们不曾想到的，就是忙的真正原因在于不读书，或者说是由不读书造成了忙。一是读书赋予我们智慧。不读书的人是缺乏智慧的，尽管读书不是智慧的充分条件，但我们所处的是一个知识经济、智慧经济的时代，没有智慧，恐怕就只能陷入穷忙劳碌的境地。二是从"忙"字本身看，忙是什么？"忙"字拆开来就是"心亡"。你想啊，你只忙手上的事，深陷琐务，无暇读书来照料自己内心，可不就是心亡？而"心亡"才是致"忙"的根本原因。三是不读书的人能力弱、本领差、视野窄、思维死，没有应对纷繁复杂的事物的能力和智慧，只能忙忙碌碌、穷于应付，左支右绌、疲于奔命。换言之，不读书，你没有点子、办法、巧劲，剩下的当然只有穷忙和傻做，而且忙得看似辛苦，其实并没有忙到点子上，是瞎忙、低效地忙。好比教师，没有读书的底蕴铺垫，只能照搬教参、照本宣科、课堂上拼命地"灌"。这样的课教得再多，忙得再很，学生也不会买账，教师自己也感到索然无味，而且长期这样的"忙"，还会导致茫(然)和盲(目)，引发职业怠倦，导致发展停滞。

为何读书而不忙？读书是迄今为止人们找到的增长人类智慧和能力的最根本的方法，是帮助人们从"忙"中解放出来的最重要的应对之"道"。因为读书能使人明智，增长人的才干，提升人的能力，开发人的智慧。看那些大家、名师做事、教学，有条不紊，应付裕如，而且效果优、评价好。其关键就在于他们通过读书获得了教学规律的认知，掌握了化繁为简的处置技巧和方法、提高效率的智慧和窍门，所以才能忙而不乱，举重若轻，"取之左右而逢其源"。著名教育家夸美纽斯在《大教学论》中写道："找出一种教育方法，使教师可以少教，但是学生可以多学；使学校因此可以少些喧嚣、厌恶和无益的劳苦，独具闲暇、快乐及坚实的脚步。"而能达到这一境界的学校和老师，盖因读书多、多读书，能精讲，讲到点子上，而又能使学生多学、多得。真是"多读长才干，功夫在教外"啊！特级教师窦桂梅说："精彩课堂的生成没有他途，唯有广泛阅读。"而广泛阅读，提高工作效率，又将使教师获得更多的阅读时间，形成良性循环。所以，对教师来说，变忙为不忙，最可行、最直接、最有效的办法，就是挤出阅读的时间，提高工作效率。

40 岁以后的阅读

中国人当下的人均寿命是 76 岁，若按较高的人口平均预期寿命 80 岁来计算，40 岁是一个中分点；按人的生理机能状况来透视，它是一个由盛而衰的下降的始点；按人生规划来审视，它是人生的折返点。如果人生是一场马拉松，那过了折返点后的后半程究竟应该怎么跑，读书如何助力人生的丰富、发展和圆满，已急迫地摆在人们眼前。

四十不惑，是孔子给出的人谋道修身发展的阶段性目标或要求。惑，从心，从或。"或"就是或许、或者，就是不确定性。从现实来看，"惑"就是心的选择迷茫、定位困惑、价值焦虑。不惑，即人必须用心做出选择决断，走向确定性。"不惑"就是指我们有了自己明确的选择和定向，确立了追求的价值和目标，或者说是获得了生命的某种确定性体悟和认同。人到了 40 岁如果还不能"不惑"的话，那真的就有点晚了。正如白居易诗曰："行年三十九，岁暮日斜时"，令人生嗟老叹悲之慨。

回到读书上来，30 岁以前，如果还没有认真读书，认为还有大把时间在手，尚有年龄资本，优哉游哉，蹉跎岁月，缺乏时间的紧迫感，那么时间的流水可能不经意地就在我们一晃神或弹指之间流走了。岁月的脚步匆匆复匆匆，我们也只好无奈地调侃自己已是"奔四"的人了。是的，时间流逝，年龄增长，我们除了虚长 10 岁甚至更多的年龄，还有什么？"不惑"之年，我们不惑了吗？想来可悲，我们依然有惑，依然不能解惑，依然懵懂困惑。我们依然处在非自明的盲目状态或盲从境地，缺乏人生规划和思考，没有发展意愿和追求，深陷"惑"中而不自知，还自我感觉良好。更为严重的是，有的人虽然意识到"惑"的存在，却不思解惑，认为"惑"也好，"不惑"也好，都没有自我超脱的感觉之好。他们宁肯放弃阅读，而停留在消遣享乐、游戏人生的层面。这是典型的放弃发展、拒斥进取，只想混日子的状态和表现。

台湾作家唐诺说："40 岁之后的你，得开始把握愈来愈有限的生命时间，集中在你最向望的某些个领域中锐志深入。"你必须做出毅然选择或决断。否则，你这一生也就有可能在迷茫困惑、懵懂糊涂中蹉跎了、交待了。所以，40 岁以后的读书应该有自身的特点和要求。

40 岁以后的阅读，应该是有明确方向的阅读

如果说 30 岁你还有回旋的机会、选择的余地，那么 40 岁留给你的弹性空间就已被大大地压缩了，你已经没有可供挥霍的时间了，剩下的只有时不我待的紧迫感。人应该尽早确立自己读书的方向和目标，40 岁应该是这一定位的最高上限。这样锁定一个研究领域，找准自己的成才坐标，才能避免盲目、随意地散读、乱读。读有所属，读有所专，像放大镜聚焦物体那样，类聚热能、热量，最后引燃纸屑。也只有这样，才能跟上孔子所说的"四十不惑"的时间节点和发展节奏，弥补先期读书定位迟滞造成的缺憾，使自己亡羊补牢，后来居上，步入发展的"快车道"，始终动力十足地行走在路上，不让别人超越，而不断地超越别人。

40 岁以后的阅读，应该是对话式和批判性的阅读

40 岁以后的阅读应当是对话式的。所谓对话，平等交流沟通之谓也。40 岁以前，如学生时代，你可能还只是一个唯唯诺诺，只能忙着记笔记的学生而已，入职后，由于经验和资历尚浅，对于大家、权威也不敢贸然接近，怕出乖露丑，只能敬而远之。"敬而远之"，是一种很矛盾的心向、行为。既然对某人心存敬意，就应该敬而"近之"才对，才符合情理，因为只有近之，你才能了解他、学习他，并在接近交流中感受其大家风范、学识品格，聆听其卓见高论，从中受益，但我们为什么又心与愿违地选择"远之"呢？因为我们意识到自己还太"小"，离称得上"大"的可敬之人还太远，够不着他。即便他平易近人愿意和我交流，我也太"浅"，不具备和他对话的层次和资格。书籍也是如此。而到了 40 岁，对一个富有进取心的人来说，这一切都改变了。

"你得到了某种平等，对书籍仰望的角度在时间中缓缓微调，如今已大致呈现平视，阅读亦从下对上的学习转成平辈之人的对话。""阅读者和书写者在此平等地分享同一身份，建立起双向的往复联系。"40 岁以后的阅读还应该是批判性的。它不应该是你说我听，毫无思想和主见的盲从和接纳，而是有了自己思想和考量的批判和筛拣，即批判错谬讹误、筛拣"真金"卓识。因为我们已经具备了这样的眼界和能力。

40 岁以后的阅读，应该是创构性的阅读

荣格认为，在人生上半段，人应该把精力放在拓展上，而不要过多地追求平衡；在下半段(40 岁以后)，应该把精力放在收拢上。人将在自己人生的中点上发生注意力逆转，如果在上半段的注意力主要放在外部世界，那么在下半段，他将回到自身。换言之，如果 40 岁以前的阅读还是致力于储存和准备的话，那么 40 岁以后的阅读则应该按下"创建"的按钮，启动刷新和创构的新模式。这种模式意在打造人无我有、人有我优、人优我特的核心竞争力。它需要的是一种致一而不懈、专一而有恒的阅读，需要的是过滤浮躁与浅薄，弃绝喧哗与骚动，拒斥诱惑与追风，心定神凝地阅读。只有这样久久为功、持续阅读，假以时日，量变产生质变，才能真正拿出自己创新的成果，确立起别人无可替代的核心竞争力，在职业成长和发展的道路上不断取得进步和成功。

如何在读书中找到自己需要的创意

　　创意是在读书过程中触发的具有创造属性、创新品质的有价值的意念、思想，它们常常以灵感、顿悟等形式出现，或是我们凭借自身的经验方法加工、凝练成的判断或命题。

　　创意是我们在阅读过程中带着问题或希望，锲而不舍地阅读、深思、探究而获致的一种精神资源。它是可遇而不可求的。为了寻找它，有时我们深陷困惑茫然之中，甚至感到一切都是近乎一点希望都没有的徒劳，但"我们仍然把它携带在身上，作为自己独特的负担"来阅读寻找。我们没有放下，没有弃守，没有停下在书籍的林莽中蹒跚前行的脚步；我们执着坚守，我们韧性期待，我们自信召唤，等待峰回路转、柳暗花明的到来，"不信东风唤不回"。终于，探索的苦心，换来了顿悟的闪耀；思考的孕育，迎接了灵感的光临。而当这样的过程一次次被艰难捕捉、欣喜重现时，我们养成了一种坚守必有回报的自信，找到了创意提炼的一些方法，形成了寻找和发现自己所需要的创意常态化的机制。这是历经磨砺的奖赏、能力提升的回馈。

　　灵感顿悟创意的特点，确实是无迹可求，无从稽考的。你如果想复制它，那简直是异想天开。但绝不能以为它是无来由的天降神启的幸运，或是可以毫不费劲撷取的果实。其实，这只是阅读理解漫漫长路末端最甜美收割的一刻，是历经长时间的困惑煎熬、思考孕育过程的结果。天底下没有白来的顿悟。如果白来，没有前面的"为伊消得人憔悴，衣带渐宽终不悔"的艰辛探索和铺垫，你也不会觉知把握，只能失之交臂。

　　获取读书创意的价值和意义

　　获取读书创意是读书的根本目的。话语抽走了意义，便成了喋喋不休的絮叨和噪声；文字失却了创意，便成了无聊组合的文字游戏。同样，对于读书人而言，如果不以领悟精蕴、捕捉创意为阅读旨归，那么阅读就会沦为看热闹式的虚读。所以，在读书中获取自己所需要的思想启迪和写作创意，就是读书的根本目的。

获取读书创意是读书深化超越的表现。读书不是逡巡于别人的文字之中，匍匐在别人语言的脚下，这样死于别人言下的读书，是没出息的表现。真正的读书是要读出别人思想的缺漏、意义的罅隙，而设法填充和灌注自己的思想，或是受其启发生成了别样的新的思想。这样的读书，才是深化超越的读书、创意无限的读书。

获取读书创意是读书获益有得的表现。读书虽不指望实现外在直接的功利目的，但必须追求获益有得的精神建构。那就请从发现和找到创意开始。创意是创新的一个引子、一个由头、一个始点，它能激活生命的深层原动力，给人一个创新的回馈，让创新不再是梦。不然，陶渊明何以"每有会意，便欣然忘食"，那是因为他懂得创意——这颗创新的种子的价值含量，所以才会有"忘食"的欣喜和满足。

获取读书创意是衡量读书高质量的标尺。台湾作家唐诺说过："阅读不是'看到'，而是思索、启示和理解，它不取决于我们眼睛的速度，而是取决于我们心智的速度、深度和延伸的广度。"这是唐诺给出的衡量阅读质量的标准，说得很对！但我以为还缺少了一个落脚点、一个逻辑的终项，即"思索、启示和理解"。"心智的速度、深度和延伸的广度"，最终应该有一个具化的东西来衡量和表征，这就是创意。读书抓到了创意，就是最大的启示和收获，就是阅读实现"心智的速度、深度和延伸的广度"的表现。

怎样捕捉创意？

一要有敏锐的判断。捕捉或抓取创意，首先依赖于读者睿智、敏锐的判断，即你必须能够意识到这是你在寻找的、是你想要的好东西，看到它，你有眼前一亮、心中一喜、"忽魂悸以魄动"的感觉。这样的判断是人的见识和能力的表现。没有这样的判断，我们就会迷失在书籍的丛林中，"不知有汉，无论魏晋"，更别说找到不如归去桃花源的神秘入口、创意的门径了。

二要善于捕捉。因为创意经常是灵感、顿悟性质的，如果不及时捕捉，很可能就会泥牛入海，昙花一现，一如苏轼《腊日游孤山访惠勤惠思二僧》诗所描述的"作诗火急追亡逋，清景一失后难摹"。捕捉重在及时记，趁热挖。要顺着感悟往下想，记下所能联想到的，形成日后深思细想再加工时展开的凭借和线索。我读书就经常在书页的天头或地脚处，记下某个点生出的感悟，以备日后整理应用。还有一种情形，即你觉察到、意识到、感悟到你找寻的东西就在这段文字所描述的思想中，但它还不是你成熟定型的创意，还不太符合你的心意和需要，这时你就需要对它再思考、再凝练，进行剪裁和熔铸，直到改造成你认同的创意为止。

三要有具体的方法。创意的凝练当然是有方法的，但又因人而异，没有定法。我经常采用的方法有：第一，引申法。比如，我读毕淑敏的散文《蚕是被自己的丝裹住的》，联想引申开来，形成了自己的一个创意，完成了《教师：突破你生命的茧》的文章。再如，斯宾塞追问"什么样的知识最有价值?"，受其启发，我写了《职业教育：怎样获取的知识最有价值》。第二，截取法。我读书时看到了乌申斯基的一段话："书籍对那些机械地读完了书还不会从死的文字中引出活的思想的人，也是无用的。"我从中截取了《从死的文字中引出活的思想来》的写作创意。第三，代换法。笛卡儿有名言："我思故我在。"我就采用代换法，形成了《我读故我在》的创意。第四，联想法。比如，2012 年网络流行语中有一"最炫民族风"，我联想到读书，凝练出了《期待读书成为"最炫民族风"》的文章。为什么我能抓取或抓住这些创意呢? 关键是我"内在的眼睛是睁着的，能够看得见事物的意义"。还有，我的科研意识强烈，时刻准备着，思考着，琢磨着，所以，好的东西一逮眼、一照面，就看得出来，哪怕只是一个词、一句话。这叫"万绿丛中一点红，动人春色不须多"。

创意凝练法肯定不止这些，这里述及的几种只是个人的一点体悟、做法。

我在书中，书在心中

读书须做到"我在书中，书在心中"。

我在书中

"我在书中"，是入书，即真正能读进去，如古人所言"入得进"。换一种"西式"的说法，"我在书中"，即读书时要保持自我的"在场"。"在场"是一种卷入，一种亲临，一种融进和沁入，即倾心投入，与书融为一体。

读书只有"我在书中"，入得进，才能看得真切，悟得透脱，才能了解其精蕴，掌握其精髓，品味其精妙，汲取其精华，读懂、读透、读化。就修身励志来看，读书只有"我在书中"，读进去了，才能明理臻善，淡泊明志，才能陶冶自己的高尚情操，培育自己的高尚人格，养成自己的高尚品位。反之，倘若你入不进去，与书有距离，有隔阂，就不可能达到这样的读书效果和境界。

浙江特级教师王崧舟认为："读书就是'转世'，转到书的世界里去。读《红楼梦》时，你就转到大观园里去了。"你就必须融入书的情节和意境之中，融入人物的生命沉浮、情感跌宕、爱恨悲喜中，才能读出意蕴和滋味。特级教师于永正也认为，读书就是读自己。"我这个人读书喜欢想自己。我是抱着从书本中寻找智慧、思想和方法的态度去读书的。如果读书不与自己、不与工作联系起来，学而不用，对我来说，读书就失去了大半的意义。"这种读书把自己摆进去的方法，也是"我在书中"，入得进的一种体现。问题在于，在这样一个喧嚣、扰攘、功利、逐欲的社会，人心日益浮躁，精神日渐贫困，思想日趋浅薄，有多少人读书是沉潜于书香，真正能读进去的？他们读书是"在文字的表面滑行"，浮光掠影、雾中看花，根本不知所读为何物、何意。

还有很多人热衷于网络阅读、电子阅读，他们已经没有了书的概念，以为这样"触网""览屏"就可以替代读书、超越读书。更有甚者，"看书看皮，看报看题"，他们已经浮躁到读不进文章、书刊的程度。凡此种种，都属于"我在书外"的那种读书，是"飘"着的、虚浮式的，与真正的读书大相径庭。

书在心中

书在心中，就是时时、事事、处处记挂着读书，"才下眉头，却上心头"的那种读书境界。读书不能拿起书本读之，放下书本忘之，这是"狗熊掰棒子"式的一读了之的低级读书。读书必须"过心"，如牛食草，悠然闲卧，不断反刍。即读书要放在心里"悟"，不断反思，这才是真正的读书。所以书在心中，就是读书时要学会思考。孔子早就提出"学而不思则罔，思而不学则殆"思想，明清之际哲学家、教育家王夫之引申发挥了这一思想，亦提出了"学思相资"的观点。他认为："学则不恃己之聪明，而一唯先觉之是效；思则不徇古人之陈迹，而任吾警悟之灵。乃二者不可偏废，而必相资以功也。"又说："学非有碍于思，学愈博而思愈远；思正有功于学，思之困则学必勤。"可以说，读书引起的思考及思考的程度，是衡量读书境界和实效的标尺。

"书在心中"的思考，追求怎样的境界呢？

一要有条理地思考。思考最重要的品质是梳理出事物的条理，把握著者著述构思的内在理路和逻辑脉络。只有做到这一点，我们才能更好地理解、记忆书的内容，训练自己的逻辑思维，做到有条不紊，层层深入，逻辑自洽。如果我们看过以后，头脑纷乱，思维混沌，理不出逻辑和头绪，那说明我们的理性思维和逻辑水平与作者的水平和高度可能还有"落差"，有待提升。

二要有根据地思考。首先，根据书的论点、结论等，思考它的依据、凭恃是否科学合理，持之有据。其次，根据自身的知识经验、认知前见，思考和理解书的内容，力争深刻把握。最后，根据阅读的目的思考如何汲取应用。要能够找到或提炼出书中对自己有用的知识、信息、观点或思想，成为自己迁移、创新、应用的前提和指引，照亮自己思维的天空和创新的路径。

三要批判性地思考。读书人要善于进行批判性思考，不要盲信。孟子说：

"尽信书，不如无书。"即如果我们完全相信或迷信书本上说的，没有了自己的思想、观点、见解，还不如没有书。书也是人写的，不可能没有舛漏不足。即便是大家，也只能说出错的概率少点，更何况人受到时代和历史的局限，难以超越每一时代的认知高度，他们的思想必然要被取代、超越或修正。如果我们不能进行批判性思考，对书中的东西不加分辨地完全相信、全盘接受，那人类思想的前行就会停滞，文化的创新就会阻断，文明的进化就会定格。可见，读书的批判性思考不仅关乎个体的提升、发展、进步，也关系到人类、国家、民族文明发展的进路，不可小觑。

四要内省性地思考。古人强调"见贤思齐"，要求"日三省乎己"，读书也是如此。内省性地思考，就是要以书为"镜"，联系自己，独立思考。让书如镜子，照见自己的知识缺失、精神贫匮、修为不足。这样明己鉴失，补偏救弊，长善救失，才能使自己在读书思考中不断进步成长。

知识如何转化为力量

　　培根的"知识就是力量"这句响亮的口号，作为彪炳和影响世界的伟大命题，已被人们践行了400多年。它唤醒、激励、鼓舞、指引着人们在追求知识、文明进化的道路上执着前行，以获取内在的理性的力量、心灵的力量和外在的改造世界的物质力量。

　　知识如何才能转化为这两类力量呢？有两种路径：一是"入得进"；二是"行得出"。

　　"入得进"，使知识转化为心灵的力量。"行得出"，使知识升华或转化为改造世界的物质力量。而转化的最重要的实现形式就是读书与实践。

　　"入得进"的读书，使知识转化为心灵的力量

　　知识是人们总结出来的并得到精心阐释的理论系统。如果我们不学习知识，知识就只能是外在于人的一种自在的存在，是与人隔膜的、没有关联的存在。这样的知识对于人来说，即便有力量，也是一种潜在的、尚未实现的力量。所以，要想把知识转化为力量，首先要"入得进"，要读进去，使所读的内容转化为自己的东西，成为自为的存在。正如黑格尔所说，"使一个已有的精神世界转化成我们自己的一部分"；周国平也说，读书是把别人的成果据为己有的过程。正是依靠这样的过程，我们汲取人类智慧的营养、知识的精华，充实自己的心灵，武装自己的头脑。如此，我们才会感到特别有底气，特别踏实，有内涵、有思想，不虚飘、不轻浮，才会感到自己的视野、思维、见识高人一等、胜人一筹。这就是读书赋予我们的心灵的力量、理性的力量。有了它，我们才能感到自信和强大，才能生成与世界对话的能力和智慧。

　　"入得进"的读书，具有目的和手段相统一的双重价值。从目的角度看，

知识内化于心灵、理论武装头脑，充其量也只能算是中间性、阶段性目标，因为"学习的目的全在于运用"。从为着运用的终极目的来看，占有和获得知识，只是冲击和实现下一目标的一种准备、一个前提。在这一意义上，过程性、阶段性的目标，就变身为一种实现终极目标的手段和工具，即它必须服务于人类改造世界的实践，成为实现人们"行得出"目标的理论指导。

"行得出"的读书，使知识升华或转化为改造世界的物质力量

"行得出"的读书，是知识转化为力量的另一重要形式，它是一种实践诉求，也是一种境界，实现起来并非易事。

第一，"行得出"的读书，要求"入得进"的理论必须是扎实有根的。涉身认知理论认为，人的认识产生于人脑、身体与环境的交互作用。这一理论告诉我们，读书绝不是单纯地依靠人脑对抽象的知识进行思考加工的过程，人的认知过程并不排斥身体的参与和体验，以及与环境的相互作用。而只有这样涉身认知、躬行实践获取的知识，才是牢靠的、扎实的和有根的知识。正所谓"纸上得来终觉浅，绝知此事要躬行"。亦如台湾作家唐诺指出的："阅读最重要的不是看我们拥有了多少书，而是看有多少东西进入我们心中驻留不去，成为我们自身的一部分。"而只有这样融摄性的、"躬行绝知"、化入血脉的知识，才能指导实践取得成功。

第二，"行得出"的读书，是知行合一的读书。知行合一重要的不是从概念到概念的推演和完善，而是从认识到行动的自觉和践履。知行合一，总的意思无非是说，认识事物与实行其事、真知与力行，应是密不可分的一回事。知与行互为表里，不分先后，不能分离。倘若知与行相分离，这个知就不是真知，而是妄想；同样，倘若行与知相分离，这个行也就不是笃行，而是盲动。知是行之始，行是知之成。知是行的主意，行是知的工夫。归根结底，重要的是知的自觉与行的坚定，根本要求就是知行合一。知识是人类自觉实践的思想底本。知行合一，就是把读书致知和实践致能结合起来。颜习斋说过："读得书来，口会说，笔会做，都不济事，须是身上行出，方算学问。"朱熹在《朱子语类》中也说："今人读书多不就切己上体察，但于纸上看，文义上

说得去便了。如此，济得甚事！"换言之，倘若我们读书求知只会静态存储或拿来炫耀，而不能"学以致用""切己体察""身上行出"，转化为实践智慧、应用技能，就无法转化为改造世界的力量，这样的读书就是读死了。

第三，"行得出"的读书，亦包括理论上的发展和超越。"行得出"的读书不单指改造世界的实践上的成功，理论上的发展超越也是"行得出"的表现。黑格尔说，读书是"使一个已有的精神世界转化成我们自己的一部分，然后予以发展并提高到一个更高水平的过程"。前半句讲的是"入得进"，但光转化为自己的精神世界，即理解了、吸收了、消化了还不行，本质上还是别人的精神世界；后半句讲的是"行得出"，即把转化后的东西再凝练、再创构，"提升到一个更高水平"，读出自己的东西来。补充、丰富和发展现有的知识理论，实现理论上的发展和超越、文化上的传承和创新，这样"不是为了采摘别人的果实，而是为了结出自己的果实"的读书，亦属于理论创新的"行得出"的读书，是值得我们特别重视和倡导的"知识转化为力量"的应然的读书。

将书的桑叶吐成生命的丝

读书是分层次和境界的。根据阅读的对象、方式和效果的不同，读书可以分为读屏、读书和创读三个层次。

低层次的阅读是读屏

比如，现在手机作为网络终端，许多阅读都可以通过手机下载或微信在线阅读等形式实现。这些低层次的阅读者以为自己是在读书，其实他们只是在读信息，而且是碎片化的信息。有人说，读 1 本书和看 10 万字是不同的。一本书是一个系统的、完整的、深化的体系，而那些零散的文字碎片是没有逻辑链接和思想营养的东西，即便看起来很美，却很难促使人深入思考，帮助人训练和构建完善的思维体系。所以即便你读再多的"不转不是中国人"的文章，也是无效的。这就好比吃瓜子和薯片与吃饭是不一样的。长期碎片化的阅读，会使你沉浸在孤立的知识点、信息点中难以自拔，你的思维就会变得狭隘、弱化，难以进行复杂的思考。如作家张抗抗所言："这些信息很浪费我们的时间和生命，我们变成了知道得最多而思考得最少的人。"

中层次的阅读是读书

中层次的阅读比电子阅读、手机阅读提升了一大层次，是本真的读书、应然的读书。别小看了这种触媒的改变，它带给我们的感觉是奇妙的、不一样的。因为每一本纸质书都有其特有的生命气息，它的大小、厚薄、轻重、气味、颜色、光泽、封面、年代、用纸、字形及手感，都与人有一种特殊、精微的关系，甚至有一种说不清、道不明的气场。而这些大多是封闭在视频里面的电子书永远不可能有的。所以程乃珊说：与网络阅读相比，读书是立体的，可触可感的。林语堂在论及读书的意义时指出：读书可以"开茅塞，除鄙见，得新知，增学问，广识见，养性灵"。它可以使我们找到精神支撑，追寻生命意义，提高自身修养，寻求灵魂慰藉。最近美国的一项民意调查显示，大多数人表示看好纸质阅读。但仅仅读书也有局限。读书只是采摘别人的果实，而不能结出自己的果实；只读书的人脖子上长的是别人的脑袋，心灵中保有的只是别人的思想。这样的读书只是存储、复制、反刍、因袭而已，并不具有超越、创新的核心价值。所以，还要向着更高层次的创造性、超越式阅读提升。

高层次的阅读是创读

创读是指读出自己的东西来。徐飞老师的观点是："读过几本书，真不值得拿来说事，正如一只蚕吃掉几簸箕桑叶，是不值得炫耀的，关键还看吐出的丝是否白而长。评价读书人，不是看他读了多少本书，而是看他将书中的智慧转化了多少变成他生命的智慧。"我十分赞同这一意涵深刻而又精湛的比喻，愿从以下几个维度予以解析。

从目的论角度看，目的是人们想要确立和实现的东西。它大于一切、高于一切。春蚕食桑，不是为了吃桑叶，而是为了吐丝，完成生命的目的。读书，同样不只是为了读书，而是为了汲取书中的营养和智慧，实现人的充实、完善、进步和提高。

从价值论角度看，价值是表征事物意义和效用的哲学范畴，或者说价值是事物的功用属性的体现。衡量蚕的价值并不在于蚕吃的桑叶的多少，而在于吐丝的多少。桑叶的消耗是负价值的，吃得多、吐得多，固然可喜，但吃得少、吐得多，更见效益。读书也是如此。衡量读书成效的价值和效益的标准，并不是看你读书的多少，而是看你思想成果产出的多少和质量。用古人的"读书破万卷，下笔如有神"来说，重要的并不在于你是否"破万卷"，如果你能不破或少破万卷，依然能够做到"下笔如有神"，那岂不比"破万卷"才能做到的更高明，更有价值？但因为这句话耳熟能详、传播广泛，给人的感觉似乎两者之间有着一种必然的逻辑关系。其实，读书多并不意味着产出的成果就多，二者不呈正相关。正如蚕吃的桑叶多，不一定吐的丝就多。余秋雨说，一个人的阅读量不用太多。不盲目看很多书的人，才是聪明人，才是优秀的读书人。宋代黄庭坚说："泛滥百书，不若精于一也。"清人毛先舒论读书法强调一个"简"字："惟简斯熟，若所治者多，则用力分，而奏功少，精神疲，岁月耗矣。"倘若我们能做到"精""简"二字，虽读书少，但善于用书，善于引出自己的思想，同样可以做到多吐丝、吐好丝、吐丝好。

从生成论角度看，事物的生成是一个转化的过程。蚕吃进桑叶，将其转换成银丝，这是一种生物机能的神奇转化，是一种根本性的质变和飞跃。如果我们读书不能把别人的书的营养变成自己的精神血肉，即便能全部背下读过的某一本书，知道的还是别人的思想，还是在为别人背书。那有什么用？有多少用？还不如一只吐丝的蚕。所以最高级的读书是把读过的书变成自己的，读出自己的东西来，有所创新和超越。这种创读的生成转化机制：一要有感悟。读书是一个"淘金"和发现的过程，要把别人的东西当成启发自己的触媒，善于抓住读的过程中的灵思、感悟和创意，这是由桑叶转换成蚕丝的关键环节。没有这样的发现，没有创意的春风吹皱心灵的春水，哪里会有写作的欲望和动力？勉强去写，出来的也只能是低劣的、没有价值的东西。二要能精思。即精于思考。如观点的凝练、层次的梳理、视角的确立、逻辑的经营、条理的建构、思路的完型等，都需要思考的助力，才能精思附会、逮意成文。三要能成妙文。如果说思考是意化加工的过程，是桑叶向蚕丝的内在转化过程，那么，成妙文就是外化倾吐的过程，是蚕吐出洁白、细长的银丝的过程，也是成果转化生成的最终环节。它要求创读的人善写，有较强的语言表达和塑造能力，否则，出来的东西自己都看不上，没有成就感，没有惊喜，怎么能驱动自己援笔成文，吐出自己生命的丝呢？从这个意义上说，阅读过程中的写作和写作过程中的阅读，是相互成就的。写作因阅读的滋养而成功，阅读因写作成功的激励而可持续，形成了良性的发展循环。

书似青山常叠乱

"书似青山常叠乱，灯如红豆最相思"是清代名臣、学者纪昀的书房对联。我的书桌也是"常叠乱"的。这并非有意攀比或傍上名人，而是想说明我这人比较懒，不善归整，有邋遢之嫌。没有考证，不知纪昀叠乱的缘由是否也如此，但据说德国著名思想家、哲学家本雅明也是如此。他的书摆放得也永远是无序的、凌乱的，"堆叠散落，如野放的牛羊"，而他自己还有一套说辞，说是对书的解放，让书恢复自由。我不想对自己凌乱的书桌辩护，懒就是懒，再拿来说事，谁信呢？没必要自取其辱。自嘲、调侃、认错，也许才是最好的脱窘之术。

但我还是想检讨一番书桌叠乱的缘由。书桌叠乱并非读者本意，如果不是读书，何乱之有？那桌面永远会是干净、整洁、有序的，如同穿戴一丝不苟、十分讲究的人，永远西装革履，光鲜示人。但书桌的干净，倘是读后整理的结果，那么这样的人是读而有致的人，令人敬佩，得高分。如果是因为不读书而干净的人，那是比读而叠乱的人更等而下之的人。好在我还不算垫底之人，知错自责中总算还保有一丝安慰。虽然800多年前宋代朱熹就要求"凡读书，须整顿几案，令洁净端正，将书册整齐顿放。正身体，对书册，详缓看字，子细分明读之"，但我这人还是难从夫子之言，没办法，本性使然。

或曰：读书不能不把书桌搞得一塌糊涂吗？这是不读书人的很外行而又不专业的想法。要知道，读书或写书人的乱，实乃情非得已。好比"船到桥头自然直"，不直，你横着行，过得去吗？清人毛奇龄言己："凡作诗文，必先罗书满前，考核精细，始伸纸疾书。""罗书满前"，案几岂能不"叠乱"？换言之，当读者为着研究问题或写文章需要而阅读的时候，必然会依着阅读者层出不穷的疑问或所写的不同的文章，形成不同的阅读组合。不同的疑问或问题的解决，必然需要组合出不同的书群或搜索出同类的系列文章来读。同样，依着写文章的需要，参考的内容也不是一两本书或杂志所能满足的，于是，目光扫过书架上排列整齐的书脊上的书名，不停地抽取自己所需要的这本那本，书桌上的书刊便开始渐渐多起来、乱起来，像是一种无序的展览。而且旧的文章去，新的文章来，写作的目的和需要变换了，参考的东西亦随之改变，阅读的书目就要更换、重组，于是，又一批书或杂志一本一本地被请上书桌，无序地、任意地摊在桌上，乱不忍睹。这就是乱的因由和逻辑，就像产品生产过程中的一道不可或缺的程序。只是勤快的人，乱后能及时"打扫战场"、收拾归整，使书桌重又整洁如初，不显乱象。而偷懒的人，则任其凌乱堆垛、随意铺展、不复收拾，如同小偷光顾过或溃败的军营那样，怎一个"乱"字了得！点破了这些，你是否明了了一点乱亦有道的理由。你能理解、宽宥和原谅那些乱了书桌，成就了阅读和文章的人吗？

毫无疑问，写文章把书从书架上请下来，翻阅、查找、寻觅是人人得而为之的事，关键是用完之后怎么处置。那些讲究的人必是一本一本将用过的书放回原处，让它们在书橱里整齐列阵，等待下回的巡礼检阅；而不讲究的人，随意一堆，让它们占领书桌一角，这样无须多久，那叠乱一起的书刊便越堆越高，到了再堆就有危如累卵的时候，就不再"高空作业"了，于是，又另起一堆，这样不断蚕食，直到堆得只剩中间一处放电脑的空间。所以再大的桌子，对我这样的人来说，也是小的，也是不够用的。这样做的人，也许都有一个心照不宣的理由，那就是二次再用的时候，就在手边，随手可取，拿起来方便。其实，这又是懒人的一个自欺欺人的理由。你想，那么多书、杂志摞在一起，你还能找得到哪是哪吗？用时还不是要一本一本地翻，一摞一摞地找？比书橱里拿恐怕更麻烦。

真不知什么时候能改掉这种坏毛病，使读书和写作能在更加有序、整洁的环境中进行。

读书与科研积累

　　人是靠读书积累成长起来的。人从小学入门，就开始读书、接受教育。这样的读书学习，如果不留级、不跳级，到本科打住，是 16 年；如果读到博士，是 22 年。这是一个漫长的读书积累和知识积累的过程。低学段的学习是老师与我们共读，或者说老师教我们如何读书。高学段的读书是老师的教读、引读与学生的自读、自学相结合，最后过渡到学生完全自读、自学的过程。在这个意义上，我们可以说，教育就是教会人读书，培养人读书的能力，并最终养成人终身自觉读书的习惯的活动过程。

　　这是对人一生读书积累成长的整体描述。没有这样的积累，没有这样将人类所创造的知识财富的精华转化为个体的知识积累的社会化过程，人的成长和发展就不能达到他应有的高度。这个高度不是指身体发育不健全，而是指因为知识贫血，可能成为精神的"弃儿"、思想的"侏儒"。好比麦粒，没有得到充分的灌浆，就不会饱满；果树没有汲取足够的生长营养，果实就不会理想。

　　再从为着研究的目的来看读书积累。如果说教育是经年累月读书实现的一种效应，那么，科研则是读书积累必不可少的一种准备和功力。科研，不读书、没有积累，不行。那样，脑袋空空，双手攥空拳，"腹内草莽人轻浮"，研究什么？怎么研究？科研不能"空心化"，它是需要丰富的知识、扎实的底蕴、深厚的功力的，需要思想资源和精神能量，而这些均离不开读书。它需要读的知识的内化来夯基打底，做好科研上路的准备。科研的材料积累之于科研的意义，犹如鱼和水、根和树一样，失去了材料的滋养和支撑，科研就成为无源之水、无本之木。所以，科研需要多读书、多积累。古人说："积多则神。"积累一多，材料丰富，观点的提炼、材料的选择、优劣的比较、篇章的完型等，就有了前提和余地，就能得心应手、左右逢源；反之，就只能捉襟见肘、左右为难。恰如梁启超所言："我们要明白一件事情的真相，不能靠单文孤证，便下武断。所以要将同类或有关系的事情网罗起来，贯串比较，愈多愈妙。"但所有的积累，都是为了蜕变而做的准备，都是一种蛰伏，等待着时机的成熟，然后把自己打开。

科研读书积累要遵循的原则

一是有备性原则。古人说："宁可备而无用，不可用而无备。"备而无用，无碍于事，留待合用时再用；用而无备，则只好抓耳挠腮，停工待料了。二是多多益善原则。"多"是质量的保证，所谓"积之愈厚，发之愈佳"。倘若我们书读得少，只能获取一些零散、琐屑、个别、孤立的材料，那是派不上用场，发挥不了作用的。所以韩愈强调要"贪多务得，细大不捐"；鲁迅的实践是"废寝忘食，锐意穷搜"；茅盾的建议是，要像"奸商"一样，囤积居奇，"不厌其多"。科研是深埋地下的根，而不是枝头丰硕的果，它必须在贫瘠中寻求肥腴，酸涩里探求甘甜。志在积累，寻获滋养，扎扎实实地打好功底，才会有底气，才能成大器。所以，所有真正想读书和做科研的人，都必须做好"冰山之下的八分之七"的积累工作。三是动态补给原则。写作是一种支出性的思维活动，消费的是材料。一个材料用过了，就不能再用了，起码不能老是重复使用，所以必须不断地聚材，建立动态补给机制才行。

如何处置、整理资料？

随着研究的深入或展开，书读得越来越多，资料也积累得越来越多，这时如何驾驭、处置资料就会愈发繁难而成为问题，就会凸显出"多""乱"之惑。若无好的处置方法，就会自乱阵脚，无所适从；到提取应用时，就会难以检索，备受困扰。整理资料，一要学会分类处置。即根据研究专题或待写的文章，把同类材料归置一处，像中药房里的抽屉，每个格子里摆放分类准确、定位清楚的材料，这样材料的区隔、归属、定位相对精准，避免了材料存储的散乱、无序、杂陈之弊，同时，也有利于材料方便、快捷地提取。或以问题为分类依据。梁启超说："搜集资料之法，应该以问题为中心；未有问题之前，资料平铺纸上，熟视无睹；既有问题以后，资料自然会浮凸出来。"这也是一种重要的类聚法。二要掌握"绳贯式统整法"。绳贯式统整法，是"累一以贯之，积渐以进之"的方法。梁启超曾说："材料是尽有的而且很丰富，但散在各处，东一鳞，西一爪，合拢起来可成七宝楼台，分散着却一钱不值。"所以，他要求"用致密的技术去整理资料"，否则，"满屋散钱请你拿，但没有一根绳子串上它，你便拿不去"。所以整理资料的最好方法是"以简驭博"或"以一持博"。即"总须先求得个一以贯之的线索，才不至博而寡要"，不得要领。按朱熹所言，一便如一条索，那贯的事物，便如许多散钱，须是积得这许多散钱了，却将一条索来一贯穿，这便是一贯。有了这种绳贯式统整法驾驭材料，一提取就是一大串，读书、研究和写作才能得其门而入，我们的效率才能大大提高。

读书与写作

　　读书与写作是一种互动相生、互促相成的关系。台湾作家李敖说：最好的读书办法是为了写作而读书。又说：要想搞明白一件事，最好的办法就是写一本书。这些经验之谈，就是对读书与写作关系的深刻诠释。读书为了写作，写作需要读书，好比车之两轮、鸟之双翼，只有协同运作，才能远走高飞。"读书多的人，绝大部分是会写作的人。而一个能写出很好作品的人更不可能不爱读书。这只因在看了足够数量的文化精品后，哪怕只是东家模仿一点，西家拼凑一点，再加上一点点自己的领悟与润色，最后拿出来的成品，也足以令许多人拍案叫好。"由此分析，只写不读的人，几乎没有。因为写文章的人，都懂得阅读吸收的重要性；都明白不读、不吸收、不参照，视野窄陋，水平低下，如何去写的道理。诚然，实践躬行、经验总结，亦可梳理提炼，援笔成文，但没有读书的理论铺垫、思想的充盈，恐怕只能就事论事，满纸浅俗。清人冯班在《钝吟杂录》中这样强调读和写的关系："多读书则胸次自高，出语皆与古人相应，一也。博识多知，文章有根据，二也。所见既多，自知得失，下笔知取舍，三也。"著名特级教师钱梦龙先生在给《作文智慧》一书写的序中指出："多读书有助于思维和语言能力的提高，而思维和语言能力的提高又加深了阅读理解，如此相互影响、相互促进，最后形成了一种良性循环。"台湾李欣频也说："只阅读而不整理及与人分享，我深觉是一种罪恶。书写是阅读的完成。"所以，写和读绝对是相伴相生的。但只读不写的，大有人在，因为读易写难。读是只要认识字就可以为之的、门槛很低的事，而且即便读了也不是为了写而读，而是打发时光的、随兴的、消遣的阅读。写就不同了。写是一种创造技能，不是所有的人都会写、都能写的，都愿意"东家模仿一点，西家拼凑一点"的，而且即便写了，如果写得不好，也没有兴趣和可持续性。问题在于，写绝对不是一蹴而就的事，它是一种需要常性、需要多写多练，才能熟能生巧的技能。偶一为之或一曝十寒的写作，不可能产生量变积累而达臻质变提升的突破，练就写作能力。而越是这样，人的畏难情绪就越大，写作兴致就越低落，从而形成恶性循环，所以写而不读和读而不写都是不行的。

怎样的读书或哪般的写作，才有助于读与写相得益彰、相偕双赢呢？

熟读精思是有助于写作的读书

不熟读的读书，脑中痕迹浅淡，读过即忘，读过的东西用不到写作中去；不精思的读书，读过的东西不知如何用，用在何处，找不到用的契机，不知如何与自己的写作接轨：这是读写"两张皮"的根由所在。

所以，古人特别重视熟读精思。朱熹说："大抵观书先须熟读，使其言皆若出于吾之口；继以精思，使其意皆若出于吾之心，然后可以有得尔。"这种读后能达到"言出吾口、思出吾心"境界的读书，当然会直接助益于人的表达和写作。这一点，清人唐彪在《读书作文谱》中说得更明确："读之至熟，阅之至细，则彼之气机，皆我之气机，彼之句调，皆我之句调，笔一举而皆趋附矣。苟读之不熟，阅之不细，气机不与我浃洽，句调不与我熔化，临文时不来笔下为我驱使，虽多读何益乎？"他们反对"贪多务广，涉猎卤莽"，认为"泛观博取，不若熟读精思"。清人胡达源也说："书不成诵，无以致思索之功；书不精思，无以得义理之益。"联系到写作，清人张英亦有精辟之见："若贪多务博，过眼辄忘，及至作时，则彼此不相涉，落笔仍是故吾。所以思常窒而不灵，词常窘而不裕，意常枯而不润，记诵劳神，中无所得，则不熟不化之病也。"

有写作任务或问题抓手的读书是高效的读书

读书如果只是为读而读，没有任务驱动、问题导向，读书的目的不明、动力不强，读书的效用就会大打折扣。以问题来说，读书若无问题，就会如梁启超所言："无所用其思索，无所用其研究，无所用其辩论，一切学问都拉倒了。所以，会做学问的人，本领全在自己会发生问题。"以写作来看，民国学者王云五说过："如何能鼓起读书的兴趣和养成将来不断读书的习惯呢？我以为最好不过是一开首便择定一个中心问题，写一本系统的书稿，或是一篇系统的论文。"梁启超亦就以写促读发表过类似见解："先辈每教人不可轻言著述，因为未成熟的见解公布出来，会自误误人，这原本是不错的。但青年学生'斐然有述作之志'，也是实际上鞭策学问的一种妙用。""譬如同读一部《荀子》，某甲泛泛读去，某乙一面读，一面打主意做部《荀子学案》，读过之后，两个人印象深浅，自然不同。所以我很奖劝青年好著书的习惯。"显而易见，提高读书效益，读书者应会自生问题，或拟订写作任务，这样既有利于读者读得更加经心用意，更富有实效，也有利于锻炼和提高他们的写作能力和水平。

养成不动笔墨不读书的习惯

不动笔墨不读书是读书人的一大经验。动笔墨，按照胡适的说法，就是读书时的"手到"，他建议的方式有札记、抄录备忘、提要、记录心得等。显然，如果我们读书时做了这样动手记（写）的工作，记忆的效果和读后的远效就会大幅提高。还有一点值得赘言，有读书、研究和写作经验的人，都有过这样的经历，一个好词、好句或好的意念涌现在脑际，倘不及时记下，可能转瞬即忘，追悔莫及。所以写或读的过程中，应及时记下一闪念、一刹那显现的好东西，否则，就会"泥牛入海无消息"，或雨入池塘何处寻，亦如梁启超所言，"稍微大意一点，便像拣出的金子依然混回沙堆子里，要再找可就费力了"。

要做到"文从心出，心在文里"

读书最重要的是有文章成果出来，所以"文从心出，心在文里"是读书的一种境界。"文从心出"，即没有无心之文。文都是心灵的产物、思考的成果、智慧的结晶。按照朱熹的说法，是"心头运"的结果。"心在文里"，即没有文外之心或无文之心，它要求读者时时记挂着文，为文而读，为文而思，为文而备。这样读别人的书，写自己的文，写作成果才会如涌泉、如抽丝，不断生成，接续不断。

读书与写书

读书，如果光有输入，没有输出，这样的读书就是读而不化，就是烂在心里了，读死了。读书是为了外化。外化主要有两种形式：一是运用，躬行实践，指导人们改造世界的职业实践。这是从理论到实践的外化。二是读进去与写出来的外化。即从别人的理论到自己的理论的外化。这是汲取读书滋养，玉成自我成长和发展的外化，也是本文想置喙的方面。

读书与写书的关系：一方面，读应该是为了写，内化是为了外化。读书不是为了武装嘴巴，增加谈资，低廉消费。但还是有人读书是专门读给别人看的，他们无非就是比别人多认识几个字，多读了几页书，就自以为很了不起，高人一等，身价百倍；只不过略微学到了一点皮毛的东西，就到处炫耀，夸夸其谈，唯恐天下不知。像这样只能停留在口头上的读书外化，不但没有好处，反而害了自己。另一方面，写书才能促进更好地读。台湾作家李敖说："最好的读书办法是为了写作而读书。"又说："要想搞明白一件事，最好的办法就是写一本书。"因为为着写书或有着写书目的的人的读书，绝不是停留在肤浅的感性阅读上，而是一种带有咀嚼性质的理性研读。他们通过对书籍的聆听、梳理、批判、选择，在反复对话中，将书籍中有价值的东西吸纳、内化到自己的结构之中，从而为构建自己的东西打下参照和创新的基础。

读书就是这样一种"阅读进去、思维出来"的过程。阅读进去，即"入得进"，自不必说；思维出来，即"跳得出"，它要求阅读者能够超越作者的想法和书本的内容，产生自主升华的思想，或者说受到作品的启发而获得新的创造性的思维成果。阅读的最高水平或境界就是开启人的心智，实现阅读的创造性，使人认识宇宙万物，也认识人类自己；赋予人聪明才智和创新思想，并使人类的聪明才智和创新思想得以世代传承，不断创造新的文明。

如何实现读书助益写书的目标呢？

要在观念上突破束缚

现实中，虽然有不少人读写分离、述而不作，但也有一部分人是读写结合，二者并重的，只不过写的不是书，而是论文。这也没错，写本来就应该由容易的单篇论文起步，所谓"天下难事，必作于易；天下大事，必作于细"。但问题在于，很多人明明已经具备了写书的基础，但还是迟迟进入不了写书的角色。以我自己为例，我的第一本书——《职业教育的追问与视界》是2010年出版的，那时我已经55岁了。太迟了，行将退休了。如果是55岁以前，能力不济或准备不够，想写也写不出来，那又当别论。问题是55岁以前，我已发表了300多篇论文，早就具备写书的能力和基础。显然，迟滞的原因不是能力方面的，而是观念方面的。这与我把出书看得太神圣、太"高大上"有关，总是对出书心存敬畏，不敢染指。现在想来，实在是自设雷池和藩篱，羁缚了自己，捆束了自己，是错误的。这是我交了后悔遗憾的学费后，获得的一点感悟，明了的一点道理。所以我认为，每一个读书人，都应该突破写书的这种认识误区，设定阅读著书的层级目标，处理好文与书之间的逻辑的、生成的关系(不使其对立、抵牾)。这样沿着由文而书的台阶拾级而上，系统地读一些书，写一些文，为自己出书做好坚实的铺垫和准备。

要尽早进入出书模式

一如前述，早点进入出书模式，不仅对人的成长和发展影响深远，而且对读书本身助益很大。读书是手段层面的东西，写书是目的层面的东西。只写不读，难以为继；只读不写，无法深化创新。关键是不写，就无法实现读书的目的，实现读书的超越。写书的超越性意义在于以下几方面。

第一，尽早进入出书模式，能全面提升人的读写能力。读书不能不写，也不能只写单篇论文。毕竟论文与著作在文字驾驭的幅度、结撰构思的难度、逻辑处置的高下度、体量大小的驾驭度、体例安排的复杂度等方面，存在很大的不同，对撰著者是一种新的挑战和考验，是一道"高门槛"。比如，单篇论文写作，我们讲谋篇布局，但到了书，谋的就不仅是"篇"，而是全书的整体框架、系统布局。你就要有更加系统全面掌控视野、宏观布局的结构能力。再如，单篇论文写作处置的是论文几个组成部分的逻辑关系，而到了书，就不仅是细部的具体内容的逻辑关系，还有章与章之间、节与节之间、章与节之间，以及节内点与面之间逻辑关系的处置，比单篇论文要复杂得多。所以有了出书的实践和历练，你的能力和水平就会提升一大截，即便你出的是一般的、平庸的、无人问津的书，或只能在书架上蒙尘吃灰的书，也不妨碍你在自身的基础上获得一种体验，经历一种锻炼，实现一种提升，取得一点长进。

第二，尽早进入出书模式，能发挥更大的作用和实益。我真心希望热爱读书并有一定基础的人对自己要求高一点、严一点、狠一点，早一点进入出书模式，越早越好，越年轻越好，这样你的年龄优势就越大，发展空间就越大，提升机遇就越大，贡献程度就越大，后劲和爆发力就越大。是的，当你能够飞翔时，为什么还要选择爬行？为什么不选择尽早飞翔？福建特级教师任勇说过："教师到了退休还没有一本自己写的著作，是一大遗憾。"其实到了退休没有书是遗憾，能够不到退休就写书，而延宕到了退休才出书，更是遗憾。这种迟滞，会使你失去很多，并不能享受到出书后可能给你带来的更多的发展机会。

教师的读书

  教师是"学高为师、行为世范"的职业群体，是传道解惑、教书育人的社会角色。他承载着知识传递、文化传承、文明传播的道义使命，肩负着民族振兴、育人铸魂的家国担当。这些职业规范和定性都要求教师成为知识浸润、书香濡染的人，成为独智独思、守望创新的人。一句话，教师应成为与书过从甚密、不离不弃的人，这样才能胜任职业角色、社会担当。教师倘不读书，我们还能指望什么？教育还能凭恃什么？学生还能学到什么？本专题所收的11篇专论教师读书的文章，有关于读书的目的价值层面的解析，如《教师：靠什么行以致远》《教师应该成为怎样的人》《读书：让教师能量"满格"》《读书：为了教学智慧》《好教师是怎样"炼"成的》；有关于教师何时阅读、怎样阅读的言说和提点，如《教师：该怎样阅读》《教师：阅读面不妨宽一点》《这时，你该读书了》；有从教师专业成长出发的论述，如《抵达心灵的远方》《教师的"三书"人生：读书—教书—写书》《教师：走向说写平衡》。

教师：靠什么行以致远

行以致远，指的是发展的一种目标、一种境界。致远，即达及久远。远，既是一个时间概念、空间概念，也是一个成功学的概念。从时间上看，"远"蕴含"久远"之意，指教师的可持续发展。从空间上看，"远"具有"深远""远大"之意，指教师通过一定的方式和手段，拓展了发展空间，获得了生命"景深"，飞得更高，走得更远。从成功学角度看，"远"指教师实现自我的程度和达及的境界。人行以致远，是需要有依凭和准备的。好比人的远足，必须备足必要的行囊，才能支持和帮助其完成致远的旅程。

程红兵校长指出："一个教师任教 6 年之后，一切正常的话，基本可以成为合格教师了，但是 6 年之后的发展，常常取决于教师有没有这样的学习习惯、思想习惯。"严重的问题是，如于永正老师指出的那样："很多老师教了一辈子书，没有长进，主要是一直在简单重复，原地转圈。"这就提出了教师如何突破"高原"困境、行以致远的问题。我以为，教师行以致远的途径有三：读书、反思、创新。读书是奠基；反思是转换；创新是实现。

读书

对于教师而言，读书是教师加油蓄能的方式和过程。语文特级教师李镇西说："阅读，不停地阅读，这应该是每位语文教师乃至所有教师教育生命的体现方式。"教师不读书，别说"致远"，就是"原地踏步"，也无法保证。它是教师由"上台阶"转为"坐滑梯"的开始，是进入下降通道和退化模式的严重警讯。钱理群教授指出："现在教师队伍中真正的'读书人'是很少很少的，这也是中国教育的最大悲哀。"所以教师作为职业读书人，必须始终不渝地终身学习、终身读书。一是教师由于工作性质，其读书必须突破只读教材、教参的局限。程红兵说："教育工作者最怕只读教育，不读其他，只局限在一个很小的圈子里。就教育论教育，教育之论无以深入；打开思路，看看教育之外的世界，有助于读懂教育。借助社会学著作，学习他们的方法，教育或许有新的突破。"二是从"读书—底蕴—教学"内化与外化的规律来看，读书只有转化、积淀为底蕴，才能在由底蕴向教学的转化中助益于教学。而纯粹为着上课的读书，是"点"对"点"的非常有限的阅读，不可能转化为底蕴，因而必须"放开眼孔读书"，扩大视野读书。即拓展为"面"对"点"的读书，这样"面"上的东西才能厚积而沉淀为底蕴，这样的底蕴才能转化为支撑教学的智慧和营养。三是教师读书必须养成一种会读的自觉品质。其具体表现如下：第一，表现为自觉的读书意识。因为工作需要而读书，因为生活需要而读书，因为兴趣爱好而读书，因为没有任何原因也读书，这就是人的职业方式、生活方式。第二，表现为会读书。所谓会读书，就是善于将所读的书加以提炼升华，将读书与问题结合起来，基于问题、基于思考，把读书所获融会贯通，形成对问题的认识和判断，形成解决问题的思路，这就读活了。

反思

朱永新说，一位教师不在于他教了多少年书，而在于他用心教了多少年书。"用心"，就是指教师反思和投入的程度。它同样是教师行以致远的关键要素。什么是反思？反思是人类所独具的功能，是一种思维自觉，是思维向自身反转的一种回归性思维，是教师不断进行自我超越的思维工具和方法。杜威曾强调，实践性知识的获得至少需要两个条件：它不仅需要"行动"的执行，而且需要"反思"的参与。没有反思，就没有经验的重组与改造，就没有经验的深化与升华。没有反思，就会导致经验的固化、僵化，使经验退化为程式化的行为和机械的教学技能。反思的作用在于：一是实践反思体现了人类教育行为的自觉性。二是反思为重构、改进、转变、优化、整合经验提供了契机。三是反思有利于将粗糙的试误行为、试验性经验上升为思考性经验。四是反思能使主体超越经验的束缚而获得行动的自由和解放。五是反思可以增进教育智慧，提高师能水平，有助于教师的专业成长。所以，华东师范大学叶澜教授指出："一个教师写一辈子教案不一定能成为名师，如果一个教师写三年反思，则可能成为名师。"

创新

创新是教育发展和教师行以致远的永恒的内驱力。从行以致远的三条路径的关系看，创新是读书、反思的目的，读书、反思是创新的手段。换言之，无论是读书奠基还是反思转化，都是为最终的创新目的服务的。而读书与反思如果不能转化为创新的成果，如教学突破（实践创新）、论文生成（科研创新）、方法凝练（理论创新）等，没有一种收获感的兴趣铺垫，没有一种成就感的持续砥砺，则这种读书或反思的意兴和热情是很容易受挫、衰减而归零的。所以，创新成功的体验和实现，哪怕是点滴的进步和成功，都是非常重要的致远的动力和进步的台阶。因为有了它的维系，"致远"的信念就不会动摇，前行的脚步就不会停歇，我们就会沿着成长发展之路，一直向前，抵达远方。

教师应该成为怎样的人

今天我们应该怎样做教师？或教师应该成为怎样的人？这既是身份和行为的自我审视，更是精神和灵魂的自我求解，值得我们认真思考和破译。我们认为，教师应该成为具有以下规格的人。

教师应该成为追梦的人

梦是教师在成长的过程中所欲追求和确立的东西。梦是目标，梦是理想，梦是价值期待，梦是人发展与成长的希望。人不能没有梦，因为人不独是自然界的产物，更是文化和历史的产物。文化与历史延传的生命基因和精神赋予，决定了人是世界上唯一追梦的存在。教师作为文化传承、育人铸魂的社会角色和民族精英，更应该成为"仰望星空"的追梦人。因为只有追梦的教师才能培养出有梦和追梦的学生，社会的发展、国家的昌盛、民族的振兴才有后劲、希望和可持续性。虽然教师们也无法预测和掌控追梦的结果，但人是要有信念引领和精神支撑的。倘若没有梦，人就会陷入平庸、世俗、浅薄、无聊和倦怠。教师的角色定位和社会担当决定了他们必须成为有梦和追梦的表率，不然，国何以强？民何以富？生何以优？社会何以前进？

教师应该成为赶路的人

为了实现梦的理想和追求，教师应该始终行走在路上，成为赶路的人。尽管我们不能预知前方的风景和最终能否抵达理想的目的地，但也不能放弃哪怕是懈怠着赶路的过程。赶路是一个漫长而修远的求索过程，是一个致远而无涯的追寻过程。第一，赶路体现了人的实践精神。马克思强调，"社会生活在本质上是实践的"。没有实践，再美妙缤纷的梦也只能是彩虹和泡沫，只能是虚幻的"乌托邦"。只有不断践行，人的未来才不是梦，才可能转化为现实。第二，赶路必须与人的惰性做斗争。人是极易被环境、习惯和惰性左右的动物。比如，人是被规定需要终身学习的群体，而当下又有多少教师能够真正在书桌前坐得住，沉潜书香？他们宁可选择酒桌、牌桌，在安逸、闲适、喧闹中消磨自己。赶路的人必须与这种惰性和积习做斗争，"放开眼孔读书"，在书香里诗意地栖居。第三，赶路体现了人的执着追求。赶路的过程是艰辛的，甚至是痛苦的，需要有执着追求的信念、自强不息的精神，否则就会见难思返、半途而废。

教师应该成为大写的人

程红兵先生在《直面教育现场——书生校长的教育反思》一书的自序中写道："教育从来没有像今天这样活跃，也从来没有像今天这样混乱；教育从来没有像今天这样多元，也从来没有像今天这样有分歧；教育从来没有像今天这样繁荣，也从来没有像今天这样芜杂。生活在这样的时代，教师必须保持清醒的头脑，保持对教育朴素的情怀，保持我们的定力，保持反思批判的精神。"是的，我们所处的教育现实是一个各种利益、诱惑纠结缠杂，观念冲突，心灵腐蚀俱在的分化的世界，教师如果不善于守正自持，就极有可能失去准星和定力。比如，我们有些老师课堂上并不把核心的、关键的知识教给学生，而是留待课下补课时再教给学生。知识成了一种待价而沽的创收的砝码，能力成为愿者上钩开价的本钱。这种虚多实少的讲授、拜金逐利的行为、走火入魔的异化，已完全背离了教师的道德规范，折射出这些人师德的缺失和品格的低下。教师应该成为品格高尚的人，学生敬仰的人，精神清洁而明亮的人，严谨自律而大写的人。倘若失去灵魂，教师还能卓越吗？还能成为大写的人吗？还是钟曜平先生说得好："选择教师，就意味着选择平凡，选择崇高，选择教师这一职业所内含的准则。"师魂不朽，才能口碑永铸。

教师应该成为自我实现的人

存在主义大师萨特说："人实现自己有多少，他就有多少存在。"教师必须在存在中追求更多的实现，以成就自我，证明自己。美国心理学家马斯洛也把人的需要分为生理的需要、安全的需要、情感和归属的需要、尊重的需要和自我实现的需要五个层次，其中，自我实现的需要是人的最高需要。人的发展过程就是其需要被不断满足和实现的过程。虽然我们并不否定人的追求和努力的过程，但我们更看重过程与结果的统一，追求与价值实现的结合。因为在某种意义上，我们可以说"没有结果的奋斗与庸人等值"。常言道："打鱼的不问收网，还撒网干什么？"所以我并不认同教师"牺牲自己，照亮了别人"的沉重规定，这不应该成为教师职业的逻辑定性或苦涩代价。我们应该倡导的是"照亮别人，也照亮自己"。不照亮自己，就无法也无由照亮别人；只照亮自己，又背离教师的育人宗旨。只有既"照亮别人，也照亮自己"，才是"教学相长"的理想境界，才是实现自我的价值归依。

以上我们从理想、实践、德行、成效四个方面阐述了教师应该成为怎样的人的应然规定，愿以此与广大教师同人共勉互砺。

读书：让教师能量"满格"

电器用久了，需要充电，使能量满格，才能恢复使用；读书犹如教师的充电器，只有经常读书充电，使能量"满格"，教师才能胜任职业角色，完成"传道、授业、解惑"的职业担当。但当下教师勤于读书、自觉读书的状况并不乐观。网载一所学校教师读书的调研表明：每周教师平均阅读时间为 1.2 小时；读书浅尝辄止的浏览者 26 人，占 42％；超过半数的老师认为影响读书的理由是工作忙、心情浮躁、静不下心来读书。这样的结果着实令人担忧。

德国哲学家叔本华有一个观点：穷人忙于操作，无暇读书、无暇思想，无知是不足为怪的，但富而无知而又不求知的醉生梦死之徒与禽兽无异。教师是将读书和教书融为一体的人。正如高万祥所言："优秀教师一辈子就做两件事：读书和教书。读书是利己的，教书是利人的，而教师这个职业的幸福就在于这两者是完全一致的。"教师若不读书，比之"富而无知而又不求知"者更加不如。富人不读书，也许只影响他的个人素养；教师不读书，就必然会误人子弟、贻害苍生。读书既是教师角色的职业要求，又是教师专业成长、发展的必然选择。它是教师必须坚守的起码的职业底线，是教师的生存方式。

读书使教师知识能量"满格"

知识是人们对客观事物反映的精神产物，它是思想与逻辑相结合演绎而成的符号化系统，是经过精密的逻辑处理并得到精心阐释的理论形态。知识是优秀文明的根基，是社会进步的核能，是历史前驱的杠杆，是人类精神的阳光。教师肩负着知识世代递接的传播使命，承载着文化传承的职责担当。正如江泽民同志在北京师范大学百年校庆讲话中指出的："教师是知识的重要传播者和创造者，连接着文明进步的历史、现在和未来，更应该与时俱进，不断以新的知识充实自己，成为热爱学习、学会学习、终身学习的楷模。"如果教师自己不读书或少读书，总是靠"吃老本""炒冷饭"，那教师的"一桶水"总有耗尽的时候，一支"蜡炬"总有燃尽的时候。倘若不靠读书，做"源头活水"地补给，必然会油尽灯枯，能量衰竭，不要说传播知识、教书育人，就是自己的职业生存也会亮起"红灯"。所以教师必须热爱读书、拥抱读书，像苏霍姆林斯基所说的那样："无限相信书籍的力量，是我的教育信仰的真谛之一。"让读书使自己的知识永远鲜活流淌，能量"满格"！

读书使教师智慧能量"满格"

智慧是指"能迅速、灵活、正确地理解事物和解决问题的能力"。可见，智慧是一种理解、决断事物的思维反应能力和解决复杂问题的能力。它包括对事物认知的识见和对事物施为的能力两个方面。这两个方面都离不开读书。一是对事物认知的识见是利用知识和经验做出的好的和善的决断。没有读书，知识贫乏，根基肤浅，视野窄陋，如何能有教学创意、善的决断，驾驭教学之舟驶向知识的彼岸？而通过读书富有智慧能量的教师，总能找到最佳的教学方式，并能根据课堂情境正确调控教学，使自己的教学始终充满活力和创意，富有"精气神"。二是读书影响教学施为成效。读书能够使教师不断增长教学智慧，使自己的教学闪耀睿智的光彩；读书能够使教师教学高屋建瓴，旁征博引，妙语如珠，充满迷人魅力，使教学成为一种思考求索、一种参与享受、一种与学生互动成长的美好记忆。这样的教学润泽学生，也葱茏教师自己，是读书所滋养的智慧的教学、成功的教学。

读书使教师科研能量"满格"

读书、科研与教师成长相须相资，密不可分。一名普通教师要想成长为优秀教师，没有科研助力不行，而科研若不读书，等于种庄稼没有肥料，鸟儿没有翅膀，是难以生长和高飞的。苏霍姆林斯基指出："在学校里的真正的创造性劳动，首先是生动的、探究性的思考与研究。"又说："在我看来，教师的成长取决于教育学知识的质变和深化。"第一，读书使人明智——明白理智。培根说："书籍是在时代波涛中航行的思想之船。"阅读能使教师思想提升、精神丰富、品性高雅并富有理性。清代学者戴震也说过："惟学可以增益其不足而进于智，益之不已，至乎其极。"它可以使教师超越经验局囿的不足，上升到理性，穷理竟委。既知教育教学之所以然，又知其所当然。"知其所以然，故志不惑；知其所当然，故行不谬。"第二，读书可以使教师科研有一个更宽广的视界、更丰博的基础，对教育现象问题的认识更加全面、深刻。科研不可能"空手套白狼"，它需要知识的铺垫、视野的宽广，没有读书充电蓄能打下的丰厚底蕴，科研何以深刻洞明，研有所成？第三，读书使教师的科研成为主动化存在。当下教师的科研多消极、被动，每每靠"逼"，才勉强行动，出点成果。读书可以改变这一状况。当年陶渊明读书，"每有会意，便欣然忘食"。有经验的写作者都知道，文章是读出来的。当你像陶渊明那样，"每有意会"、感悟、灵思袭来，就会有一种想写点什么的冲动，这就是读书赋予我们的写作能量，馈赠给我们的科研"礼物"。

读书：为了教学智慧

当老师的都有这样的尴尬体验和经历，比如，设计得好好的教案，在课程实施中总是因学生配合不到位，而不能顺顺当当地完成；学生的讨论回答总是游离在预设的环节和答案的周围，只能在错位或不完满中收场；自己教学的独到见解，总是因学生的思想与自己的见解不切合，而被学生的思路或答案牵制着，"圆"不过来，"转"不回去……这样的"故事"，这样的苦衷，在语文教学中几乎是天天发生的"常态"。"为什么会这样？思来想去，一言归结，都是因为缺少教学智慧。换言之，一个富有智慧的教师总会在课堂上随机应变，左右逢源，应付裕如。"

教学是富有智慧含量的一种高级的知识和能力传导与培养的活动，它不是程式化的机械操作，不是流水线上固定批量的生产。学生都是有思想的、变化生成中的人，何况教师所面对的是几十人的群体，如果没有一点活的智慧、变的机智，怎能驾驭住学生，主导得了教学？智慧是一种理解、决断事物的思维反应能力及解决复杂问题的能力。智慧是我们处理人与世界的关系及超越人生局限和误区的一种明智和聪慧。智慧是我们手中所能打的一张教学的"底牌"。说它是"底牌"，是因为课堂教学的每一"牌局"都离不开智慧，都需要它重组、优化和调适，才能教出智慧，教出"精彩"。

怎样才能成就教学精彩，成为一个智慧型的教师呢？我们认为，重要的问题在于读书——虽然不限于读书。读书，就是为了增长教学智慧。

智慧是丰富的知识转化而成的

培根在《谈读书》中说："读书足以怡情，足以傅彩，足以长才。"怡情、傅彩、长才，都包含着智慧的因子。知识并不等于智慧，没有知识或知识少的人，也可以有智慧，但仅限于经验智慧、实践智慧；读书的人则可以具有理论智慧，而且知识应用和传授的过程又可以转化为实践智慧、教学智慧。所以，知识多的人具有理论和实践两个智慧的翅膀，可以飞得更高、飞得更远。教师是"传道、授业、解惑""学高为师"的职业群体，是靠读书吃饭的职业读书人。如果不读书，凭什么教书，又靠什么育人，当然也就无由、无凭生成教学智慧，所以教师必须读书。不止于此，我们的教学为什么被学生"牵着鼻子走"，却"圆"不过来，"转"不回去，源于教师知识面太窄。这就警示教师不仅要读书，而且要多读。不能局限于职业性阅读，而应"面"广一点，读"杂"一点，这样涉猎多、思维活、视野宽、话题广，有助于生成教学智慧，成功驾驭课堂。看那些教学大家、著名特级教师，他们的教学总是得心应手、顺畅自如。即便遇到"意外""插曲""枝节"，也能随时调适、扭转、矫正，而且不露声色、不着痕迹。那种驾轻就熟的从容、巧妙转化的机巧、反弹调适的睿智，其实都是他们"胸藏万汇凭吞吐"读书底蕴的一种展现，是"学富五车"成就的驾驭智慧的彰显。

智慧转化是在反思和构建自己的思想中实现的

多读是智慧生成的必要条件，但还不是充分条件。书本知识向着智慧转化，还需要善于反思。没有反思，就没有意义的组织和内化，就没有智慧的思考连线和外化彰显。反思是思维转向自身的一种回归性思考，而任何智慧，归根到底都是思想的智慧、思维的智慧。就是说，知识转化为智慧是需要"走心"的。读书若不能与思考相结合，或者说不能结合教学深入反思，就会形成"读教"两张皮，读书的作用就会大打折扣，更别说向着智慧转化。所以孔子才说"学而不思则罔，思而不学则殆"，王夫之才有"学思相资"的观点传世。光反思还不行，还要立足自身，建构自己的思想。一些教师辛苦教学很多年，熬成了老教师，可仍然停留在"匠"的层面，原因就在于他们没有自己的思想。他们不过是在简单地重复前人的经验，简单地演绎他人的创造，简单地重复前人的结论，简单地照搬别人的教法，根本没有自己的东西，当然更别说智慧了。所以，一名教师要想真正成为有智慧、有个性、有思想的教师，就必须树立自己的观念，建构自己的思想，勇敢地提出并不断完善自己的教学主张。这不是为自己的教学"贴标签"，而是为自己的教学找"灵魂"。只有这样，我们才能超越自我，成为智慧型教师。

智慧是在教学实践中磨砺而成的

智慧是"做"出来的。它是"应用已知的去明确指导人生事务之能力"。博学不足于使人智慧，如果一个人习得的知识仍然是静止的、僵化的知识，他就永远不能拥有智慧。毛泽东同志指出："读书是学习，使用也是学习，而且是更重要的学习。""学习的目的全在于运用。"智慧是应用的结果，对于教师来说，就是将读书获得的知识应用于实践、指导实践、获取成功的过程。这一过程本身就是对智慧的历练和挑战。当书本知识与实践不吻合，你怎样去修正？当实践中出现的各种新情况、新问题，书本上并没有提及，你如何去应对？当教学中出现不曾意想的复杂困局，你如何去判断、化解？当教学中思维起冲突后，你如何去引领驾驭，把握利用，成功着陆？总之，教师必须善于用有关思想和恰当的行动去应对教学中出现的各种情况，做出正确的、优化的选择。这种选择能帮助教师化解教学难题、工作困境，解决复杂问题。当教师通过了如许考核与历练，并能够成功应对和驾驭，就进入了智慧的境界。

好教师是怎样"炼"成的

"好"是一个具有肯定内涵的正能量属性概念，它是教师们心向往之，追求的一种应然境界。但究竟以怎样的方式或通过何种途径才能达及这一"出彩"境界，是我们所欲澄明的。我们给出的方式是"炼"。"炼"的意涵是历练、磨炼、锤炼。它是磨砺而出的剑锋，苦寒而孕的梅香，是一个艰苦的生成建构、玉汝于成的过程。我们给定的实现途径是学、教、写"三位一体"的达及路径。

好教师是学出来的

人非生而知之，而靠学而知之。教师是凭"传道、授业、解惑"吃饭的，授业之知在于学，发展之本在于学，进步之要在于学，创新之魂在于学。所以，教师必须以学为本，以学立身。但时下不少教师并不重视学习，他们满足于"吃老本""炒冷饭"，职业怠倦、"去学习化"倾向比较严重。这种混教、厌学的教师，只能离"好"越来越远，甚至被淘汰出局。常言道：学生靠教师来照亮。教师又靠谁来照亮呢？主要是靠职后的自主学习充电来自我启明，当然也不排除在职培训等。好的教师必须具有自主学习、终身学习的能力和品质。不能照亮自己的教师，又凭什么去照亮别人？教师只有多学一点、学好一点，才有资格站上讲台，才有底气教书育人。所以，教师学习是本分、是天职、是责任，应当"从摇篮到坟墓"，终身为之。清代学者戴震也说过："惟学可以增益其不足而进于智，益之不已，至乎其极。"只有达到这样的学习境界，教师才能日益向"好"，日臻完善。同时，教师的学习不能满足于读书、听讲、背记的"小学习"，而应弘扬向一切事学、向一切物学、向一切人学，在工作中学、在生活中学、在学习中学的"大学习"观，让学习的外延与生活的外延相等，这样时时学、处处学、事事学，才能真正成为名师大家。

好教师是教出来的

教学是教师的生存之本、职业所系，是教师专业成长的最重要的实践形式，也是教师职业修炼的最根本的内涵。教师若不教书，可能也会"出彩"，但那已超出了本文讨论的范围。优秀的教师一定是在教学过程的历练中成长起来的。"教"是一种实学，是向实践学的提升能力、增长智慧的过程。好教师是教得好的教师。教得好起码有两个条件：一是要上心。朱永新教授也说过，一位教师不在于他教了多少年书，而在于他用心教了多少年书。"用心"系指对教书的反思和投入的程度。它是教师成长的关键，也是成为好教师的决定性因素。一个有所追求、有心于教学的人，也许只要5年就能崭露头角，而一个没有追求、无所用心的人，终其一生也只能庸碌无为，毫无建树。二是要研究。研究当然是指教学研究，它是教学的组成部分，是"用心"教书的题中之义。人常说："教而不研，浅。"教而不研，只能停留在经验层面，停留在机械操作的"匠"的层面，不会有所超越和突破。因为经验是感性的存在，经验加经验的平行集成至多只是数量上的增加，不会产生质变，因为它没有质变的理由和逻辑。所以要成为教得好的教师，必须有研究的"在场"。把研究放在与教学同等重要的地位，用心于教学的反思，这样教学与研究同步推进、相互并重，才能成为一名教得好的教师。

好教师是写出来的

"写作，卓越教师与平庸教师的分水岭。"对这句话，我深以为然。我们一定要倡导和要求教师会写、善写。写作成就卓越的机理在于，写作是人内部的、深层次的表现和展露。写作不同于说话，它有充裕的时间让人从容思考，梳理思想，推敲语言，从而表达和展现自我深思熟虑的思想和智慧。它是思想的整理、逻辑的序化、理性的提升的过程，有助于人内在的、深层次的东西表达和展现，提升人的思维品质。写作是将人的感悟、经验凝练、提升，赋予意义的过程。感悟是需要写作捕捉和固定的，原生态的经验是本己的一种经历和体验，并不具有理性的意义。经验的意义是反思赋予的，是写作实现的。意义并不存在于经验之中，只有经过反思性咀嚼和理解的经验才是有意义的。而唯有写作才能促使人们自觉反思、深刻反思，从而开显出经验的意义，发掘出经验的本质。写作是人超越语言局限、磨砺思想、优化表达的过程。人总是通过语言来表达自己的内心，以及对世界的感受。休伯纳指出，当一个人要表达超越现有思想和实践的意义时，他必须首先超越现存的语言局限。语言表达、梳理过程的价值，就在于它能帮助我们抓住并理解我们自身经验的真理，使经验上升到理性，实现对经验的超越。所以，要想成为一名优秀的教师，一定要重视写作价值的开发。

教师：该怎样阅读

高尔基说："读书，实际上是人的心灵和古今中外一切民族的伟大智慧相结合的过程。"周国平先生也说过："在很大程度上，人类精神文明的成果是以书籍形式保存的，而读书的过程就是享用这些成果并把它们据为己有的过程。"据为己有的目的"就是加入到人类精神文明的传统中去，做一个文明人"。教师的阅读似又多了一层培养人才的功利目的。正如高万祥校长所言："优秀教师一辈子就做两件事：读书和教书。读书是利己的，教书是利人的，而教师这个职业的幸福就在于这两者是完全一致的。"但一个少读书或不读书的教师是很难体会到这种职业幸福的，更不必说培养出优秀的人才。尤其是在当前充满诱惑、利益至上、浮躁浅薄的社会背景下，更应该倡导教师多读书，使教师汲取更多的专业成长的正能量、培养人才的真本领，并为学生树立"学为人师"的典范。教师究竟应该怎样阅读呢？

好的阅读是有选择的阅读

2012 年刘芳菲主持的《文明之旅·读书之乐》节目有一组统计数据："2011 年中国共出版图书 37 万种，按一年 52 周，每周读 1 本计算，这一年出的书就够一人读 7115 年。"简直是骇人听闻。书籍之多，浩如烟海，读不胜读，"生也有涯"的个体只能取"一瓢饮"。书籍一多，难免有混"珠"之"目"、低劣之作充斥其中。如毫无内涵的浅薄之作，粗制滥造的凡庸之作，复制粘贴的拼凑之作，追名逐利的低劣之作，装腔作势的炒作之作，急功近利的垃圾之作，多了去了。倘若我们不加选择，盲目轻信开卷有益，就会被那些低劣之作俘获，结果只能是败坏阅读"胃口"，浪费学习时间，亵渎学习热情，并直接影响我们的精神品位。所以周国平先生告诫我们："在这样的时代，一个人尤其必须懂得拒绝和排除，才能够进入真正的阅读。"又说："在所有的书中，从最好的书开始读起，一直去读那些最好的书，最后当然就没有时间去读比较差的书了，不过这就对了。"

好的阅读是观念不断开悟的阅读

于丹说："什么是真正好的阅读呢？就是不断开悟的阅读。"所谓"不断开悟"，就是伴随着阅读而持续获得的精神上的开发、思想上的感悟和观念上的收益。真正的阅读不是为了猎奇、装饰门面，也不是为了获取新闻八卦的谈资，而是为了获取精神滋养、思想灌浆和素质提升。好的阅读是具有激活属性、发现特质和提升功能的阅读。激活是指通过阅读启动了人的思维"按钮"，使人对事物或现象产生某种联想和思考，对世界和人生的思索处在一种活泼的状态。反之，倘若一本书，看后让人心如止水、无动于衷，这样的书读了有用吗？发现是指通过阅读，人们找到了自己想要的东西。读书犹如"淘金"，好的阅读一定是读有所获、读有所得、探骊得珠的阅读，一定是历经淘漉而后得到"真金"的过程。这样的阅读使人沉醉、惊喜而更加珍爱阅读。提升功能讲的是阅读对人的升华作用。真正的阅读不是消遣或浏览式的阅读，而是有灵魂的参与、思想的介入和价值的发现的阅读，是观念、思想、见解或境界获得升华的阅读。这样的阅读使人感到内在充盈而丰博、心灵平静而大气，充满智慧和底蕴，是真正的读书人才能品味和享受到的那种精神往复、思想浸没的幸福感受和境界。

好的阅读是"读以致用"的阅读

读书的目的是"致用"。它是多元的，读以致知、读以致思、读以长才、读以养德等，但最重要的是"读以致用"。"知"凭"用"以"活"，"思"凭"用"以"实"，"才"凭"用"以"显"，"德"凭"用"以"验"。"致用"彰显了读书的目标性价值和地位，读书者一定要落到"致用"这个根上，这样的阅读才是好的阅读。阅读的高境界是什么？不是为了采摘某一位大师的果实，而是为了结出自己的果实。"结出自己的果实"，还是讲的要"读以致用"。只是这里的"用"着眼于写作的具体运用。写作是一个"内化—意化—外化"的双重转化过程。"内化"，即主动向内吸收、获取材料的过程。"意化"即理解和消化材料并将其组织成有意义的思想的过程。"外化"是倾吐运用、文字定型的过程。读是内化积累，是基础性工程，是手段性的存在；写才是目的性存在，是终极取向。就是说，读的目的是为了获得写作滋养，这种滋养可以是一个意念、一点启发、一缕感悟，甚或只是一个关键词等，虽然可能微不足道，但它触发了我们，赋予我们灵感、启迪、创意，使我们抓住这种感觉，因循这个思路一直想下去，想到深处。于是，沉睡的感受唤醒了，朦胧的思绪清晰了，完整的思路"现身"了。阅读者即可以铺纸援笔，定格自己的思想成果。这就好比在"自己灵魂园林中的细心的园丁，将自己所喜爱的植物赶在凋谢之前加以选择、培育、修剪、移植和保存"，结出自己的果实。这才是我们所追求的阅读的终极境界、创造境界。

教师：阅读面不妨宽一点

面对学习化生存的趋势和要求，以及学校可持续发展的需要，许多学校提出了建立"书香校园"的愿景。目的就是要营造一个师生员工人人读书、时时读书、处处读书的氛围和环境，助力学校发展、教育进步、人才培养质量提高。

"书香校园"要求教师带头读书，成为楷模

教师学为人师，行为世范，而且他的阅读直接影响学生的阅读。但也有教师质疑，我们不天天都在读书吗？天天都在看教科书、教辅书，不然，怎么上课？诚然，教师看教科书、教辅书是必要的，但那只是应付职业营生需要的一种"被读书"，一种养家糊口的手段，一种职业良心、职业道德存在的起码表现。虽然他们想上好课的敬业初衷也是令人敬佩的，可是，我们想说的是，仅读教科书、教辅书就够了吗？就能够上好课了吗？答案当然是自明的。而且这样的教师不仅教学效果一般，自身发展也遭遇了"高原""瓶颈"，他们（指其中敬业的那部分）自己也为之焦虑：我究竟是怎么了？为什么认真教书，效果一般？凭哪般追求进步，却停滞不前？他们纠结着、困惑着、迷茫着，也思考着、追问着、探究着……

其实，明眼人一看就知道症结所在。那就是阅读面太窄、阅读量太少，不足以支撑教学达到"教得好"的效果，以及发展"上台阶"的程度和境界。正如朱永新教授指出的："教师作为最应该阅读的职业群体，有许多人也放弃了阅读，不少教师只靠几本教参在课堂上打拼。有些教师顶多不过读几本流行杂志，更不用说教育学和心理学了。"换言之，教师阅读绝不限于读教科书、教辅书这样的外延，只读这样的书，我们就画地为牢，就作茧自缚，就走不远。岂止走不远，还会停滞僵化，而变为"教书匠"。

所以，朱永新教授发出了"拯救教师阅读"的呼喊。

一个国家、一个民族，到了教师的阅读都需要拯救的程度，实在是不容乐观。但这就是现状，这就是事实。不改变这样的事实，只说恭维话、好听话、顺耳话，是没用的。必须有振聋发聩的逆耳忠言，让人警醒的洪钟大吕，给我们以强刺激和重敲打。

拯救教师阅读，不是否定教师读教科书、教辅书，而是要拓展其阅读面，增加其阅读量。听一听一些名师、特级教师的建言。上海特级教师常生龙说："一个教师，不读书，是绝对不合格的，而只读教育类，甚至本专业类书籍，也是远远不够的。一个教师如果只读教育书籍，与不读书的教师相比，也是五十步与一百步之别。"深圳特级教师张云鹰说："教师作为知识分子，我们的灵魂是否饱满、充盈，更多地取决于我们是否读教育以外的书。教育学、心理学、课程论、哲学等，我们不仅要读教育类的专业书，更要读文化类、哲理类的书。"成都特级教师李镇西说："如果教师只读与所教学科有关的书，不但其知识面会越来越窄，其视野也会越来越窄，其精神含量也会越来越稀薄。我认为，除了与学科知识相关的书，一个有追求的教师至少还应该读两类书：教育经典和人文著作。"教育经典使我们明了教育规律，开阔教育视野，追求教育教学的解放和自由；人文著作帮助我们夯实文化底蕴，打下精神底子，饱有人文情怀。读书只有如这些名师所建议的那样拓展开来，才是我们所说的真正意义上的阅读。它值得我们铭记和践行。

读书不能"偏食"，尤其是教师

"偏食"的教师必然片面、偏狭、偏颇，必然眼界不高，视野逼仄，学养贫匮，根本不可能培养出有出息的学生。所以，朱永新教授曾提出过一个"根本书籍"的概念。他认为："根本书籍是指奠定教师精神及学术根基，影响和形成其专业思维方式的经典书籍。"那些童年时期曾深刻影响人的生命和精神气质的书籍，也被称为"根本书籍"。"无论是人类根本书籍、生命根本书籍还是专业根本书籍，都有助于教师深刻理解人类、理解世界、理解自身、理解生命、理解教育。这种根本研读，能够培养教师的一般能力，为解决专业问题提供深厚的背景。"显然，朱先生的目的是想借这一概念平衡教师阅读，改变教师读书偏颇的取向。

我们认为，好的教师一定要学会为自己定制追求营养平衡的"精神套餐"。这样的套餐，绝不仅仅是教材、教参、专业书籍，还包括了哲学、教育学、心理学等在内的"根本书籍"，具体分述如下。

一是哲学。哲学是"爱智慧"和给人以智慧的学问，而智慧是教育者的核心素质。北京大学教师王强说："一定要读哲学。哲学从某种意义上说，是寻找人之为人存在理由的一种诘问。作为一个人，我们不得不问自己是从哪里来的，我们要到哪里去。"哲学是超越当下的，亦超越感性、经验和现象，它是前瞻、高瞻和深瞻的。前瞻体现在对教育发展趋势和走向的把握上；高瞻体现在看问题的视角和眼界的打开与取位上；深瞻体现在对事物规律和本质的深透认知和洞察上。教师若拥有了哲学视野和本钱，那么教育教学必然举重若轻、居高达远。

二是教育学。教师是以教育教学为天职的人，读教育学的书是天经地义、势所必然。教育学书籍是教育规律、智慧、方法、技巧的集成。读之，可以使人明道、增智、得法、巧为；不读，则必然盲目、盲从、茫然，深陷育人盲区，失去理性驾驭、科学指导，深陷感觉泥潭、经验陷阱而又无力自拔。

三是心理学。心理学书籍也要读。它探寻的是一个人的意识和心灵究竟是怎样协调运行的，是如何保持人之为人的内在本质的。心理学是学生学习的"心电图"。读之，能了解学生的心理变化、状态，明晓学生学习的兴趣、爱好，把握学生学习的认知特点、规律。这样，教师才能成为明白人，不教糊涂书；学生才能成为乐学者，领教魅力课；师生双方才能达到"其乐也融融，其趣也滔滔"的境界。

教师拓宽知识面的应读之书，当然不止以上几种。教师大可以根据自己的专业、兴趣、爱好等，增加一些自选书籍，使自己成为更博学、更出彩、更受学生欢迎的人。

这时，你该读书了

物候学是生物学与气象学的交叉学科，它是研究动植物与环境关系的学科。物候学里有许多自然变化的征兆，提示人们注意环境和天气的变化，要求人们未雨绸缪，做好防范应对准备。比如，气象谚语："日晕三更雨，月晕午时风。""河里鱼打花，天天有雨下。""天上钩钩云，地上雨淋淋。""蜻蜓千百绕，不日雨来到。"这些自然征候，就是人们在生活中经由观察发现的联系并反复验证形成的较大概率的经验。

读书之于人，有没有这样的警讯式提示，告诫人们知识缺失，该读书了呢？当然有。例如，当你工作感到力不从心的时候；当你心浮气躁、无所适从的时候；当你发展停滞，感到身体被掏空的时候；当你玩乐而又心神不宁的时候；当你感到自己百无聊赖、虚度时光的时候；当你达到"高原期"，徘徊不前的时候。这些表现、感觉或状态，就是人的未泯的理性、追求的意愿、进取的心向，向你发出的读书的警讯，就像提示人肚子饿了需要补充食物，口干舌燥需要补充水分一样。

问题在于，我们许多人明明精神空乏、能量不足，面对这样的讯号，却反应迟钝、麻木不仁，或虽有所觉察，却听之任之，这就很成问题。人本应是有追求和想进步的动物，但当人意识到这些而又不愿读书，就进入了下降通道，就开启了退化模式。人就开始了不思进取、自甘沉沦的人生。这是很危险的。尤其是对那些年纪尚小的人来说，更是可悲。这其中也包括我们不少老师。他们心不在教书上，职业怠倦，缺乏敬业精神，一任自己耽于玩乐，沉迷酒桌、牌桌；他们已丧失了事业上的进取意识，满足于"吃老本""炒冷饭"，应付教学；他们虽然也算"传道、授业、解惑"的书香之人，但已坐不住书桌，排斥读书致知，反感学习充电。想来可怕，这些还有着十年、二十年，甚至更多职业生涯时间的人，居然成为远离书本、放弃发展进步、甘于平庸凡俗的混日子的人。这样的日子其实是很难熬的。正如浙江特级教师闫学指出的："不读书的教师生涯，是一种无休无止的重复和受难。要避免这种痛苦和虚空，只有让自己更坚决、更深入地沉入阅读之中。"

一些人耽于玩乐，不愿读书，还自以为这就是生活，这才叫享受生活。在他们的人生字典里，已经没有了"追求"的字眼。他们会认为那些牺牲工余时间、娱乐时间，认真钻研、读书的人很傻，不懂生活。其实生活不仅是活着和享乐，或者说，这样的享乐充其量只是一种可怜的快乐、无聊的快乐、平庸的快乐，生活的真谛是进取和事业有成，是"诗和远方"，这是人的大幸福和大快乐，要享受就享受这样追求的快乐、幸福的人生。而要做到这一点，必须与书结缘，成为终身学习的人。

读书是人进步的阶梯

高尔基说："每一本书都好像一级台阶，我拾级而上，从动物上升为人。"人的底蕴是靠书堆起来的。人只有通过一本一本书打底，才能夯实和垫高遥想和祈望成功的基础，才能引领人沿着书籍的台阶不断向上攀登，不断冲击人生的制高点。而人一旦放弃读书，关闭了自己与外界进行精神能量交换的通道，精神机能就不再具有活力和灵性，人就进入了衰颓退化模式，他的进步也就停止了。因为他已经撤掉了自己借以登高的梯子，只能在山脚仰望山顶的无限风光。

读书是人进步的根源

书籍是人类创造的最值得骄傲和自豪的精神文明成果。那里有人类经验的总结、智慧的结晶、思想的精髓、文化的凝练。读书就是人与书中的这些美好的东西相拥相融的过程，就是人与书中的思想智慧对话的过程。它能使我们的思想获得"源头活水"的补给、精神阳光的照耀。当你还有意愿和兴趣翻开书籍的时候，说明你还有学习进步的心态、追求进取的意愿、发展提升的空间。这就好比电器的电用完了，必须充电，才能使能量满格，读书就是给人的精神"充电"、思想"蓄能"，使我们接受书香的熏染、精神的洗礼，永葆前行发展的不竭动力、进步创新的成长机能。

读书是人发展的命脉

人的生命有三个维度：自然生命、社会生命和精神生命。自然生命是靠物质条件维系的生命存在；社会生命是靠交往划定的社会关系的总和；精神生命是靠读书赋予的发展的能量和动力。发展与存在、变化不同：存在是前提；变化是中性的或双向的；只有发展才意味着进步、更新、提升、突破，它是一种正向的跃迁和递升。而阅读恰恰具有这种发展的功能。它"帮助教师至少在精神上实现突围。一个爱阅读的教师，生命将变得敞亮、豁达而生动。在教师的职业生涯中，除了必要的实践和经验，只有阅读能让自己变得富有智慧、充满活力、幸福涌动"。

当你的职业生涯、生命旅程出现需要读书的警讯时，请一定抓紧开始读书。余秋雨说："早一天(读)就多一份人生的精彩；迟一天(读)就多一天平庸的困扰。"

抵达心灵的远方

心灵是什么？笛卡儿称其为"无形实体"，洛克的"白板说"人所共知，乔姆斯基则将其比喻为"黑箱"。可以说，对心灵的探索与表征一直是人类不断追问的一个哲学话题。心灵是一个人内在的精神世界。心生于体，灵生于心，合和为一，谓之心灵。心灵是寄寓个体精神生活的内在空间，是个性化的精神领域，是一个人思想、行为、前途、命运的指挥中心，是智慧之府、精神之宅。

心灵的远方是什么？心灵的远方是人们着力追求而欲确立的境界。好比登山，能够获得一种高远的视界，一览众山小；好比观海，能获得一种邈远的境界，视野无极限。心灵的远方所达及的境界，可以是因学问的高深、知识的丰博而获得的思想的远度；可以是因长期地坚守、执着地付出而达到的人格的纯度；可以是因利他惠人、道德修为而达到的精神的高度；可以是因矢志不移、追求探索而达到的研究的深度等。

如何抵达心灵的远方？路径和方法是什么？

读书立言致远

读书是人生最美的主旨，是人类最高雅的生存方式。高万祥校长说，书籍是学校中的学校，对教师而言，读专业性经典好书，就是最重要的备课。经典是经过时间沉淀和筛选而被认同的好书。周国平说："所谓经典，就是时间这位批评家向我们提供的建议。"经典是影响每一个人精神成长的最有效的媒介和营养。阅读经典可以提升人的职业素养，影响人的心灵和精神世界；可以使人读书致远，占领人类的精神高地，做"精神贵族"。读书是知识内化的过程，为心灵抵达远方储备精神的能量、致远的行囊。但读书不是为个人饱学炫耀，甚或作为开价的资本，它需要外化立言，经世致用。对于教师而言，读书内化，一为培养人才之需，它是"最重要的备课"；二为研究立言之用。研究是要有"根基"的，立言作文亦需有所准备，这是讲读书的功效。反过来说，教书亦需要研究立言的支撑和援手，才能行之久远。教师如果教而不研，或研而不作，势必沦为"教书匠"，所读之书也只能"胎死腹中"。这样的教师能否把书教好已成问号，更遑论致远。

敬业立人致远

敬业是对职业的敬畏和投入；立人是指人才培养的成功，它是需要本领和能力的。既敬业又立人的老师，是备受学生敬重的；不敬业、不立人的老师，是遭学生唾弃和鄙夷的。教师是以培养人才为目的，教给学生知识、智慧、方法、技能的导师，应该以敬业立人为本，才能行之久远。教师的一生虽然是有限的和短暂的，但教师的知识和生命是在立人和育才中延传与光大的。不管时光流逝多久，敬业立人的优秀教师始终会活在学生的口碑和记忆中，活在一代代、一辈辈人的心中。逝者如斯的孔子，已与我们相隔数千年，但他留给后世的知识和思想至今仍在全世界盛行。他所树立的师表风范至今仍为后世来者的楷模和表率。他是致远的极致和典范。

学而能思致远

孔子说："学而不思则罔，思而不学则殆。"可见学而能思和思而能学，可以规避"罔"和"殆"的负面结果，达到致远的境界。学思相资是学习的重要方法，亦是人进步发展之机。它们是伴生的和互动的，如车之两轮、鸟之双翼，只有协同运作、同步发力，才能远"走"高"飞"。对于教师来说，学而不思，似苛责过当，但学不深思、学不研思者大有人在。更为严重的是，"教而不思"几乎成为教师的"通病"。许多教师都是上课之终结者，上完课，书本一扔，如释重负，如脱苦役，当然不会再去反思课的得失优劣、扬长避短的方略对策。而没有反思的教学实践，不仅使教师失去了"教中学""学中做"的最好契机与当口，也堵塞了他们职业成长和专业发展的"致远"之路。切记：优秀的教师都是在学而能思、教而能思的职业实践中炼成的。

修身立德致远

独善其身和兼济天下，是古人看中的修身立德的两种价值追求。教师亦须修身立德，方能致远。修身立德是教师的职业境界，所谓"学高为师、身正为范"的要求，所谓"人类灵魂工程师"的赞誉，所谓"学而不厌、诲人不倦"的规约，其实都是对教师修身立德的实践，以及所达境界的要求。如大爱无疆、勇救学生的张丽莉老师，以英雄之举，立起了教书育人、立德树人的精神旗帜、道德标杆，是立德致远的楷模和典范。相反，如果教师不能"为人师表"、敬业乐教，终究难成优秀教师。更有甚者，倘若德行窳败，人格卑劣，因"财"施教，误人子弟等，就更会为人不齿，不要说行之久远，恐怕连职业资格都有不保之虞。

教师的"三书"人生：读书—教书—写书

教师是教书之人，曾被称为"教书先生"。这就注定从事这一职业的教师是与书结缘的人，是与书过从甚密的人。我将教师与书的这种必然联结和逻辑绑定概括为"读书—教书—写书"三环节，并凝练出本文的主标题——"教师的'三书'人生"。

审视教师当下与书结缘的现状，三个环节中，只有教书是落地的，读书欠缺不足，写书更是无从谈起。这样的教师能教好书吗？能成为优秀教师吗？不妨做些分析。

读书

读书是教书的前提，在我国，教师很多是由师范院校专门培养的，这些报考师范院校的人，知道自己今后是传承知识、靠教书为生的人，必须做到"学高为师"，因而在校学习一般都不含糊，基本都能认真对待。因为他们懂得四年后就要走上讲台、面对学生，就要求自己有"一桶水"，倒给学生"一碗水"。还有近在眼前的说到就到的职业压力，使他们面对学校开出的各门课程不敢怠慢，利用在校学习的宝贵时光，如蚕食桑、蜂采蜜一样，内化吸收，认真学习，以便为今后职业岗位上的"吐丝""酿蜜"，打下坚实的知识基础。这种职前的在校学习的蓄力准备是值得肯定和褒扬的。当然，也有少数读书学习不认真的人，那要另当别论。一些在校认真学习的人入职后，情形就大不相同了。一些老师自认为在校学习掌握的知识足以应付这些基础差、起点低的学生，于是满足于"吃老本""炒冷饭"，看书也仅限于教材、教参、专业书籍。鲁迅在《读书杂谈》中称这样的读书为职业的读书。"所谓职业的读书者，譬如学生因为升学，教员因为要讲功课，不翻翻书，就有些危险的就是。""其实这样的读书，和木匠磨斧头，裁缝理针线并没有什么区别，并不见得高尚，有时还很痛苦，很可怜。"我们很多老师读书，其实还停留在这一层面。

教书

教书是师范生走上工作岗位、实现职业梦想的过程。这些怀揣着职业梦想的青年教师走上讲台，开始都有激情和梦想，都希望在这一岗位上做出一番事业，成为学生喜爱的和有自我成就感的名师。但当丰满的理想对上骨感的现实时，这些人很快就被打回原形。成为名师，那是要何等地付出与坚守，才能成就的理想。那绝不是一般的备课、上课，或通过熬时间就能达及的目标。对此，他们原先的人生设想其实只是一些理想化或简单化的想象，他们并没有真正做好准备。再从学生角度看，学生并非都是孺子可教的，也有玩世厌学的、基础特差的、违规逆反的，并不是那么好对付、轻易教得好的。于是，教师的热情被冰封，信心遭冷却，怠倦之意萌生，厌教之情滋长，进入了不得已而教之的状态。不教吧，不行，吃着这碗饭，拿着这份钱；教吧，看着这些教不好、难教好的学生，实在了无生趣，少有信心。但也没辙，面对这份虽不令人羡慕但也不令人鄙视的职业，面对这份虽不算高但也不是太低的薪水和另谋高就没门的境遇，他们只能选择无奈地坚守，而且一教就是十几年、几十年，甚至终其一生。这就是教书，你可能不爱它，但又离不开它，只好厮守，应付着这份职业担当。所以即便是那些职业怠倦、不敬业的教师，也不得不教书、上课，这是他的职业本分和谋生的饭碗。这就是我所说的"三书"之中，教书是"落地"的原因，不"落"不行啊！

写书

写书本应是教师职业人生的组成部分，但很多教师都把它看成是学者、专家谋之的事，与我等教书匠何干？这是把写书看得太"高大上"，认为高不可攀的结果。还有人认为，写书是教师的分外之事，教书才是本分，"种了别人地，荒了自家田"的事，那可不能干。这是把写书和教书对立起来。第一种观点实际上是对科研、写书畏难情绪的反映，是不敢尝试、缺乏进取，甚至规避自我短板弱项的表现。其实，正如真正优秀的教师都是那些能把后进生教出来、教好的教师，如果你教的全是一流的好学生，那是人人教而能之的事，岂能显示你的功劳和本领？写书也是这种难能而为之，方显优秀教师本色的事。真正优秀的教师本来就应该成为专家型、学者型的教师，写书也是他们的分内事。第二种观点表面上看，忠于职守、安于教书，实际上也是没有厘清二者关系的糊涂认知。写书与教书，绝对是互补的，具有正相关逻辑的事。能写书的教师视野开阔、知识丰富、功底深厚、思维深刻，这样的教师教书差得了吗？反之，那些靠感性经验过活的教师，跟着"教参"走，摸着经验的"石头"过河，没有写作赋予他的经验升华、理性洞察、逻辑思辨能力，他的教书就只能在经验的"磨道"上日复一日地机械重复，能好得了吗？再考察一下现实中的那些优秀特级教师，哪一个不是著书立说的高手？他们从教书中汲取写作资源，从写作中凝练创新思想，提升教学理性，达到了两相融合、教写合一的至高境界。所以，我的观点是：写作是卓越教师与平庸教师的分水岭。除非你不想成为卓越教师、优秀教师，否则，就必须严格要求自己，对自己提出大目标，从单篇论文写作起步、入手，积累经验、素材，提升能力技巧，逐步过渡到能写书、出书的专家水平、名师水平。而且越早出书，就越具有发展优势和竞争后劲，越能尽早达及名师和特级教师的水平和境界。这是我们所期待的！

教师：走向说写平衡

　　教师的教学、发展和成长，离不开说和写两种存在形式。"说"是教师的基本功，是教师的职业能力，是教师吃饭的本领。只要是教师，就必须上课，上课就要"说"，所以人们往往戏称教师是靠嘴皮子吃饭的人。教师不是作家，写不是刚性任务，却是教师发展和成长的必由之路。除非你自甘平庸，对做"教书匠"也无所谓。否则，只要你想上劲、有追求，就离不开写作的助力。

　　但现实中，教师的说和写存在着不平衡的状况。按说和写的性质组合，可分为四种情况：一是会说不善写；二是会写不善说；三是不会说、不会写；四是既会说又能写。需要说明的是，这里的既会说又能写，或不会说、不会写，都是相对概念，是相比较而言或相对于教师个体能力差异状况而言的。第四种情况是理想状态的能力组合，但这样的教师并不多见。第三种是最糟糕的情况，这样的人可能不太适合或不应选择做教师，但若已然做了，是个很敬业的人，也是可以接受的。这一类人也不是很多。第一种、第二种情况是教师队伍中普遍存在的，也是我们重点要说的。

　　先看第一种，有的老师非常会说，大致想想，就能说得非常精彩。即便是即兴发言，也能讲得头头是道，条理性、逻辑性都很强，令人佩服。但一叫他们写，却荒腔走板，满不是那么回事，比他们说的水平差远了。第二种老师，非常会写，写出来的文章言辞、逻辑、思想都很精彩，经常发表文章，但一叫他们说，尤其是没有准备地说，就拙嘴笨舌，词不达意，听着令人着急。这就是我们说的教师说写不平衡的另一种情形。现实中也有这种人，比如，有的人急了、气了，往往憋得说不出话来；而有的人恰恰相反，吵起架来，嘴皮子利索得不得了，唇枪舌剑、言辞锋利。分析起来，这与人的思维类型不同有关。诺贝尔奖得主康纳曼在《快思慢想》中告诉我们，人的大脑有快和慢两种运作方式。快是无意识的系统Ⅰ，通过情感、记忆和经验迅速做出判断，使人能够迅速对眼前的情况做出反应。这是会说的人，他们善于"快思"，或者说是属于发散性思维类型的人。会写的人是属于"慢想"的人，他们运用的是有意识的系统Ⅱ，有分析、判断的介入，善于深思细想，运用的是集中(内敛)性思维。可见，教师的说写能力不平衡主要是思维类型不同造成的。

教师如何走向说写平衡呢？

第一种，会说不善写，当然要从写入手。但这样的人，一般对写有畏难情绪，不自信、不愿写。那就从记录说入手，怎么说就怎么记，总没问题吧？记下来后再考虑内容上的前后呼应、上下连贯，结构上的逻辑紧密、浑然一体，语言上的准确凝练、润饰修辞等。要做到"弥纶群言""义贵圆通"，这样的训练要反复进行，让会说的人体会到写的方法和要旨而不畏写。但这还不够，要想达到会写，还必须多写。写作是在多写多练中熟能生巧的一种技能。只要坚持写练，就会产生质变，进入会写者的行列。

第二种，会写不善说，当然也要从训练说入门。比如，先是有准备地说，在一些场合或会议上要敢于说，而且因为有准备，一定说得不差。这样克服心理障碍，渐次提高说的水平。然后，要扬长补短。写是你的强项、长处，一定不要丢。北京师范大学的肖川教授有一句话说得特别到位：会说的人不一定会写，但会写的人一定说得不差。这个"说得不差"就是写的功劳，就是扬长补短的结果。如肖川所说："当你在写作中练就了用完整和精当的语言来表达思想和感怀时，自然而然，口头语言的品质也就提高了。"所以每位教师都应该把写当作超越自己语言表达水平、锻炼自己语言表达能力的有效途径，为提高言说水平进而提高教学质量打下坚实的基础。

优秀的教师，虽不敢说都是能说会写的教师，或者说只有能说会写的教师才能成为优秀教师，但一定是说写基本平衡的教师。如果你的说或写有明显的落差，就一定要补短板、强师能，为成为说写能力平衡的优秀教师而努力。

古代读书诗文解读

　　本专题遴选宋代大儒和诗人朱熹、陆九渊、陆游的四首读书诗为蓝本，解读诗歌所蕴含的关于读书的精理奥蕴。有的颠覆拘泥于字面解读、望文生义的弊端，向着读书的本旨回归。如朱熹的《观书有感二首》，均扣读书本旨予以解析，似更加符合作者的本意和旨趣。有的从读书的方法和策略角度切入，理性分析，智慧提点，如陆九渊的《读书》一诗，提倡读书要"戒慌忙""涵泳长"，讲的是精读之法；而要求"权放过"和"细思量"，则是读书人必须明了的阅读智慧和策略。有的向着读书的本质、规律深度挖掘，如陆游的《冬夜读书示子聿》，揭示读书是一个久久为功的过程，是一个知行合一的过程。这样的解读更加符合读书的原旨和本真，给人以新的启迪和参悟。此外，本专题还就陶渊明"好读书，不求甚解"究竟该如何解，发表了自己的管见。

朱熹《观书有感二首·其一》解读

朱熹(1130—1200)，字元晦，又字仲晦，号晦庵，别称考亭先生、云谷老人等，祖籍徽州婺源(今属江西)。南宋著名理学家、思想家、哲学家、教育家、诗人、闽学派的代表人物，世称"朱子"，是孔子、孟子以来最杰出的弘扬儒学的大师之一。

《观书有感二首·其一》原文：

半亩方塘一鉴开，天光云影共徘徊。问渠那得清如许，为有源头活水来。

历来人们解读朱熹的这首诗，都只是从表层的比喻义入手翻译或分析，局限于望文生义的字面解读，忽略了题目"观书有感"所规定的主旨意蕴和解读视角，因而并没有读出朱熹这首诗的真谛、本意和与观书相涉的根本旨趣，有隔靴搔痒之嫌、错位肤浅之弊。如百度百科上的翻译：

半亩大的方形池塘像一面打开的镜子，清澈明净，天空的光彩和浮云的影子一起映入水塘，不停地闪耀晃动，充满生机和活力。要问为何那方塘的水会这样清澈呢？是因为有那永不枯竭的源头为它源源不断地输送活水啊！

这一翻译基本上是忠实于诗歌意涵的一种直译，算是比较好的了，但整个翻译居然与书毫无瓜葛，无一字与观书、读书相关、相涉，令人怀疑这是在写"观书"的诗吗？还是在写一首状物(写方塘)或写景的诗？这样的偏颇实在是误导了读者，令人大跌眼镜，必须予以颠覆性解构和建设性重构。让我们基于读书的视角对该诗做一番新的诠释。

解读一：半亩方塘似的书本像镜子一样在我眼前打开，书的丰富多彩的内容如同天光云影映入方塘之中，徘徊于我的心头。要问这书的内容为何写得如此清透明白，像水一样清澈明净，那是因为有作者的智慧如源头活水不断地灌注补给，充盈于书中啊！

这一解读主要是基于作者提供的文本视角，包含两层"有感"：一感书是映现照亮人生的一面镜子，书是一面镜子。这面镜子既是作者写作时的揽镜自照，也是读者读书时的自我观照。换言之，每本书都是作者写出和定格的自我，而读者借助这面镜子在书里发现自己、看到自己。所以书是读者看见别人（作者）也照见自己的一张"镜中合影照"。读者希望在作者的镜（书）中照见自己的缺陷与不足，汲取书中的智慧和思想，映现和照亮自己的人生。所以，人要心灵澄明，就得认真读书，时时补充新知，汲取源头活水。因为"源头活水会带来资源，不会枯竭；会带来净化，不会污浊；会带来更新，不会陈腐；会带来进步，不会停滞"。二感书是智者提供给我们的让人明晓澄澈、源源不竭的精神补给和食粮。书的映现和对照功能，源于书是智者与世界、与自我对话的文本，它是人至察熟虑而后思得之的产物，所以才具有"清如许"，能映现出"天光云影"的功能。而这全仰仗作者内心丰厚的底蕴，以及源源不断的智慧、才学补给、浸润、支撑。读者阅读就是拥有意义和滋养的过程，就是使文字获得新生的过程。读者应该对作者心存感激和尊敬。

解读二：半亩方塘似的书本像镜子一样在我眼前打开，读的时候脑中产生和浮现的诸多联想感悟如同映入方塘的天光云影一般，徘徊于我的心头。要问这书的内容为何能令读书人的思想变得那样清澈透明，那是因为有读者的创新感悟如源头活水不断地提供智慧补给和思想更新啊！

这一解读是立足于读者读书感悟获益的视角。前两句写阅读时的心理特征。面对镜子一样打开的书本，读者阅读时"寂然凝虑，思接千载""流连万象之际，沉吟视听之区"，连类不穷，万感丛集，触发、引动了各种联想、感悟，好比"天光云影"徘徊在"方塘"之中，投映在心田之上。后两句追问读书令人澄澈明智的因由。要问读书为何思想敞亮、心智澄澈，犹如"方塘"清清如许的明净之水，那是因为各种联想、思想的碰撞，如兰滋蕙长，生成了创新的意念感悟，为读者思想的更新、智慧的补给提供了源源不断的营养活水。

朱熹这首诗的最大特点是自然景观与读书感悟融为一体，以写自然景致为表，观书感悟为里。我们的问题在于未能鞭辟入里，透视其本然真意，而是停留在"表"的层面做表显化的解读，昧其真意和精蕴，这是必须予以反拨和匡正的。为此，我提出上述两种回归题旨的解读，自认为更加符合和贴近作者的本意，当然也只是一家之言、一孔之见，期待更有见地和卓识的"玉"的呈现。

期待阅读的"丰水期"

——读朱熹《观书有感二首·其二》有感

朱熹一生读书无数，写作无数，对阅读和写作有着很深的感悟，这首诗就是他曲尽其妙地喻写自己读写感悟的代表作。

《观书有感二首·其二》原文：

昨夜江边春水生，艨艟巨舰一毛轻。

向来枉费推移力，此日中流自在行。

直译：

昨天夜晚江边的春水大涨，那艘庞大的船就像一根羽毛一样轻。

以往花费许多力量也不能推动它，今天在水中间却能自在地移动。

这是一首借物、借事喻写读书或写作之理的诗，表面上写春水与载舟、行舟之间的关系，实际上隐喻的是灵感和顿悟在读写过程中的神奇作用与功能。

昨夜当阅读的灵感像江上上涨的春水一样袭来，原先难解的困境犹如江中那原本已无法行驶的大船，一下变得像羽毛一样轻盈。以往即便你花费很大的力量也不能推动的大船（理解的难题），如今却能在水中间自在地行驶（很容易就解决了）。

喜欢阅读和写作的人都有这样的感触和体验：当理解遇到问题障碍的时候，有时候就像"艨艟巨舰"被卡在枯水期的江中，动弹不得，解决起来真是毫无办法和希望。这时就要希冀丰水期的来临，才能使船舰重又获得水的浮载而畅行无碍。这首诗写的就是阅读的"丰水期"来临时的几种情形。

　　阅读的"丰水期"，就是阅读积累到一定程度而产生的那种质变、飞跃与升华。读书是人的不断悟道、精神成长和突破的过程。它需要积累，不能一蹴而就。当积累尚未达到质变的关节点时，盲动无益。所以当你在书籍铺成的道路上蹒跚前行时，你必须把最初的决心兑换成足够的耐心，因为读书积累的知识和能力不到一定程度是不行的，只能"向来枉费推移力"，并不能将"艨艟巨舰"向前推移。正如庄子在《逍遥游》中所说："水之积也不厚，则其负大舟也无力……风之积也不厚，则其负大翼也无力。""覆杯水于坳堂之上，则芥为之舟；置杯焉则胶，水浅而舟大也。"《观书有感二首·其二》的前两句着力揭示的就是人的读书积累的储备与人的进步升华之间的关系。诗歌先以春江水涨比喻人通过读书获得丰厚积累和能力的提升，有助于解决原本解决不了的人的成长进步停滞不前的瓶颈问题。再以艨艟巨舰"此日中流自在行"，比喻通过阅读重启了人被知识贫乏胶于江中，无法前行的生命大船，打开了新的成长和发展的空间。

　　如果说前面是诗歌为我们讲述的读书"积多则神"的故事，那么，后面讲的就是读书带给我们灵感顿悟的神奇。

　　读书是一个从不懂到懂的过程。跨越这一步并不容易，尤其是读那些深奥难懂的书。它有时需要灵感顿悟的助力。诗歌以江上春水上涨比喻灵感顿悟袭来，使原本看来如"艨艟巨舰"无法推移的难解的难题、"拿不起"的难事，现在随着春水的涨升而变得举重若轻，甚至轻而易举。不是吗？一江春水浮起并推行一根羽毛，难道还算回事吗？春水代表力量，代表能力，代表顿悟和灵感的神奇。灵感是"心有灵犀"的一种突发的创造性的思维状态。灵感能帮助我们理解敏悟，亦能助力我们创意出新。顿悟是一种明心见性的突然颖悟，是当下的、一刹那实现的一种突破和质变。灵感和顿悟的作用不言自明，不待多言，其特点是倏忽而来、转瞬而逝，无迹可求，难以稽考。但它绝不是无来由的天降神启的幸运，或是可以毫不费劲撷取的果实。灵感和顿悟都是已有的实践或经验长期积累，借助外部偶然因素或情境作用瞬间升华的结果。灵感顿悟一旦光临，它的柳暗花明的翻转、豁然开朗之效，就会不期而至。难解的问题，就会如庖丁手下的牛"謋然已解，如土委地"。迈不过去的"向来枉费推移力"的理解的门槛，就会被轻松跨越，取得"此日中流自在行"的贯通畅行之效，明了获解之喜。

阅读需要"丰水期"的春水，浮载积累和理解的大船，驶向超越与创新的彼岸。

陆九渊的《读书》解读

陆九渊(1139—1193)，字子静，自号存斋。曾结茅讲学于象山(今江西贵溪西南)，世称"象山先生"。抚州金溪(今属江西)人。南宋著名哲学家、思想家、教育家。宋明两代"心学"开山之祖，与"理学"大师朱熹齐名，著作编为《象山先生全集》。

古人以诗论读书者多也，其中有名的除朱熹的《观书有感二首》外，还有陆九渊的这首《读书》诗。

　　读书切戒在慌忙，涵泳工夫兴味长。

　　未晓不妨权放过，切身须要细思量。

前两句讲读书方法，强调读书一定不要着急忙慌、匆迫而为，它需要静心涵泳，深入体会，才能悟出其中的意味深长。不难看出，心学大师陆九渊的读书观是倾向于精读的。这与他的心学理论相关。他认为，心即是理。人人皆具有心，心皆具是理。心是唯一实在，而人心至灵，读书的目的就是要"明本心"，方法是穷理尽心，切己体察，故而主张读书要"涵泳"，精思深悟。显然，这一方法对当下盛行的浮躁支配的浅阅读、流行驱使的"屏阅读"具有矫正和警醒作用。阅读本应是让我们浮躁的内心归于理性和宁静的一种方式，可现在就连这种方式本身也异化了。正如《浅薄：互联网如何毒化了我们的大脑》的作者尼古拉斯·卡尔批评"屏阅读"时所指出的：从纸面转到屏幕，改变的不仅是我们的阅读方式，它还影响了我们投入阅读的专注程度和沉浸在阅读之中的深度。人们还能找到思想安顿、理性栖息的家园吗？人们还能觅得宁静致远、心灵放飞的精神归依吗？在这样的阅读状态成为主导的情势下，重读陆氏的这两句诗，对于沉淀浮躁的本心、回归读书的本真，实在不无意义。

后两句讲读书的策略。如果我们用心思考、潜心涵泳，仍然"未晓"，那就不妨权且放过或放下，但"权放过"不是真放过，事后还须联系自身，细细琢磨、思量，以求理解突破。

策略一："未晓"之处，不妨权且放过。因为在你下足"涵泳工夫"的基础上仍然"未晓"，这种理解障碍和意义遮蔽很可能就是你的"硬伤"，也就是说，你的理解能力或学识水平还没有达到"晓"的程度和境界。果如斯，执着不放，刨根问底，硬琢磨、瞎琢磨，又能怎样？既如此，何不退一步呢？这使我想到了陶渊明在《五柳先生传》中写自己读书的情形："好读书，不求甚解，每有会意，便欣然忘食。"今人对陶氏"不求甚解"的读书，多有不解和狐疑，也有人为大诗人开脱，"不求甚解"并非肤浅或偷懒，"而是避免对中国古代经典的某些模糊语意做过度解析，不受注释的束缚，不认死理，不削减必要的灵活性"。这样的解说不能说没有道理，但我也认为，倘能"甚解"，何不"甚解"，我想他所遭遇的应该与陆氏的"涵泳"而又"未晓"的情形相同。大师读书，也不是一通百通、毫无障碍的，但他们读到难处不约而同地都选择"放过"或"不求甚解"，足见这是一种阅读策略和智慧。

策略二：联系自己，持续参悟。读书读到难解不通、困惑不明之处，选择放下固然是一种智慧，但绝不是真放下，否则，每遇难点就放下绕过，难点越积越多，养成一种畏难躲避的阅读和思维习惯，与庸人无异，绝不是大师或真正读书人的选择和做派。设使因为你的怠惰、怯懦，真的"放下"或"绕过去"，那么你原来"未晓"和"不解"的地方，就永远未读懂，这样的读书还有意义吗？所以，陆氏这一"权"字，意味着"放下"只是一种"冷处理"的权宜之计。因为他们懂得对书的理解、消化是一个用生命不断反思琢磨、持续参悟的过程，尤其是对深奥、艰涩的内容，不可能一下子就把握精髓、悟得真谛。即便大家，也概莫能外。所以就需要读书日后联系自身实际，深入学习，不断成长，经历积淀，持续地琢磨、思量、参悟。这是一个用生命咀嚼意义、理解真意的反复思考和对话的过程。

读书规律的诗化呈现

——读陆游的《冬夜读书示子聿》

陆游(1125—1210)，字务观，号放翁，越州山阴(今浙江绍兴)人。南宋诗人，一生所写诗近万首，以及有大量的词、散文，其中，诗的成就最高。著有《剑南诗稿》《渭南文集》《南唐书》《老学庵笔记》等。

《冬夜读书示子聿》是陆游晚年所写的一首诗。宋宁宗五年，诗人在冬日寒冷的夜晚，沉醉于书房，想到自己一生读书做学问的经验体悟，两个重大的思想感悟浮现于脑际，他沉醉在自己发现的激动、欣喜中，抑制不住外化的冲动，遂成这首充满哲理的七言绝句，送给小儿子子聿，勉励他在求学的道路上遵路识真，成就学问。

原诗：

古人学问无遗力，少壮工夫老始成。纸上得来终觉浅，绝知此事要躬行。

翻译：

古人做学问是不遗余力的，往往从年轻时努力到老年才取得成就。从书本上得来的知识，毕竟是不够完善的。如果想要透彻领悟其中的道理，还必须亲自实践才行。

陆游的这首诗确实是他读书治学、吟诗作词经验和感悟的结晶。它的高明卓异之处在于，明确揭示了人们读书治学的两条基本规律，具有重要的指导意义和普世价值。所以这首诗才普遍为人们熟知、传诵与推崇。

读书是一个积累的过程

这是诗的前两句昭告我们的。即古人做学问是不遗余力的，从年轻的时候开始努力，到老才能有所成就。第一句"不遗余力"是说读书是一个100％投入的过程，主要是指心志的投入要静专精纯。庄子说，读书"用志不纷，乃凝于神"。宋人黄庭坚说："读书欲精不欲博，用心欲纯不欲杂。"这样才能读出书的深蕴精义，得其所哉。第二句强调读书治学的成功是一个长期的过程。这是由知识"累一以贯之，积渐以进之"的特性决定的。它是一个"所由来者，渐也"的过程，是由量变到质变的过程。这一过程的时间跨度是贯穿人的一生的，不仅长，而且要"致一而不懈"，始终"不遗余力"，才可能"老始成"。如果不是"不遗余力"或熬不了那么长的时间，那么即便到老，恐怕也不会有所成，足见"人生易老学难成"的艰巨性。陆游借此告诫子聿别指望短期速成，要有长期付出的心理准备才行。

读书是一个知行合一的过程

诗的三、四句，是说读书不是一个单纯的阅读认知的行为，不是"纸上读""眼头过"的机械行为。那样即便得之，也是肤浅无根、得之即失、读而后忘的东西。所以陆游既看重不遗余力地学，重视"学必本于书"，又反对仅仅停留在纸上的学。他承袭了中国古代知行合一的传统思想。庄子就曾说过："道，行之而成。"庄子的著述中也讲了许多关于艺人、匠人通过长期的艰苦实践，掌握了事物的规律，从而得心应手、出神入化，获得绝技、达到自由的故事。荀子也说过："不闻不若闻之，闻之不若见之，见之不若知之，知之不若行之。"金人元好问则主张："书须句句读，文须字字做。"陆游深谙此道，强调要想突破"知"（纸上得来）的"浅"，必须有"行"的坚实有力的保障和援手，才能深透地、真正地"绝知此事"。否则，就会如清人魏禧所说，读书"不躬行，便如水行得车，陆行得舟，一毫受用不得"。所以，读书治学不仅要学之于心，还须体之于身。"学之于心"，是在静中实现对书的知解和领悟，它是"行之始"，是行的基础。"体之于身"，是身体力行，是达到身心整体的切己体认与自觉修持。它是"知之成"，是知的功夫。只有达到知与行的完美结合，才是读书治学的真境界和大境界。陆游把自己的这一深切的哲思感悟说予子聿，也为后人留下了如何读书治学的精神财富。

　　这首诗的特点：一是词约旨重。短短的四句诗，涵盖了读书治学的两大规律，给人以重要启迪和指导。二是通俗直白。整首诗通俗易懂，深刻的道理用浅显的、近乎大白话的语言娓娓道出，其深入浅出的功力，令人赞叹和钦佩。

陶渊明的"不求甚解"之我见

　　陶渊明在《五柳先生传》中写道:"好读书,不求甚解,每有会意,便欣然忘食。"正是这几句读书自况的描写,引得后世仁智互见,纷争不已,千载之下,仍莫衷一是。"不求甚解"之所以引来这么大的争议,乃至非议,源于中国传统的"字求其训,句索其旨。未得乎前,不敢求其后;未通乎此,则不敢志乎彼",即考据式的读书方法。陶氏的颠覆反转乖离过大,难免被认为逸出了"正道"。再者,作为千古定评的诗文大家,怎么能开读书"不求甚解"的先例和滥觞? 非议或遭批评也就在所难免。

　　笔者并不赞同对"不求甚解"一说的过度反应,愿置喙一辨,陈鄙管见。

　　第一,把握陶渊明的阅读观,需有整体眼光,不能抓其一点,窥斑蠡测,就据以推断或非议陶渊明读书"不求甚解",生出以点带面之嫌。联系陶渊明的其他诗文看,"不求甚解"的观点并不能站住脚。如他在《移居》诗中说:"奇文共欣赏,疑义相与析。"说明他读书的态度是相当认真的,并非不求甚解的读书一族。换言之,读书"不求甚解"的帽子扣在他的头上,恐并不确当。这就要从另一角度去推究"不求甚解"的要旨、真义。

　　叶至善认为:"'不求甚解'历来有两种解释:一种是读书只要略知大意就可以了,不必理解透彻;一种是'不钻牛角尖'的意思。陶渊明的本意恐怕是后一种。"其实,笔者倒认为陶渊明的观点是两者兼而有之的。

　　就"略知大意"来说,陶渊明的不求甚解,是对两汉经学、魏晋玄学的反动,旨在芟除枝叶,达到提要钩玄,取其精髓的目的,是道家不拘形式、专注精髓的一种方法论。所以明代李贽在《四书评序》中赞扬说:"千古善读书者,陶渊明一人而已。"明代薛瑄也说过:"得意忘言,乃知读书不可滞于言辞之闲，当会于言辞之表。""知大意"，亦可理解为把握整体的读书法。不一定事无巨细、意无轻重，全然详解穷究，博观约取、意会领悟就行了。一如民国冯煦所言："诸葛之观大略，即贤哲识其大者；靖节亦非不解之谓，但不若今之琐碎浅陋，支离穿凿耳。"

就"不钻牛角尖"来说，读书当然要力求"逮意"，但并不等于非得钻牛角尖。清人黄虋说："若古人字句险僻不亮，用意深晦不明者，可解则解，否则不求甚解。盖读书贵得大意，此古人所谓善读书也。"读书不是考据训诂注经，追求无一字无来历。那样不免迂腐浅陋，有死读书、读死书之嫌。读书重在领会精神实质，而不必咬文嚼字，为书中的个别字眼或一两个句子耿耿于怀、死磕较劲。这是读书的灵活性和智慧的体现。何况，学海浩瀚，书山崇峻，这样的读书观早已落伍，跟不上时代需要了。

再联系陶渊明"好读书，不求甚解，每有会意，便欣然忘食"的前后文看，显然陶渊明更专注于"意会"感悟，而非过分拘泥于字句的"甚解"。一则读书的方法不止一种。透彻深入的理解，字字交代清楚，句句理解明了的"甚解"，只是其中一种，不必非要都去"甚解"。二则"甚解"并非目的，只是手段，"意会"才是目的。一般来说，能"甚解"的，自然可能已意会（读死书的人除外），但倘若无须甚解，已然意会，岂不效率更高？这样的跨越式阅读，这样的凭直觉、顿悟，超越"甚解"，直取其意，直契题旨的阅读，岂不是更高的境界？达到这样的境界还有必要纠结于"甚解"与否或不"甚解"的弊端吗？这就是得意忘言，得鱼忘筌。

读书真的没有必要文文求甚解，处处明确义。意会领悟，是比"甚解"更高的一种读书境界。"甚解"是落实在字句上的明了，"意会"是整体感悟上的通达。意会不拘泥于字句，而着眼于对意义、思想的整体把握、心领神会。这种整体阅读取向，这种"跳出来"的意识，是深得读书要义且难能可贵的。

第二，读书会意也是有层次的。一般的会意也就是理解、领悟文本表达的意思。陶渊明的会意恐怕并非停留在这个层面，不然，"好读书"的他也不至于"欣然忘食"。是的，对陶渊明这样眼光很高的大家，庸常的见解、凡俗的思想、一般的观点，是入不了他们的法眼的，或者说他们是不屑的。能令他"欣然忘食"的"会意"，必是领会到了独到的思想、创意的见解，"领悟"到了高超的意蕴、卓异的智慧。这是读书人刻意寻求的东西，而且层次越高的人，这样的发现会越少。而一旦发现这样的精神风景、思想真谛，他们自然欣然忘食，抑或乐不思寝。因为这意味着原有的视界被再次打开，既成的思想获得了有效的进补，旧有的认知又找到了新的突破点。它意味着读者又提取到了别人思想的精华，使自己的思想得到了淬砺、丰富、滋补、完善；更意味着读者写诗作文，又获得了新的启迪和感悟，找到了灵感和切入点，佳诗妙文援笔可待。这样的"会意"所得，真是"不乐复何如"！

后　记

　　萌发写这本书的愿望，是在写《职业教育的澄明与守望》一书的过程中，写了一组关于读书的文章，约十几篇，我很喜欢。当时也没想过要单独成书，因为不仅数量上还相差很远，而且读书的文章缺乏参考书目，全靠自己琢磨，想凑够一本书的容量，确实并非易事。但我并未因此放弃，还是日积月累，慢慢攒聚。渐渐地，又写出了一些，就有了成书的想法。

　　于是，开始想方设法找一些关于读书的书来读，但限于视野窄陋、信息不对称等因由，所能搜刮到的书十分有限。然而，有限并不妨碍有益，还是有一些书给了我不少启发和助益，如朱永新的《我的阅读观》，周国平的《人生哲思录》，马建勋的《心灵哲学》，台湾作家唐诺的《阅读的故事》，梁衡的《我的阅读与写作》，张新颖的《读书这么好的事》，张贵勇的《读书成就名师——12位杰出教师的故事》《阅读的旅程：教师专业成长地图》，王余光的《阅读，与经典同行》，蔡朝阳的《但得爱书人似我——过有思考的教书生活》，美国的艾比·马克斯·比尔的《如何阅读：一个已被证实的低投入高回报的学习方法》，前辈张明仁编撰的《古今名人读书法》等。这些书或多或少给了我启发和帮助。感谢他们和他们的书！本书列了一个主要参考资料单，并未全部列出，仅供参考。

　　本书的内容共分为 8 个专题，即读书的价值、读书的境界、读书的目的、读书的方式、读什么样的书、怎样读书、教师的读书、古代读书诗文解读。每个专题类聚了数量不等的篇目，共 92 篇，都是我自己读书、科研、写作的心得和感悟，或者说是结合自己的上述实践有感而发、深入思考的结果。华东师范大学许纪霖教授认为，书不可不读，但不可滥读。这比较符合我的状况。就"不可不读"来说，我这人虽无人督促要求，但还是读了一些书，窃以为尚可算喜欢读书和写作之人。就"不可滥读"来说，我读的书不算多，常因此而感到愧疚不安，远未达到"滥读"的程度。但一不小心，竟又符合了许教授认同的读书须适度的另一端，心中便又多了点释然和坦然。我虽不赞成开卷有益，但还是倾向于在精于择卷的前提下多多益善，不能把自己读得少归为"没滥读"而恬然为是。人不能失去自己内心的法则和梦想。

但有一点，我还是可以为自己"点赞"的。我觉得自己的特点，一是沉潜静专，入得进。平日并无多少玩乐嗜好，除了活动筋骨、锻炼身体外，就是读书写作，并以此为好，乐此不疲。二是比较善于思考和用书。虽读书不多，但眼之所瞻、触悟启发，思之所及、连类而感，心之所运、内化思考，手之所书、外化定格，都以读出自己的东西为旨归，所以自以为比一般人用书要高效、实惠一些。每每一词一句，形成了触动和好的创意，唤醒了内心的感悟，有了一个创生点，就能援笔为文，虽不敢说"落笔惊风雨"，但"文成自美乐"的喜悦注满心间，使我乐陶陶，欲罢不能。可以说，本书中的绝大多数文章都是这样"炮制"出来的。

本书承蒙朱永新先生作序，我与朱永新先生虽素昧平生，但久闻其大名。尤其是他身兼许多行政要职，还能成为中国推广阅读第一人、"推进全民阅读的鼓号手"（赵丽宏语），着实令我感佩、敬重。其为国家富强、民族振兴、人民幸福、中国梦实现的那份放在心中、扛在肩上的责任和担当，足以辉映日月。先生不吝卓慧，百忙之中抽出时间为本书作序，特致敬意和谢忱！感谢北京师范大学出版社的姚贵平老师，他对本书的专题之间的大逻辑和篇与篇之间的小逻辑，都提出了进一步完善的要求，其认真、严谨的态度令人敬佩，同时对出版、编审和校对工作也付出了极大的辛劳。本书是安徽省 2015 年"高等教育振兴计划"地方高水平大学立项建设项目"地方技能型高水平大学——校园文化建设"（项目编号：2015gx013-4）的成果之一。感谢滁州职业技术学院——我的原工作单位，对本书的出版给予了项目基金支持。还要感谢我的妻子，她分担了带孙女及烦琐的家务，使我有时间埋头"笔耕"。

　　我很庆幸和看重自己这本关于读书的书的出版，许是敝帚自珍的情结使然吧，但似乎又不尽然。想到我们的读书现状，一种难以排遣的挥之不去、拂之还来的焦虑充斥心头。一个社会、一个民族，到底是向上提升还是向下沉沦，关键要看阅读的根扎得多深。一个不读书或读书少的民族注定要沦为智力、思想和文化方面的侏儒，无论你当下多么强势或自我感觉良好，终究是缺乏后劲，难以站上世界之巅的。在这个意义上，我希望《读书：让力量植入心灵》能在推广阅读方面带给人们一些有益的价值启悟和正能量。

　　铭此初心所愿，是为后记。

张健

2018 年 3 月 6 日

主要参考资料

[1] 陈平原：《读书是件好玩的事》，载《新华文摘》，2013(21)。

[2] 朱永新：《我的阅读观》，北京，中国人民大学出版社，2011。

[3] 赵汀阳：《给我一个支点：第一哲学转向》，载《哲学原理》，2015(6)。

[4] 周树山：《叔本华论读书》，载《新华文摘》，2013(18)。

[5] 毕淑敏：《愿你与这世界温暖相拥》，南京，江苏文艺出版社，2013。

[6] 张贵勇：《读书成就名师——12位杰出教师的故事》，北京，教育科学出版社，2013。

[7] 周国平：《人生哲思录》，上海，上海辞书出版社，2005。

[8] 张新颖：《读书这么好的事》，上海，上海外语教育出版社，2010。

[9] 张永谊：《读书的心境》，载《新华文摘》，2014(6)。

[10] 于殿利：《阅读是一种责任》，载《新华文摘》，2015(12)。

[11] 王健：《创新启示录：超越性思维》，上海，复旦大学出版社，2005。

[12] 周国平：《岁月与性情：我的心灵自传》，北京，人民文学出版社，2012。

[13] 段伟：《用文字捂暖生活》，武汉，华中师范大学出版社，2017。

[14] 仁明、霞云：《智慧的圣殿》，上海，上海社会科学院出版社，1996。

[15] 王科灵、王小平：《大成成功学Ⅱ：你的无限潜力》，北京，企业管理出版社，2003。

[16] 全国全民阅读调查课题组：《2012年全国国民阅读十大趋势》，载《新华文摘》，2013(16)。

[17] 沈迪飞：《阅读的进程》，载《新华文摘》，2015(14)。

[18] 张秋山、金天星、靳国丽：《阅读缺乏症，病因何在——一项关于大学生

阅读的调查》，载《中国教育报》，2013-09-18。

[19] 王开林：《阅读经典要有鹰眼和虎气》，载《湖南教育》，2014(11)。

[20] 张明仁：《古今名人读书法》，北京，商务印书馆，2013。

[21] 王小平：《出发：与智慧同行》，北京，机械工业出版社，2004。

[22] 梁衡：《我的阅读与写作》，北京，北京联合出版公司，2016。

[23] 张贵勇：《阅读的旅程：教师专业成长地图》，上海，华东师范大学出版社，2014。

[24] 常龙生：《读书是教师最好的修行》，北京，教育科学出版社，2015。

[25] 谢鸣敏：《简论阅读与人的全面发展》，载《福建图书馆理论与实践》，2016(1)。

[26] 唐诺：《阅读的故事》，上海，上海人民出版社，2010。

[27] 朱永新：《和教师一起书写生命传奇》，载《中国教育报》，2015-09-07。

[28] 康健：《中国梦的意义与价值》，载《新华文摘》，2015(15)。

[29] 徐飞：《读书——教师的第一修炼》，上海，华东师范大学出版社，2016。

[30] 钱梦龙：《教师的价值》，上海，华东师范大学出版社，2014。

[31] 程红兵：《为一所理想的学校而来》，上海，华东师范大学出版社，2015。

[32] 程红兵：《直面教育现场——书生校长的教育反思》，上海，华东师范大学出版社，2012。

[33] 李安全：《智慧型语文教师是怎样炼成的》，载《新课程研究》，2015(8)。